# आदमख़ोरों के बीच

[शिकार कथाएँ]

# आदमख़ोरों के बीच

रामेश बेदी

राजकमल प्रकाशन

ISBN : 978-81-267-0132-2

**मूल्य :** ₹895



**पहला संस्करण** : 2001
**दूसरा संस्करण** : 2021
This book is printed on Print on Demand Technology : 2025

**प्रकाशक :** राजकमल प्रकाशन प्रा. लि.
1-बी, नेताजी सुभाष मार्ग, दरियागंज
नई दिल्ली-110 002

**शाखाएँ :** अशोक राजपथ, साइंस कॉलेज के सामने, पटना-800 006
पहली मंज़िल, दरबारी बिल्डिंग, महात्मा गांधी मार्ग, प्रयागराज-211 001
1, अनमोल सोराबजी संतुक लेन, धोबी तलाव, मरीन लाइंस, मुम्बई-400 002

वेबसाइट : www.rajkamalprakashan.com
ई-मेल : info@rajkamalprakashan.com

AADAMKHORON KE BEECH
*by* Ramesh Bedi

# आदमखोरों के बीच

## आभार

इस पुस्तक का प्रणयन बेदी फ़िल्म्स के आर्थिक सहयोग से हुआ है। इसके संचालक सर्वश्री नरेश एवं राजेश बेदी का मैं आभारी हूं।

पुस्तक की प्रेस कौपी तय्यार करने के लिए मैं बेदी शोध संस्थान में कार्यरत सहयोगियों का धन्यवाद करता हूं।

# विषय सूची

एक

# दिन-दहाड़े मार लेती थी

भीरा क़स्बे के पास साठ एकड़ में अजीत सिंह ढिल्लों का कृषि फ़ार्म है। फ़ार्म के ढोरों को चराने के लिए ढिल्लों ने एक नौकर रखा था। उसका नाम प्रेम था। उम्र होगी सोलह साल। उम्र के लिहाज़ से वह अच्छे डीलडौल वाला और तगड़ा लड़का था। बारह एप्रिल 1981 की सुबह, रोज़ की तरह, धार निकाल कर वह ढोरों को चराने के लिए ले गया। दिनभर चराता रहा। फ़ार्म के पश्चिम में दूर, भीरा के वनों में, सूरज उतरने लगा। कीकर की फीकी छाया में बैठे प्रेम ने ढोरों को वापिस ले जाने की सोची।

## शेर चक्कर लगाते रहते हैं

फ़ार्म के दक्षिण में मरहय्या नाला बहता है। इसमें बारह महीने थोड़ा-बहुत पानी रहता है। नाले में नरकुल और पटेर उगे हैं। कई जगह इतने घने हैं कि

**चित्र 1** हत्यारी से निपटने के लिए हथियारों से लैस पुलिसकर्मियों का दल प्रभावित इलाके में

उसके अन्दर घुसा हुआ जानवर दिखाई नहीं देता। मरहय्या नाला शारदा नदी से बरुआ की तरफ़ से निकला है और जमनाहा गांव के पास फिर शारदा में मिल

जाता है । अपने उद्गम और संगम तक यह कुल मिलाकर लगभग छब्बीस किलोमीटर का रास्ता तय करता है ।

मरहय्या में शीशम और खैर का नया जंगल लगाया गया है । पेड़ चार मीटर से अधिक ऊंचे चले गये हैं । नये जंगल को वन-विभाग के लोग प्लाण्टेशन और देहाती लोग टौंगिया कहते हैं । जमनाहा प्लाण्टेशन में अधिकतर खैर के पेड़ लगे हैं जो ख़ासे बड़े हो गए हैं और घना जंगल बन गया है । अजीत सिंह ढिल्लों के फ़ार्म से चार किलोमीटर दूर भीरा के जंगल फैले हैं जिनमें साल, सागौन, युकलिप्टस और रोहिणी के पेड़ उगे हैं ।

मरहय्या, भीरा और जमनाहा के जंगलों में तथा इनके बीच में बहने वाले मरहय्या नाले में चीतल, गोंद, पाढ़ा और जंगली सूअर जैसे जंगली जानवरों को पर्याप्त भोजन, पानी और छिपने की जगह मिल जाती है । वन्य जीवों के ये स्थायी निवास बन गये हैं । इनका शिकार करने के लिए शेर यहां चक्कर लगाते रहते हैं ।

## भैंस को मार दिया

प्रेम उस दिन ग्यारह ढोरों को चरा रहा था । इनमें तीन बड़े झोटे थे, पांच भैंसें थीं, तीन साल की एक झोटी थी और एक-एक साल के दो पड्डे थे । नाले के किनारे चरते हुए ढोर अचानक सिर उठाकर नरकुलों के अन्दर देखने लगे । उनकी आंखें और कान चौकस थे । प्रेम ने समझा उधर कोई सांप होगा जिसे देखकर ये चौंक गये हैं । प्रेम फिर क्षितिज में डूबते हुए सूरज के लाल गोले की तरफ़ देखने लगा । उसे पता ही नहीं चला कि उसकी झोटी को कब शेरों ने मार लिया है । वे उसे नरकुलों के अन्दर घसीटकर ले जा रहे थे, तभी उसने देखा । प्रेम ने बाक़ी ढोरों को पीछे हांक लिया । झोटी को छुड़ाने एक भैंस नरकुलों के अन्दर जा चुकी थी । वह झोटी की मां थी । दायें- बायें छिपे हुए शेर और शेरनी एक साथ उस पर लपके । वह नरकुलों से बाहर लौट आई । उसकी गरदन पर बड़ा घाव था । एक एकड़ दूर जाकर वह गिर पड़ी । उसने वहीं दम तोड़ दिया ।

## मुआवज़ा नहीं मिला

यह खंगड़ भैंस थी । सुबह उसने डेढ़ लिटर दूध दिया था । उसका यह पहला सूआ था । एक समय में चार लिटर दूध देती थी और दिन-भर में आठ लिटर । बाज़ार में बेचा जाता तो इतने दूध के हर रोज़ ढिल्लों को अच्छे रुपये मिलते रहते । वह

खाता-पीता ज़मींदार था। दूध और पूत को बेचना पाप समझता था। सारा दूध परिवार में खप जाता था। दो महीने बाद यह फिर सूने वाली थी। दूसरे ब्यात में इसके दूध का परिमाण बढ़ जाता। बाज़ार में ऐसी भैंस चार हज़ार रुपये में नहीं मिलती।

अर्जीत सिंह ने थाने में रिपोर्ट लिखाई। लखीमपुर खीरी में ज़िला मैजिस्ट्रेट से शिकायत की। दुधवा नेशनल पार्क के डायरेक्टर को रजिस्ट्री द्वारा मुआवज़े के लिए प्रार्थना पत्र भेजा। मौके का मुआयना करने औफ़िसर तो आ गये पर भैंस के मालिक को मुआवज़ा नहीं मिला। औफ़िसरों ने सरकारी ख़ज़ाने से अपने भत्ते की रक़में वसूल कर लीं।

## चार शेरों का गिरोह सक्रिय

चारों हत्यारे शेर एक ही परिवार के सदस्य थे। एप्रिल की गरमी और आंखों को चौंधिया देने वाली सूरज की तेज़ रोशनी से बचने के लिए वे मरहय्या नाले की गीली धरती पर नरकुलों के संघनों के अन्दर सुस्ताते रहते थे। गोधूलि वेला में वे शिकार की तलाश में निकलते थे।

इस परिवार में माता-पिता और उनके दो बच्चे थे। बच्चे एक साल से ऊपर के होंगे। मां-बाप के लगभग बराबर हो गये थे। मैंने ऐसे जवान बच्चों को अपनी मां के साथ देखा है। वह उन्हें तब तक अपने साथ लिये घूमती है जब तक वे शिकार करने में पूरे दक्ष न हो जांय। बच्चों का पिता अलग रहा करता है। इस इलाके में शेरों के अन्दर पारिवारिक भावना विकसित हो गयी है। पिता भी परिवार के साथ रहने लगा है। इससे शिकार करने में सुविधा रहती है। इस उदाहरण में मां-बाप तो नरकुलों के अन्दर छिपे रहे और अपने शूरों की कार्यवाही पर ग़ौर करते रहे। बिना आहट के नरकुलों से बाहर निकल कर जिस सफ़ाई तथा फुर्ती से उन्होंने कार्यवाही की उससे मां-बाप को सन्तोष हुआ होगा।

## बाईस लोगों की हत्यारी तारा

अजीत सिंह पंजाब से आकर यहां 1966 में बस गये थे। उनके अनुभव में पन्द्रह साल पहले यहां शेरों का आतंक नहीं था। कोई चार साल से, 1978 से, शेरों का अधिक शोर हो गया था। उनके ख़याल में ये वे शेर थे जो बाहर के मुल्कों से लाकर दुधवा के जंगलों में छोड़े गये थे। उन्हें ये जंगल रास नहीं आये। वहां से बाहर निकलकर वे फ़ार्मों में भटकते फिर रहे थे।

अजीत सिंह के फ़ार्म पर अख़बार नहीं आता था । अपनी ज़रूरतें पूरी करने वह भीरा के बाज़ार में जाया करता था । वहां के दुकानदार उसके ज्ञान का स्रोत थे । दुधवा नेशनल पार्क की परिसीमा में एक विस्तृत फ़ार्म के मालिक बिली अर्जुन सिंह ने लण्डन के ट्री क्रौस चिड़ियाघर से 1976 में शेर का एक बच्चा लेकर पाला था । इसका नाम तारा था । जवान हो जाने पर यह जोड़ीदार की तलाश में जंगल चली गई थी । तारा के बारे में अख़बार में ख़ूब चर्चा रही थी और दुधवा नेशनल पार्क के डायरेक्टर तथा कर्मचारी उसे बाईस लोगों की हत्या करने का अपराधी मानते थे ।

## आदमख़ोर घोषित कर दिया

अजीत सिंह को बिली अर्जुन सिंह के परीक्षणों का सही ज्ञान नहीं था । अख़बारों में उसकी पालतू शेरनी की जो प्रतिकूल आलोचनाएं छपा करती थीं, अजीत सिंह की बात में मुझे उसी का एहसास होता था ।

अजीत सिंह उस नयी पीढ़ी की बिरादरी के व्यक्ति थे जो पुरानी धार्मिक मान्यताओं की जकड़ से बाहर निकल रहे हैं । तेरह एप्रिल को बैसाखी का पवित्र पर्व था । उनके कृषि फ़ार्म के उदासी भरे माहौल में उसे मनाने का उत्साह नहीं था ।

यह शेरनी मरहय्या टौंगिया और जमनाहा टौंगिया के अन्दर रहती थी । गन्ने के खेतों में, नालों में, भीरा के जंगल में और किशनपुर अभयवन के अन्दर चली जाती थी । इलाक़े के लोग इसे मरहय्या की शेरनी कहते थे । पांच-सात दिन बाद इस गिरोह ने रेशम सिंह के फ़ार्म से शाम को दो गायें मार लीं । अजीत सिंह के फ़ार्म से यह जगह पश्चिम में आधा किलोमीटर दूर होगी ।

पिछले तीन साल के अन्दर भीरा की शेरनी ग्यारह आदमी, सत्तर पशु और बहुत-से कुत्ते मार चुकी थी । उसे नरभक्षी घोषित किया जा चुका था । उसे ख़त्म करके इलाक़े के लोगों को और उनके पशुधन को सुरक्षा प्रदान करने की ज़िम्मेदारी दुधवा नेशनल पार्क के डायरेक्टर अशोक सिंह को सौंपी गई थी ।

## बूढ़े सुन्दर का लहू पड़ा था

अजीत सिंह की जानकारी में मरहय्या की शेरनी ने इन्सान को मारने की पहली वारदात ताज़िया जुलूस निकलने से दो दिन पहले तीस अगस्त 1981 को की थी । उसके फ़ार्म से पश्चिम में दो किलोमीटर दूर गन्ने के खेत के अन्दर मुन्नालाल का

बेटा सुन्दर घास काट रहा था। गन्ने के पौधे जब बड़े हो जाते हैं तब खेत की निराई-गुड़ाई तो की नहीं जाती, उसके अन्दर दूब घास बढ़ जाती है। दूब पालतू पशुओं का पौष्टिक आहार है। भीरा गांव के ग़रीब लोग अपने पशुओं के लिए घास काटने दूर गन्ने के खेतों में निकल जाते हैं।

तीस अगस्त 1981 की सुबह सुन्दर और पण्डित दयाराम भीरा से घास लेने चले। दो किलोमीटर खेतों में आकर दो खेतों में अलग-अलग घुस गये। एक-दूसरे से वे दो-ढाई सौ मीटर दूर होंगे। पण्डित तीस-पैंतीस बरस का जवान था और सुन्दर पचपन बरस का बूढ़ा था। पण्डित की घास की गठरी जल्दी पूरी हो गई तो उसने सुन्दर को आवाज़ दी। जवाब न आने पर वह उसकी तरफ़ चला। सोचता था कि उसकी मदद करा दूंगा। बूढ़े के सिर पर घास की गठरी रखवा दूंगा।

पण्डित को सुन्दर की काटी हुई घास की ढेरी तो दिखाई दी पर सुन्दर नहीं दिखाई दिया। उसे वहां ख़ून के क़तरे नज़र आये। उसने सोचा उसे शेर ने मार दिया है। वह सीधा भीरा गांव की तरफ़ भागा। उसने अपनी गठरी भी नहीं उठायी।

## टांग और बांह खा गई थी

गांव वाले राइफ़लें और बन्दूकें लेकर चले। क़रीब एक बजे खेत पर पहुंच गये। हवाई फ़ायर करते हुए ख़ून की लाइन के साथ-साथ बढ़ते गये। गन्ने के खेत के अन्दर पड़ी सुन्दर की लाश तक पहुंच गये। फ़ायर की आवाज़ सुनकर शेरनी लाश को छोड़ गई थी। शेरनी दिखाई नहीं दी। सुन्दर को उसने ग्यारह बजे पकड़ा था। लाश को खाने के लिए उसे दो-ढाई घण्टे मिल गये थे जिसमें उसने दायीं टांग और एक बांह दोनों को पूरा खा लिया था।

अधखाई लाश को गन्ने के खेतों से बाहर निकालकर भीरा थाने में ले गये। वहां पंचायतनामा भरा गया। पण्डित दयाराम और दूसरे लोगों के बयान लिखाकर पांच-छह प्रतिष्ठित आदमियों के हस्ताक्षर करा लिये गये। उसके बाद पोस्टमार्टम के लिए लाश को छप्पन किलोमीटर दूर लखीमपुर ले गये। दूसरे दिन लाश वापिस मिल गई। उसका अन्तिम संस्कार कर दिया गया।

सुन्दर अविवाहित था। उसके छोटे भाई ने भीरा के वन-विभाग के कर्मचारियों को क्षतिपूर्ति देने के लिए प्रार्थना पत्र दिया। उसे वाइल्ड लाइफ़ वार्डन को फ़ौरवर्ड कर दिया गया।

## चार ढोर मार दिये

नाले में उगे पटेर और नरकुल के गहनों में शेरों के इस परिवार को जंगली जानवर नहीं मिल रहे थे। फिर भी वे आहार की तलाश में अभयवनों के अन्दर नहीं गये। वे सुलभ आहार की घात में थे। सुन्दर की टांग और बांह के पांच-छः किलोग्राम गोश्त से तो एक शेर का पेट भी नहीं भरा था। भूख से व्याकुल इस गिरोह ने अगले दिन चार ढोर मार लिये। भीरा के बिखारी की गायें ढिल्लों के फ़ार्म से एक किलोमीटर दक्खिन में नाले के किनारे एक टापर में चर रही थीं। चारों शेरों ने अचानक एक साथ हमला कर दिया। दो गायें और दो बछड़े मार गिराये। ढोर-डंगरों के बैठने और चरने के लिए खेतों और नालों के बीच में खुली जगहें छोड़ रखी हैं, उन्हें टापर कहते हैं।

## कुत्तों का शिकार करने लगे

पड़ोसी फ़ार्मों के ज़मींदार जमा हो गये। हो-हल्ले से शेरों को गायें छोड़नी पड़ी, वे भरपेट नहीं खा पाये। उन्होंने कुत्तों का ही शिकार करना शुरू कर दिया। अजीत सिंह के लड़के सुमेल और सुखमिन्दर बैलों से हल जोत रहे थे। उनका बाज़ नामक एल्सेशियन कुत्ता डेरे से उनके साथ आ गया था। घूमता हुआ गन्ने की फ़सल के किनारे चला गया। वहीं शेर ने दिन में सात बजे उसे पकड़ लिया। ढिल्लों के डेरे से दक्खिन में पौन किलोमीटर दूर शर्मा के फ़ार्म के दो कुत्ते उन्होंने मार लिये।

## दिन में ही कन्हई को उठा ले गये

भीरा से चौदह किलोमीटर दूर किशनपुर गांव है। पचास साल का एक हरिजन कन्हई अपनी पत्नी और एक लड़के के साथ छप्पर के लिए फूस काटने किशनपुर अभयवन के अन्दर गये। गांव से तीन किलोमीटर का फ़ासला तय करके कन्हई ने बैलगाड़ी खड़ी कर दी। तीनों जने थोड़ी-थोड़ी दूरी पर छप्पर-घास काटने लगे। दोपहर बारह बजे भीरा की शेरनी चुपके से कन्हई को उठा ले गई। पास में चरते हुए बैलों को उसने कुछ नहीं कहा। पहली अक्तूबर 1981 की इस घटना की रिपोर्ट में अख़बारों ने उसे दिन-दहाड़े की हत्या लिखा। इस इलाक़े में शेरों द्वारा मनुष्यों को मारने की कई घटनाएं दुपहर के चकाचौंध करने वाले प्रकाश में हुई हैं। उनमें कभी-भी हमलावर शेर ने दहाड़ नहीं मारी। इसलिए मैं समझता हूं कि ऐसी घटनाओं के साथ दिन-दहाड़े विशेषण की बजाय बिन-दहाड़े विशेषण लगाना अधिक उपयुक्त होगा।

भीरा के वनजन्तुरक्षक हरि बाबू कन्हई की विधवा को मुआवज़े की पांच हज़ार रुपये की रक़म का चेक देने गये तो उसे कुछ सान्त्वना मिली। पैंतालीस साल की उस औरत ने इतना रुपया कभी नहीं देखा था। उसके चार बच्चों के तन पर कपड़े नहीं थे। उनके लिए उसने कपड़े सिलवाये। लड़की के हाथ पीले किये और बाक़ी रुपया बैंक में जमा कर दिया।

## काली-सी ढेरी शेरनी बन गई

पच्चीस मार्च से छह एप्रिल 1982 के बीच शेरनी ने गन्ने के खेत में दो शिकार किये थे। एक जंगली सूअर का और एक नीलगाय का। पास के जंगल से ये जानवर फ़सल खाने आ गए थे।

चित्र 2 शेरनी के शिकार के लिए मचान पर अशोक सिंह

अट्ठाईस मार्च 1982, रविवार की रात को अजीत सिंह के बड़े बेटे सुमेल ट्रैक्टर से खेत में सुहागा फेर रहे थे। खेत तैयार करके अगले दिन गन्ना बोना

था। सुहागा फेरे हुए सपाट खेत में सुमेल को काली-सी ढेरी नज़र आई। साफ़ आकाश में झिलमिलाते तारों की रोशनी में अस्पष्ट दिखाई दे रहा था। उसने ट्रैक्टर घुमाकर हेड लाईट उधर फेंकी। वह काली ढेरी शेरनी बन गई थी जिसकी काली धारियां चमक रही थीं। दौ सौ क़दम के फ़ासले पर शेरनी को बेझिझक बैठे देखकर सुमेल को अचरज हुआ। उसने शेरनी की तरफ़ ट्रैक्टर बढ़ाया। उसकी आवाज़ और प्रकाश की परवाह किये बग़ैर वह बैठी रही। सुमेल के शोर मचाने पर वह गन्ने के खेत में घुस गई।

## चालाकी से पड्डा ले जाती थी

अशोक सिंह ने छात्र जीवन में शौक़िया बन्दूक चलाना सीखा था। 1967 से पहले के बरसों में उन्होंने भालू, तेंदुआ और शेर का शिकार किया था। उसके बाद आहार के लिए जंगली सूअर और तीतर मारते रहे। जंगली सूअर टांगिया में घुसकर छोटे पौधों को नुकसान पहुंचाते थे।

मई 1977 से फ़रवरी 1982 तक अशोक सिंह लखनऊ चिड़ियाघर में डायरेक्टर के पद पर कार्य करते रहे। जनवरी 1982 में अभी वे लखनऊ में ही थे, उन्हें

चित्र 3 गन्ने के खेत में शेरनी की तलाश

भीरा की आदमख़ोरनी को मारने का आदेश मिला। फ़रवरी में व्यस्त होने के कारण उसे मारने का मौक़ा नहीं मिला। मार्च के दूसरे पखवाड़े में तेईस, चौबीस और

पच्चीस को शिकार के लिए मचान पर बैठे। शीशम के पतले सीधे पेड़ के ऊपर ज़मीन से क़रीब आठ मीटर की ऊंचाई पर मचान बांधा था। उसके सामने चारे के लिए पड्डा बांधा जाता था। मचान से उतरकर जब अशोक सिंह चले जाते थे तब शेरनी आती थी और पड्डे को मार लेती थी। गन्ने के खेत में लाश को घसीट ले जाती थी और पेटभर खाती थी। अधखाई लाश को खेत से निकाल कर फिर मचान के पास खूंटे से बांधा जाता था। चालाक शेरनी मारण पर तभी आती थी जब सिंह चले जाते थे। अगले दिन सिंह अपने दल के साथ आते थे तो उसके पद-चिह्न दिखाई देते थे। उन्हें ग़ौर करने से यह तो निश्चित हो गया था कि वह शेरनी थी, शेर नहीं।

## गाड़ी में जुते बैल को मारकर ले गई

पच्चीस मार्च 1982 की शाम चार बजे मैं ढिल्लों के फ़ार्म पर पहुंच गया था। अशोक सिंह के साथ मैंने सूरज डूबने से पहले, आदमख़ोर शेरनी के इलाक़े में चक्कर लगाया। शेरनी को मारने की उनकी योजनाओं को समझा। वे मचान पर चढ़ गये तो मैं डेरे पर शिकारियों के साथ झोंपड़ी में बैठ गया। हर शिकारी की ज़ुबान पर आदमख़ोर की कहानी थी। उनकी कहानियों के कुछ शेर बहुत दिलेर थे। भीरा के मरहय्या नाले के ऊपर बैलगाड़ी जा रही थी। गाड़ी को खींचते हुए बैल को एक शेर ने मार लिया था और उसे नाले में खींच ले गया था। फ़ौरेस्ट गार्ड जगदम्बा प्रसाद, उम्र चालीस साल, दुधवा राजि में दुपहर बाद मज़दूरों से काम करा रहे थे। शेर ने पंजे से उनका मुंह ज़ख़्मी कर दिया था। यह घटना 1964-65 की है। लखीमपुर में उनका इलाज कराया गया था। 1970 के आस-पास उत्तर खीरी डिविज़न के सोनारिपुर रेंज में जुगेड़ा की सरस्वती ने आरा मशीन के हरियाणवी मुनीम को पकड़कर फेंक दिया था। मरहय्या गांव से पूरब में, दो किलोमीटर दूर, दस-बारह साल का एक लड़का, रामरत्न, भैंस पर सवार जा रहा था। जनवरी 1980 का कोई दिन था। शेर ने उस पर हमला किया। पंजों की चोट से उसकी जांघ ज़ख़्मी हो गई थी।

## हरीकेन लैम्प — सुरक्षा का तावीज़

इस इलाक़े में आदमियों को मारने की जितनी भी घटनाएं हुई हैं उनमें शेर ने बैठे हुए या झुके हुए आदमी पर हमला किया था, चाहे वह बैठा हुआ घास काट रहा हो, लकड़ी बीन रहा हो या गन्ना छील रहा हो। प्रायः सभी उदाहरणों

में शेर दबे पांव पीछे से लपका था, आदमी को उसका भान तक न हुआ था।

भीरा के लोगों की जीवन पद्धति का शेर अंग बन चुका था। आये दिन शेरों के हमले उनके लिए सामान्य बात हो गई थी। रात को मैं ढिल्लों के फ़ार्म पर डेरे में एक झोंपड़ी में सोया था। उसके दो तरफ़ तो फूस की चार अंगुल मोटी दीवार थी और दो बाज़ू खुले थे। डेरे में कुल मिलाकर पांच-छह फूस की झोंपड़ियां थीं। अन्तःपुर में ज़नानख़ाना, रसोई और अनाज-भण्डार था। चारों ओर से घिरा हुआ अन्तःपुर शेरनी के हमले से अपेक्षाकृत सुरक्षित था। डेरे की तीन औरतों के साथ मेरी पत्नी शीला और पोती रंजना अन्तःपुर में सो गये। मैं, राजेश और ढिल्लों बाहर सो गये। सामने आड़ू के पेड़ पर हरीकैन लैम्प टांग दी। मानो आदमख़ोरनी के आतंक से संपृक्त वातावरण में यह सुरक्षा का तावीज़ था।

## मौत के साये में बेख़बर सोते रहे

रात सही-सलामत गुज़र गई। आस-पास के फ़ार्मों से भी किसी अप्रिय घटना का समाचार नहीं आया। हां, रात को मच्छरों ने बहुत परेशान किया था, शेरनी ने नहीं। मेरी खाट के आगे लेटी कुतिया कभी-कभी भौंक उठती थी।

आधी रात तक शेरनी का इन्तज़ार करके अशोक सिंह मचान से उतरकर रेस्ट हाउस में सोने चले गये थे। उनके साथ बन्दूकों वाले जवान भी अपनी जीप में रवाना हो गये थे। सुबह मुआयने में मुझे अपनी चारपाई से दो सौ क़दमों के फ़ासले पर मौत के पंजों की ताज़ी छापें मिली थीं। मौत के मण्डराते साये में हम बेख़बर सोते रहे थे।

सताईस मार्च को सिंह को सरकारी काम से लखीमपुर जाना पड़ा। हम लोग दिल्ली लौट गये। एक सामाजिक कार्यकर्त्ता उनके पास दैनिक जागरण में छपे एक समाचार की छानबीन करने आये, जिसमें बताया गया था कि भीरा की नरभक्षी शेरनी को गांव वालों ने मारकर किसी क्षेत्र में गाड़ दिया है। वन-विभाग के औफ़िसर पट्ठे बांधने का आडम्बर मात्र कर रहे हैं। यात्रा-भत्ते और दैनिक-भत्ते बनाने के धन्धे में दर्जनों कर्मचारी लगे हैं। समाचार अस्पष्ट था। उसमें न मारने की तारीख़ थी, न स्थान का उल्लेख था और न नाम का। इस ग़ैरज़िम्मेदाराना समाचार पर टिप्पणी करने की बजाय सिंह ने उस सामाजिक कार्यकर्त्ता को सुझाव दिया कि वे ही शेरनी को मारने वाले अपराधी का पता करें जिससे वन्य प्राणी संरक्षण क़ानून के अधीन उसके विरुद्ध कार्रवाई की जा सके।

छह एप्रिल 1982 की शाम छह बजे मचान के पास पड्डा बांधा। अगली सुबह वहां नहीं था। ज़मीन पर पड़ी घसिटनें बताती थीं कि शेरनी उसे पश्चिम वाले गन्ने के खेत में खींच ले गई है। बांधने की जगह से सौ क़दम अन्दर उसकी पूंछ कटी पड़ी मिली। पूंछ को पकड़ कर खींचने की कोशिश में यह टूट गई थी। यहां रुक कर शेरनी ने ज़रा दम लिया था, शिकार को खाया नहीं था। सुरक्षा के लिए लाश को और अन्दर घसीटकर ले गई थी, बीस क़दम की दूरी पर कुछ गोबर पड़ा था जो पेट के फटने से गिरा था; और बीस क़दम आगे पेट का सारा मल निकला पड़ा था। इसके आगे खोजी दल नहीं गया। सम्भावना थी कि शेरनी गन्ने के संघन में बैठी है और खोजियों पर हमला कर सकती है। 1974 की बरसात में हुई ऐसी घटना का खोजी दल को अनुभव था।

## आगे जाना असुरक्षित था

झण्डी रियासत के पास फ़ार्म में शेरनी ने एक भैंस मारी। ज़मींदार ने लखीमपुर के वाइल्ड लाइफ़ वार्डन को रिपोर्ट भेजी। सहायक वाइल्ड लाइफ़ वार्डन, वाइल्ड लाइफ़ गार्ड और फ़ौरेस्ट गार्ड मौक़े पर मुआयना करने चले। कुछ दिन पहले बारिश हो चुकी थी। विलराया रेंज के हेडक्वार्टर से उन्हें पच्चीस किलोमीटर ख़राब सड़क पर मोटर-साइकिल पर जाना पड़ा। उसके बाद चार किलोमीटर पैदल चलकर सुबह दस बजे फ़ार्म पर पहुंचे। वारदात वाले खेत का निरीक्षण कराने के लिए फ़ार्म के छह सिक्ख खोजी दल के साथ हो लिये। कुल नौ जनों के दल में अकेले सहायक वाइल्ड लाइफ़ वार्डन राम अचरज पाण्डे के हाथ में बारह बोर बन्दूक थी। उन्होंने बन्दूक भर ली।

ऐसी ख़तरनाक जगह में निहत्थे लोगों की भीड़ का जमा होना किसी भी हालत में उचित नहीं था। ज़मींदारों के आग्रह के आगे पाण्डे की एक नहीं चली। खेत पर पहुंचने के बाद पाण्डे ने सबसे बूढ़े सिक्ख को फिर सलाह दी कि कम-से-कम आप तो यहीं से वापिस चले जांय। ये वृद्ध दूसरों से अधिक उत्साह दिखा रहे थे और खोजी दल के साथ आगे बढ़ने लगे। एक-दूसरे के पीछे सब गन्ने की खड़ी फ़सल के अन्दर घुस गये। कुछ ही क़दमों पर उन्हें लाश नज़र आ गई। पाण्डे ने तसदीक़ कर लिया और सबको लौट चलने को कहा। उनके विचार में आगे जाना असुरक्षित था, अनावश्यक तो था ही।

## जांघ को नोच दिया

बूढ़े सिक्ख आगे चलने के आग्रह पर क़ायम थे। ज़मींदारों की ज़िद पर पाण्डे आगे बढ़े ही थे कि उन्हें शेरनी का एक बच्चा दिखाई दिया। वे फिर रुके और लौटने लगे।

बच्चा एक महीने से छोटा होगा। बड़ा सुन्दर और प्यारा लगता था। बूढ़ा ज़मींदार उसे पाने के लिए बच्चों के समान मचल उठा। उसने ज़ोर देकर मांग की — 'मैं इसे पकड़कर लौटूंगा। इसे पाल लूंगा।' बूढ़े की नसों में जैसे एक बार फिर जवानी का ख़ून दौरा करने लगा हो।

सभी लोग एक क़तार में खड़े मासूम बच्चे की ख़ूबसूरती को एकटक निहार रहे थे। सहसा दाहिने खेत से शेरनी झपटी। अठारह चौकन्नी आंखों में से किसी को एहसास तक नहीं हुआ कि वह कब प्रकट हुई है। झपट्टे में बूढ़े की दाहिनी जांघ को नोचती हुई अपने बच्चे के पास चली गई। उसे घने गन्नों के अन्दर ले गई जहां कुछ दिखाई नहीं देता था।

आसपास हस्पताल नहीं था। फ़ार्म की रसोई में से लाल मिर्च और हल्दी को लेकर सिलबट्टे पर चटनी कर लिया। इसे सरसों के तेल में मिलाकर बूढ़े के ज़ख़्मों पर लेप कर दिया। गांवों में सदियों से इस परम्परागत प्राथमिक उपचार का सहारा लिया जाता है। विश्वास किया जाता है कि इस उग्र उपचार से ज़ख़्म सेप्टिक नहीं होते। इन्सान की अन्दरूनी शक्ति ज़ख़्मों को भर देती है।

## आदमी ने शेर को बताया क्यों नहीं !

अशोक सिंह से हमें ख़बर मिली कि भीरा की आमदख़ोर शेरनी को मारने की कार्यवाही फिर शुरू कर दी है। उसकी स्टोरी के लिए और उसके फ़ोटो कवरेज के लिए मैं और राजेश बेदी नौ एप्रिल 1982 की सुबह छह बजे दिल्ली से टैक्सी पर चले। राजेश की पत्नी सुषमा, उसका बेटा योगेश और मेरा बड़ा पोता (नरेश का बेटा) राजीव (उम्र छह साल) भी साथ थे। ये पहली बार आदमख़ोरों के साम्राज्य में सफ़र कर रहे थे। ऊबड़-खाबड़ सड़क पर भीरा के जंगलों में हमारी एम्बेसैडर दाख़िल हुई। इलाक़े का परिचय देते हुए मैंने बताया कि इस मन्दिर के आसपास के जंगलों में तीन नेपालियों को शेरों ने खा लिया था।

राजीव ने पूछा, 'शेर ने आदमी को क्यों खा लिया ?'

मैंने बताया, 'गांव वाला अपनी झोंपड़ी के छप्पर के लिए फूस काटने जंगल गया था। उसका छप्पर पुराना हो गया। फूस सड़-गल गया था, बरसात में पानी टपकता था, बेचारे का सामान भीग जाता था। छप्पर बदलने के लिए वह नया फूस काटने जंगल गया था। वहीं शेर ने उसे मार लिया और खा लिया।'

राजीव ने पूछा, 'पापा जी, आदमी ने शेर को बताया क्यों नहीं कि मैं अपने घर के लिए फूस काटने आया हूं?'

राजीव ने जंगल की कहानियों में सुना था कि अलग-अलग जातियों के पशु-पक्षी आपस में बातें करते हैं और मनुष्य भी उनसे बात करता है। इसलिए उसकी जिज्ञासा स्वाभाविक थी।

## ज़मींदार में असन्तोष

शाम चार बजे हम भीरा में ढिल्लों के फ़ार्म पर पहुंच गये। इलाक़े में भीरा की आदमख़ोरनी के ताज़े पद-चिह्नों की खोज में अशोक सिंह के दल के साथ शामिल हो

चित्र 4 पड्डे की अधखायी लाश

गये। ख़तरे से निपटने के लिए पुलिस के आठ बन्दूकधारी जवान हमारे साथ थे। नाले के अन्दर पटेर और नरकुल के संघनों में पग-पद्धति ग़ायब हो जाती थी। दिन

गरम हो जाने से शेरनी नाले की ठण्डक में चली जाती थी और गदले पानी में लोट जाती थी। खुले खेतों में भी और मचान के नज़दीक तक हमें उसके पैर के निशान मिले थे। जंगल के अफ़सरों के ख़याल में वह अभी इसी इलाक़े में मौजूद थी।

सूरज डूबने से पहले अशोक सिंह मचान पर बैठ गये। शेरनी ने पिछली रात में जो पड्डा मारा था उसकी अधखायी लाश को गन्ने के खेत से निकालकर मचान के नीचे खूंटे से बांध दिया। शेरनी नहीं आई।

इसमें शक नहीं कि भीरा में शेरनी की मौजूदगी से असन्तोष बढ़ रहा था। आये दिन वन-विभाग के कर्मचारियों और अफ़सरों का जमघट लग जाता था। शेरनी

**चित्र 5** भूखे झोटे को बरसीम की कुट्टी डाली जा रही है

के भय से फ़ार्म के ढोरों को चरने नहीं ले जाया जाता था। दिन भर खूंटों से बंधे हुए वे भूख, प्यास और गरमी से परेशान हो जाते थे। फ़ार्म के एक युवक ने रोष व्यक्त करते हुए मुझे बताया– 'चौदह ढोरों के लिए दो आदमियों को तो खेत से बरसीम काटकर और फिर उसकी कुट्टी काटकर खिलाने में सारा दिन लग जाता है, फिर भी ढोर रजते नहीं। बाहर चरने वाली जो भैंस दस लिटर दूध देती थी

वह अब आधा दूध दे रही है। फिर हम जंगल वालों की आव- भगत में वक़्त दें या अपने पशुधन की सेवा करें। इधर गेहूं की कटाई हो रही है, गन्ने काट- छील कर फ़ैक्टरी पहुंचा रहे हैं और अगली फ़सल बोने के लिए पसीने से ज़मीन को तर कर रहे हैं। गन्ना छीलने वाले मज़दूर फ़ार्म पर आने से कतराते हैं। दुगुनी दिहाड़ी मिलने पर भी वे अप्रत्याशित मौत के साये में काम करने के लिए मुश्किल से राज़ी होते हैं।'

## ऐसी नौटंकी पहले नहीं देखी

'औफ़िसरों और शेरनी की दुहरी मार से हमारा हुलिया टाइट हो गया है। इन जंगल वालों से तो कंजर ही शिकार में माहिर हैं। उन्हें इजाज़त मिल जाय तो वे शेरनी के पैरों के निशान देखकर जगह-जगह खटके लगा देंगे। रात को शेरनी न फंस जाय तो मुझे कहना।'

बड़े ग़ौर से मैं दुखी युवक की दास्तान सुन रहा था। समस्या का समाधान करने में जंगल के जो अफ़सर लगे थे उनको लक्ष्य करके उसने अपने रोष के तरकस से एक व्यंग्य बाण निकाल कर छोड़ दिया – 'इतने मजमे को, भांति-भांति के लोगों को, तरह-तरह की पोशाकों को, दर्जन से ऊपर बन्दूकों को, ऊंचे मचान को और ताम-झाम को देख कर शेरनी भी सोचती होगी कि ऐसी नौटंकी पहले नहीं देखी !'

ज़रा उत्तेजित हो कर युवक बोला–'हमें इजाज़त दें तो एक रात में उसे मार डालें।' सरकारी नियमों के अनुसार उन्हें शेरनी को मारने की अनुमति नहीं दी जा सकती, इसलिए उसने एक व्यावहारिक सुझाव दिया। गन्ने का खेत नापकर उन्हें शूगर फ़ैक्टरी के मौजूदा दरों से मुआवज़े की राशि दे दी जाय। हकैयों, ढोल पीटने वालों, शिकारियों और हाथियों से घेरकर खेत को एक सिरे से जलाना शुरू किया जाय, आग से बचकर निकलती हुई शेरनी को गोलियों से भून दिया जाय।

## ज़हर खिलाकर शेरों को मार देते हैं

मुसीबतों का अन्त न होने से ज़मींदारों में असन्तोष इस क़दर बढ़ गया है कि वे ख़ुद उत्पाती शेरों से निपटने लगे हैं। अधखाई लाश में ज़हर मिला देते हैं। उसे खाने से शेर मर जाते हैं। मुझे बताया गया कि भीरा के खेतों में जिन चार शेरों ने उत्पात मचा रखा था उनमें से दो किशोर बच्चों को इसी तरह ज़हर देकर मार दिया था। मरे हुए शेरों की लाशों को उनके मां-बाप ने खा लिया था। फ़रवरी 1982 में गन्ने के खेत के किनारे ढोर चराते हुए एक चरवाहे ने शेर का मल पड़ा

देखा। मल में शेर के बालों की भरमार थी। लड़के के मन में और कुतूहल जागा। ढोरों को हांकने वाली लाठी के सिरे से उसने मल को ठोकर मारी। उसमें शेर के दो नाख़ून और किल्ले दांतों के दो खोल मिल गये। यह इस बात का पक्का सबूत था कि शेर ने शेर को खा लिया था। यह घटना विलक्षण तो थी ही, इसमें और अधिक विलक्षणता यह थी कि ज़हरीली लाश को खाने से मरे शेर को खाने वाला युगल क्यों नहीं मरा, क्योंकि मृत शेरों का मांस भी तो ज़हरीला हो गया होगा। उन फ़ार्मों में रहने वाले लोगों ने मुझे बताया कि ज़हर खाने के बाद शेर के बच्चे तुरन्त नहीं मरे थे। बेचैनी में वे सारी रात बोलते फिरे। रात ग्यारह बजे से सुबह छह बजे तक खेतों में उनकी आवाज़ सुनाई देती रही।

## प्रतिशोध की भावना प्रबल

फ़ार्मों से सट कर गुज़रती हुई सड़क के जिस किलोमीटर पत्थर पर पलिया बारह लिखा है वहां शेर का मरा हुआ बच्चा मिला था। उसकी मौत के बारे में अनेक अटकलें लगाई जाती थीं। वन-विभाग की फ़ाइल को बन्द करने के लिए स्वीकार कर लिया गया कि ट्रक की चपेट में आकर उसकी मौत हुई थी। लेकिन बकौल एक किसान एक ज़मींदार ने उसे खेत में मारा था, उसकी लाश यहां फेंक दी थी और सड़क दुर्घटना में मरने की अफ़वाह फैला दी थी। ज़मींदार और इलाक़े के सभी लोग शेरों के उत्पात से दुखी थे। शेरों के प्रति सहानुभूति की बजाय उनमें प्रतिशोध की भावना बलवती हो गई थी। इसलिए शेरों को मारने की घटनाओं की गूंज को वे गन्ने के खेतों से बाहर नहीं निकलने देते थे।

## जीप पर से शिकार की योजना

मचान पर बैठने से कामयाबी नहीं हो रही थी। इसलिए दस एप्रिल को जीप से शिकार करने की योजना बनाई। इसमें ख़तरा यह था कि निशाना यदि ठीक न लगे और गोली से शेरनी पूरी तरह अशक्त न हुई तो वह जीप पर बैठे शिकारी पर और उसके साथियों पर पूरी ताक़त से घातक वार कर सकती है। मचान पर बैठना इस दृष्टि से पूर्ण सुरक्षित था। खुले में खूंटे से पड्डा बांधकर उससे बीस मीटर पीछे गन्ने की खड़ी फ़सल में जीप में अशोक सिंह, राजेश बेदी और वाइल्ड लाइफ़ वार्डन बिन्द्रा प्रसाद शाम अन्धेरा होने से पहले बैठ गये। गन्नों के अन्दर जीप पूरी तरह छिपी थी। बाहर से किसी आदमी को या शेरनी को उसका आभास नहीं हो सकता था। रात भर बैठे रहे, शेरनी नहीं आई। सुबह छह बजे चले आये।

## झोटे की पीठ चीर दी

अजीत सिंह के फ़ार्म के साथ ही उनके छोटे भाई का फ़ार्म है। ग्यारह एप्रिल 1982 की शाम को पांच बजे उनके चार ढोर खेत के साथ परती ज़मीन पर चर

चित्र 6 शेरनी द्वारा ज़ख़्मी किये गये झोटे का इलाज

रहे थे। खाले में से शेरनी निकली और नज़दीक वाले झोटे पर कूद पड़ी। झोटा तगड़ा था, वह फ़ार्म की रिहायशी झोंपड़ियों की तरफ़ भागा, शेरनी भूखी थी, वह फिर झोटे की तरफ़ बढ़ी। वहां आठ-दस बरस की एक बच्ची थी जो ढोरों को चरा रही थी। उसे देखकर शेरनी वापिस चली गई। बच्ची ढोरों को झट डेरे पर हांक ले गई। डेरे पर आतंक फैल गया। मैंने देखा कि झोटे की पीठ के मध्य से आगे रीढ़ के दोनों तरफ़ दो ज़ख़्म हो गये थे जो शेरनी के अगले दोनों पंजों की चोट से बने थे। वह उसे अपने हमले से गिराकर उसकी गरदन पकड़ना चाहती थी। छोटा और कमज़ोर जानवर ऐसे ज़बर्दस्त हमले से गिर पड़ता। बलशाली झोटा हमले को झेल गया। उस दिन हवा शान्त थी। चरते हुए ढोरों को शेरनी की गन्ध नहीं आई। उसने इतमीनान से हमला किया।

ज़मींदार ने देसी शराब और सरसों के तेल की कुछ बूंदों के साथ सिलबट्टे पर लाल मिर्चों को पीसकर पेस्ट बना ली थी। उसे ज़ख़्मों पर लेप कर दिया था। यही कारगर किसानी टोटका था। इलाज के लिए झोटे को भीरा के पशु चिकित्सालय में ले जाने की ज़रूरत नहीं समझी गई।

रात नौ बजे मैं फिर उसे देखने गया। फ़ार्म के चार ढोरों के साथ झोटा खुले खेत में आसमान के साये में बंधा था। उनके साथ एक रखवाला चारपाई पर सो रहा था। पास में टिमटिमाती हरीकेन लैम्प अन्धकार से जूझ रही थी।

## वहीं-की-वहीं ढेर हो गई

शेरनी की हर वारदात माहौल को अधिक ख़ौफ़नाक बना देती थी। ताज़ी वारदात से ज़ाहिर था कि वह कितनी निडर, साहसी और बेधड़क थी। भूख ने उसे ऐसे बड़े झोटे पर हमला करने के लिए मज़बूर कर दिया था। जंगल के कर्मचारी कहने लगे थे कि ऐसी ख़तरनाक बला से जितनी जल्दी छुटकारा मिल जाय अच्छा है।

पूर्व योजना के अनुसार अशोक सिंह रात को गन्ने की खड़ी फ़सल में जीप पर बैठ गये। दस बजे तक शेरनी पड्डे पर नहीं आई। ये लोग जीप लेकर फ़ार्म की झोंपड़ियों में आ गये और मंत्रणा में लग गये। यही विचार हुआ कि लौट जाने की बजाय एक चान्स और ले लिया जाय। दस बज कर पचपन मिनट पर तीनों जने फिर जीप पर निकले। पाटा फेंर कर समतल किये खेत में चक्कर लगा रहे थे। जीप की हेड लाइटों में वे रोशनी को इधर-उधर घुमा कर देख रहे थे। पच्चीस मिनट की खोज के बाद वह गन्ने के खेत में दिखाई दे गई। खेत के किनारे जहां फ़सल कुछ छितरी थी, वहां खड़ी थी और जीप को देख रही थी। उसके लिए यह सामान्य बात थी। रोज़ ही ट्रैक्टर, जीप और आदमियों को देखती थी।

वह ज़रा भी डरी नहीं। राजेश ने प्रकाश को उसके ऊपर फ़ोकस किया। काली धारियां और उसके निचले भागों की सफ़ेदी चमक उठी। सिंह को निशाना साधने के लिए पर्याप्त समय मिल गया था। दो मिनट तक वह अचल और अविचलित खड़ी अपने हत्यारों को देखती रही। सिंह ने इतमीनान से लक्ष्य पर .375 मैग्नम हौलैण्ड एण्ड हौलेण्ड राइफ़ल से तीन सौ ग्रेन की सिलवर टिप गोली दाग़ दी। गोली लगते ही वहीं-की-वहीं ढेर हो गयी। वह दायें करवट गिरी थी।

## पूंछें कटी हुई थीं

पांच साल बाद सिंह का यह पहला शिकार था। फिर भी उन्हें विश्वास था कि निशाना मर्मस्थल पर लगा है। निशाने पर भरोसा न होता तो वे शेरनी को घायल न करते। घायल शेरनी और अधिक मुसीबत बन जाती।

गन्नों के अन्दर गिरी शेरनी की लाश ठीक तरह नहीं दीख रही थी। उसे देखने के लिए उस समय जीप को आगे बढ़ाना मुनासिब नहीं था। सब लौट आये।

अगली सुबह दुधवा नेशनल पार्क की दो पालतू हथिनियों पर गन्ने के खेत में गये और शेरनी की लाश को बाहर निकाला। आसपास के ज़मींदार वहां जमा हो गये थे। शारदा और भीरा के बीच आदमियों और पालतू पशुओं को मारने वाली को मरा देखकर उन्होंने राहत की सांस ली। यहां लोगों की धारणा है कि शिकार खाने से पहले शेर उसकी पूंछ काटकर फेंक देता है। इस शेरनी के उदाहरण से भी इस बात की पुष्टि होती थी। इसे जिन छः पड्डों का चारा दिया था, वाइल्ड लाइफ़ गार्ड हरि बाबू को उन सबकी पूंछें काटकर फेंकी हुई मिली थीं।

चित्र 7 उसे देखने के लिए महिलाएं उमड़ पड़ी

इसके तीन कारण हो सकते हैं– पूंछ को पकड़कर घसीटने की कोशिश में वह टूट गई हो, हिलती हुई पूंछ में चेतना के बचे-खुचे संकेतों को ख़त्म करने के इरादे से उसने उसे काटकर फेंक दिया हो, और जब ढेर सारा ताज़ा गरम गोश्त सामने पड़ा हो तो चमड़ा मढ़ी हड्डियों की माला को चबाने से क्या हासिल होगा ?

जीप की ट्रौली में डालकर लाश को भीरा और पलिया के बाज़ारों में घुमाया। उसके बाद खाल उतारने दुधवा पार्क में ले गये। औरतें, बच्चे और सभी आदमी उसे देखने जमा हो गये। महावत और पीलख़ाने के कर्मचारी बहुत ख़ुश थे। उन्हें समय-कुसमय शेरनी का पीछा करने वालों के पीछे जाना पड़ता था, उन्हें इस बेआरामी से छुट्टी मिली। स्टाफ़ के सभी लोग फ़ोटो खिंचवाने के लिए उतावले थे। उनकी औरतें सुन्दर कपड़े पहनकर फ़ोटो खिंचवाने आ गईं। महावत और चाराकटों में फ़ोटो खिंचवाने में विशेष प्रसन्नता थी। पहले जमाने में शेर का शिकार करना शौर्य की बात होती थी। बन्दूक लिये हुए शिकारी उसके साथ फ़ोटो खिंचवाने में गौरव अनुभव करता था। शेरों के संरक्षण की भावना अब इतनी प्रबल हो गयी है कि शिकारी अपने मारे हुए शेर के साथ फ़ोटो खिंचवाने में संकोच करने लगा है, जैसे यह निन्दनीय कार्य हो। अशोक सिंह भी फ़ोटो खिंचवाने में संकोच कर रहे थे।

## धज्जियां उड़ा दी थीं

भीरा से नौ किलोमीटर दूर पलिया के पशु-चिकित्सालय से पशुधन विकास अधिकारी डौक्टर देवराज सिंह शेरनी की लाश का पोस्टमार्टम कर रहे थे। गोली

चित्र 8 आदमख़ोरनी का अन्त करके अशोक सिंह ने
स्थानीय लोगों को राहत पहुंचाई

सीने के बीच में बाईं तरफ़ लगी थी। सीने को चीरकर अन्दर घुस गई थी। सीने

के खोल (chest cavity) के अन्दर उसने सांस की नली की बायीं शाखा को फाड़ दिया था और बायें फेफड़े को चीर दिया था। इतना विनाश करके भी गोली टण्डी नहीं हुई थी। मज़बूत पसलियां टूट गई थीं। स्टर्नम को क्षति पहुंची थी। ज़बर्दस्त बाधाओं से टक्कर लेते हुए और उन्हें तहस-नहस करने पर भी गोली का वेग कम नहीं हुआ था। सीने को छोड़कर आगे बढ़ती हुई उदरगुहा को पार करके बाहर निकल गई थी। उदरगुहा के फटने से छोटी-बड़ी दोनों आंतें और आमाशय बाहर आ गये थे। आगे की तरफ़ दाहिनी बक्खी से पिछली जांघ तक चीर दिया था। सही मायनों में कहा जाय तो अपने मार्ग में आने वाले सभी अवयवों की धज्जियां उड़ा दी थीं। दाहिनी बक्खी की तीन वर्ग फुट खाल नदारद हो गयी थी। लोगों को शक हुआ कि गीदड़ों ने तो उसे नहीं खा लिया। कुछ को मैंने कानाफूसी करते हुए सुना कि कोई चोर-शिकारी जादू-टोने के लिए खाल के टुकड़े को काट ले गया होगा। ऐसी सभी अटकलें बेबुनियाद थीं। सच्चाई यही थी कि .375 जैसी हैवी बोर राइफ़ल से तीन ग्रेन वज़नी दाग़ी हुई गोली ऐसी बरबादी कर ही देती है। यह राइफ़ल पांच सौ मीटर से जानवरों को शूट कर सकती है जब कि शेरनी को कुल बीस मीटर दूर से शूट किया गया था। गोली जिस अंग से गुज़री वह जलकर काला हो गया था।

## लकड़ी और पत्थर चबा जाता है

आमाशय में कुछ नहीं मिला। कुछ घण्टों से उसे खाने को नसीब नहीं हुआ था। आंतों में फीता-कृमि (tape worm) बहुत निकले। गन्दा पानी पीने से और सूअरों का मांस खाने से ये अन्दर पहुंचे होंगे।

अगले बायें पैर में घुटने से ज़रा नीचे (foot back) के ऊपर ज़ख़्मों के चार निशान पड़े थे। खाल उतारने पर देखा कि ये निशान गोश्त के अन्दर चले गये थे। शिकारियों का ख़याल था कि गोली लगने पर ज़मीन पर गिरते ही शेरनी ने गुस्से में अपना पिछला पंजा मारा था, उसके नाख़ूनों की चोट से ये निशान बने थे।

दस सितम्बर 1984 को मैं राजा बडहर (ज़िला मिर्ज़ापुर, उत्तर प्रदेश) की एक जंगल फ़िल्म देख रहा था जिसे उनके परिवार के लोगों ने 1960 के दशक में अपने जंगलों में शूट किया था। फ़िल्म यद्यपि धुंधली थी पर उसके कुछ दृश्यों का यहां उल्लेख करने से गोली से ज़ख़्मी हो गये शेरों के मरने से पूर्व व्यवहार

के बारे में पाठक जान सकेंगे । गोली खाकर गिरते ही शेर जो सामने पड़े उसे काटने

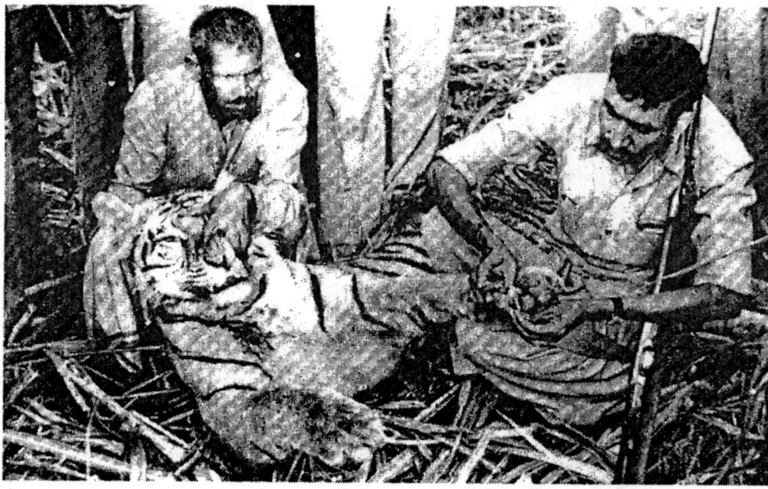

चित्र 9 परीक्षा करने पर पाया गया कि सभी नाख़ून सही सलामत थे

लगता है और नोचने लगता है । धराशायी होते ही शेर एक पत्थर चबाने लगा । एक शेर लकड़ियों को नोचने लगा । एक ने लकड़ी चबाकर चूरा कर दिया ।

## डेढ़ सौ शेरों की खाल तो उतारी ही होगी

नाक से पूंछ के सिरे तक घुमावों के साथ-साथ नापने से यह शेरनी 2.45 मीटर और खूंटियों के बीच में 2.35 मीटर नापी गई । कन्धे पर इसकी ऊंचाई नब्बे सेण्टीमीटर थी । अगला दायां पंजा बाईस सेण्टीमीटर लम्बा, ग्यारह सेण्टीमीटर चौड़ा और चार सेण्टीमीटर मोटा था । अगली बायीं कलाई का घेरा पच्चीस सेण्टीमीटर और पंजे का घेरा पैंतीस सेण्टीमीटर था । सब नाख़ून ठीक थे ।

ऊपर के किल्ले (canine teeth) एक-दूसरे से सात सेण्टीमीटर दूर थे । ये साढ़े चार सेण्टीमीटर लम्बे तथा धारदार थे । इनके बीच में छह दांत थे और दोनों तरफ़ तीन-तीन दाढ़ें थीं । निचले जबड़ों में किल्लों की आपसी दूरी छह सेण्टीमीटर थी और उनकी लम्बाई चार सेण्टीमीटर थी । पूर्ण स्वस्थ इस जवान शेरनी की उम्र चार-पांच साल रही होगी । उम्र बढ़ने के साथ दांतों में पीलापन आ जाता है । इसके दांत सफ़ेद थे ।

भीरा निवासी बैजू हरिजन ने मध्याह्न पूर्व ग्यारह बजे खाल उतारनी शुरू की। बैजू ने अपनी सेहतमन्द ज़िन्दगी के साठ साल पूरे कर लिये थे। शिकार में मारे गये जंगली जानवरों की खाल निकालना उसका पुश्तैनी धंधा था। लड़कपन में वह अपने पिता के साथ अंग्रेज़ों के ज़माने से खालें उतारता रहा था। बीस साल पहले (1965 से पहले) जब राजा लोग शिकार करते थे और आज़ादी से पहले जब अंग्रेज़ औफ़िसर शिकार करते थे तब उसने डेढ़ सौ शेरों की खाल तो उतारी ही होगी। लखनऊ के माथुर साहब ने भीरा के जंगल में 3.60 मीटर लम्बी एक शेरनी मारी थी। उसे खलियाने पर उसके गर्भ से दो बच्चे निकले थे।

## शेर का मांस खा लेते हैं

कान, पंजे, मुंह और खोपड़े की खाल उतारने में बहुत सावधानी बरतनी पड़ती है। भले ज़माने में शिकारी उसे एक शेर की खाल उतारने का पचास रुपये दे दिया करते थे। तराई-भाभर में शिकार खेलने वाले अंग्रेज़ शिकारी उसे अपने साथ लालढांग, हरिद्वार, रामनगर आदि के जंगलों में ले जाया करते थे। मारने के बाद जानवर की जितनी जल्दी खाल उतार ली जाय उतना अच्छा रहता है।

बैजू के कथनानुसार शारदा नदी में बड़ी संख्या में मगर और घड़ियाल पाये जाते थे। उसने छह-साढ़े छह मीटर लम्बे घड़ियालों की खालें उतारी थीं। एक मगर के पेट में से गहने निकले थे।

भीरा के चमार और हरिजन शेर का मांस खाते हैं। खलियाने का काम ख़त्म करके बैजू शेरनी की चारों रानें खाने के लिए ले गया। शेर का मांस बकरे के मांस की तरह ही पकाया जाता है। पकाते समय हांडी को ढक्कन से ढका नहीं जाता। भाप के साथ शेर के मांस की गन्ध निकल जाती है। शेर का मांस गरम होता है। सरदियों में खाने से जाड़ा नहीं लगता।

मांस लेने वालों की भीड़ लग गई थी। मेरा रूम एटेण्डेण्ट तिवारी चाहता था कि मैं उसे कुछ बोटियां दिलवा दूं। इस ब्राह्मण की पत्नी अपने बच्चे को नज़र से बचाने के लिए उसका उपयोग करना चाहती थी। मेरे देखते-ही-देखते गोश्त का एक क़तरा वहां नहीं बचा। छोटी-छोटी बोटियां काटकर लोगों ने तार में या रस्सी में पिरो लिया था। उन्हें घरों के अन्दर दरवाज़ों पर बन्दनवार की तरह सूखने के लिए टांग दिया था। आंगनों के अन्दर धूप में बोरियों के ऊपर सुखा रखा था। जिसने सुखाने में सावधानी नहीं बरती थी उसके मांस में पोतक पड़ गये थे। मुरदार

मक्खियों, कौओं और चीलों से बचाने के लिए उसे चूल्हे की राख में लपेट दिया था।

## गण्डे-तावीज़ में

नवजात बच्चों को शेर का सूखा मांस घिस कर चटा देते हैं। यह रक्षक घुट्टी का काम करता है। बच्चों को नज़र लग जाय तो सूखे मांस का ज़रा-सा टुकड़ा अंगारे पर रखकर धूनी देते हैं। इस उपचार से नज़र उतर जाती है। अच्छी तरह सूखे मांस के क़तरे को ताम्बे, पीतल या चांदी के पतरे के अन्दर मढ़ कर तावीज़ बना लेते हैं। इसे गले में पहनाने से बच्चा शेर के समान वीर बनता है। ढोरों के रोगों में शेर के मांस की धूनी देते हैं। सरदी लग जाने में, निमोनिया में और गठिया में शेर की चरबी से मालिश करते हैं। चरबी न मिले तो मांस को तेल में पकाकर मालिश करते हैं।

शेर की मूंछ के बाल जन्तर-मन्तर और तावीज़ में काम आते हैं। मारे जाने से पहले लोग शेरनी की मूंछ के बाल और चरबी की मांग करने लगे थे। पलिया में एक आदमी एक बाल खींच कर भीड़ में ग़ायब हो गया था। बचे हुए बाल चोरी न हो जांय इसलिए गिनती करके बैजू को खाल कमाने के लिए दी। तब दस बाल मौजूद थे।

वन-विभाग आदमख़ोर की लाश प्रायः उसे मारने वाले को उपहार स्वरूप दे देता है। शेरनी की खाल और लकी बोन में ही अशोक सिंह की दिलचस्पी थी। शेर की हंसली को लकी बोन कहते हैं। यह सौभाग्यदायक मानी जाती है। ब्रिटिश राज में अंग्रेज़ शिकारी इसे अपनी फ़ेल्ट कैप में सजाते थे। शेर की कलाई की हड्डियां भी शुभ मानी जाती हैं। इन्हें सन्तोष हड्डी कहते हैं। जंगल के लोग बताते हैं कि शिकार न मिले तो दस दिन का भूखा शेर कलाई को चाटकर सन्तुष्ट हो जाता है। भीरा की आदमख़ोर शेरनी की लाश से जब अधिकतर लोग बोटियां नोचने में लगे थे तब सयाने शिकारियों ने सन्तोष हड्डियों को सम्हाल लिया था।

दो

# मौत के मुंह से निकल आया

कौर्बेट नेशनल पार्क में टूरिस्टों के ठहरने का मुख्य स्थान ढिकाला है। ढिकाला से रामनगर जाते हुए शुरू के पांच-सात किलोमीटर में अक्सर एक शेर सड़क

चित्र 10 ढिकाला का रेस्ट हाउस

के बीचोंबीच बैठा मिल जाता था। वह इतना निडर और ढीठ था कि वाहनों को

चित्र 11 सड़क पर लेटा हुआ शेर

देखकर भी मुश्किल से उठता था। पार्क वालों ने उसका नाम ढीठू रख दिया था।

ढीठू के इलाके से पांच किलोमीटर दूर चुआ सोत में दूसरा शेर रहता था। उसका नाम शेरू था। उसकी उम्र तीन साल रही होगी। ढीठू से वह पांच साल छोटा था, फिर भी उससे डरता नहीं था। ढीठू के इलाके में चला जाता था तो वह ऐतराज़ नहीं करता था।

## सवारी की हथिनियों को गुर्राने लगा

शेरू का स्वभाव पहले ढीठू के समान था। वह इन्सान की मौजूदगी की परवाह नहीं करता था। फिर उसमें बदलाव आ गया। उसने सवारी की हथिनियों को गुर्राना शुरू किया। ज़रूरत पड़ती तो वह उन्हें घुड़ककर भगा देता था। वह महसूस करने लगा था कि उसकी गुस्ताख़ी और बेअदबी पर इन्सान उसे फटकारता नहीं, उलटे, चुपके से खिसक जाता है, कन्नी काट जाता है। इससे उसका हौसला और हिम्मत बढ़ती गई।

## बला की तरह झपटा था

रोहिणी के झुरमुटों में सोते हुए एक दिन उसे देर हो गई। तेज़ रफ़्तार वाले किसी हिरण को घात लगाने की बजाय उसने चाराकट महेश को धर दबोचा। शेरू वही शेर था जो मई 1977 में आमलसोती में हमारी रूपकली पर बला की तरह झपटा था और अब्दुल रशीद महावत ने उससे किसी तरह पिण्ड छुड़ाया था।

आमलसोती से पूरब में खिनानौली तथा टौलिया चौकी तक, दक्षिण में बिच्छू भोजी तथा कमरपट्टा से चूआ पानी तक और पश्चिम में मोटा साल तथा लिदखलिया तक उसका इलाक़ा था। इस दस वर्ग किलोमीटर के जंगल में वह कहीं भी मिल सकता था।

## शेरू की दहशत

मार्च 1982 में महेश के मारे जाने के बाद चूआ पानी के जंगल में शेरू की दहशत फैली थी। कोई चाराकट उधर जाने की हिम्मत नहीं करता था। महावतों की चौपाल में शेरू से बचकर काम करने के तरीक़े पर विचार किया गया था। चौपाल का फ़ैसला था कि चूआपानी में अकेला चाराकट न जाय। दो चाराकट अपनी-अपनी हथिनियों पर जांय।

इस फ़ैसले के अधीन यद्यपि चूआसोत में जाने की छूट थी फिर भी शेरू के भय से दो साल तक उधर कोई गया ही नहीं। ज्यों-ज्यों महेश की घटना पुरानी

होती गई पालतू हथिनियों के पैर चूआसोत में पड़ने लगे। चाराकट क़दम फूंक-फूंक कर बढ़ते थे।

चित्र 12 शेर द्वारा मारा गया चाराकट

1984 के मध्य जनवरी में सूबेदार अली और रहीस अहमद (उम्र बाईस बरस) अपनी हथिनियों पर उधर गये थे। उन्होंने महेश वाला पेड़ भी देखा था। वह प्रचुर चारे से लदा था। उसके पास ही उन्होंने शेरू को देखा था। पेड़ को काटने की उनमें हिम्मत नहीं हुई।

जनवरी के अन्त में कुतुब (उम्र तीस बरस) और रहीस वहां गये। उनकी हथिनियों — तीस साल की मौली और पैंतालीस साल की रावती — ने ज़मीन पर ठोकर मारकर और आवाज़ करके बता दिया कि यहां शेर है। लेण्टाना में छिपा होने से वे उसे देख नहीं पाये। कोई पन्द्रह दिन बाद इन चाराकटों ने महेश वाला पेड़ छांगा और अगले दिन उससे उत्तर-पूर्व में आधा किलोमीटर दूर दूसरा पेड़ छांगा।

## शौहर के लहू से फाग नहीं खेलने दूंगी

ढिकाला के महावतों की बस्ती में शफ़ीक नामक एक महावत था। उसकी उम्र पैंतालीस साल रही होगी। उसे देखने से लगता था कि ज़िन्दगी की सुनहरी मंज़िल को वह तेज़ी से पार कर रहा था। उसकी अट्ठाईस बरस की जवान बीवी उसके बारे में बेहद चिन्तित रहती थी। वह कहती थी कि मैं अपने शौहर को ख़ुदा के भरोसे नहीं छोड़ सकती और शेरू को शफ़ीक के लहू से फाग खेलने का मौक़ा नहीं दे सकती। शफ़ीक के लहू से प्यास बुझाने से पहले वह मेरा लहू पियेगा। वह शफ़ीक के साथ चारा काटने जाती थी। वह उसे हथिनी से नीचे नहीं उतरने देती थी। ख़ुद नीचे उतरती थी और छांगी हुई टहनियों को उठाकर शफ़ीक को पकड़ाती जाती थी जिन्हें वह हथिनी की पीठ पर करीने से जमा देता था।

1984 के फ़रवरी महीने की पन्द्रह तारीख़ थी। दून की उथली घाटी में जाड़ा पूरे यौवन पर था। पार्क के लोगों के दैनिक काम-काज सुबह देर से शुरू होते थे। पार्क की दूसरी हथिनियों के साथ सूबेदार अली सुबह नौ बजे गोमती को लेकर टूरिस्टों को जंगल में घुमाने निकला था और साढ़े दस बजे पीलख़ाने

लौट आया था। सवारी के हर हाथी पर दो आदमियों की ड्यूटी हुआ करती है — महावत और चाराकट। अपने हाथी के लिए जंगल से चारा काटकर लाने का काम चाराकट का होता है। गोमती का चाराकट सत्तार हुसैन छुट्टी पर रामनगर गया हुआ था। इसलिए खाना खाकर सूबेदार अली सवा ग्यारह बजे गोमती को लेकर चारा लेने चल पड़ा। उसके साथ तीस वर्षीय चाराकट कुतुब भी चल पड़ा जो अपनी हथिनी मौली पर सवार था। घण्टे भर में वे दोनों ढिकाला पीलख़ाने से दक्षिण-पूर्व में तीन किलोमीटर दूर चूआसोत के उत्तरी किनारे के जंगल में पहुंच गये।

बोलचाल में भूमि से पानी निकलने के स्थान को सोत कहते हैं। स्थानीय बोली में नाले को भी सोत कहते हैं, भले ही वह सूखा हो, बरसाती हो या सदानीरा नाला हो। भाभर के नालों की तरह चूआसोत में बारिश का पानी थोड़ी देर के लिए तेज़ी से आकर बह जाता है। भूमि को काटकर इसने जंगल को बहुत क्षति पहुंचाई है। इसका पाट ख़ूब चौड़ा हो गया है। ल्होड़ियों और झाड़ियों से भरा है। इस सूखे नाले का जन्म तीन किलोमीटर दूर दक्षिणी धार के कटने से हुआ है। जन्म स्थान से दो किलोमीटर नीचे दाहिने हाथ इसमें एक सोत है जहां पानी रिसता है। सूखे जंगल में पानी का यह मामूली-सा रिसाव जानवरों के लिए वरदान है। वन-विभाग ने यहां सीमेण्ट का जलकुण्ड बना दिया है जिसमें इस इलाक़े के साम्भर, काकड़, गुलदार, शेर, भालू, जंगली सूअर — सभी जानवरों को बारामास पीने का पानी मिलता रहता है। पहाड़ी इलाक़ा होने से यहां चीतल कम दिखाई देते हैं। चीतल घास वाले इलाक़े में रहना पसन्द करता है।

## आदमख़ोर के इलाक़े में

लाखड़ के बड़े वितान वाले एक पेड़ के नीचे सूबेदार और कुतुब ने अपनी हथिनियों को रोका। कुतुब ने सुझाव दिया 'मैं लाखड़ को काटता हूं, तुम उस बरगद को काट लो। मैंने जल्दी काट लिया तो उधर आ जाऊंगा, वरना तुम इधर आ जाना।'

नाले के उद्गम की तरफ़ तीन सौ मीटर के फ़ासले पर सूबेदार अपनी हथिनी को हांक ले गया। नाले के किनारे कुसुम के तने के साथ लिपटा बरगद खड़ा था। जिसके तने की गोलाई पौने दो मीटर थी। सात मीटर की ऊंचाई से निकलकर उसकी एक जटा तने के बग़ल में ज़मीन के अन्दर चली गई थी जिससे पैंतालीस सेण्टीमीटर गोलाई का एक नया तना बन गया था। दोनों तने एक-दूसरे से सटे हुए थे।

बरगद के पूरब में समतल भूमि थी, फिर बरगद के साथ पैंतालीस अंश का ढलान था। आगे नाले का ऊबड़-खाबड़ पाट था। बरगद का तना नाले की

चित्र 13 नाले के जंगल में गोमती बंधी खड़ी है

तरफ़ पैंतालीस अंश तिरछा झुका था। तने तक पहुंचने से पहले ही सूबेदार गोमती से उतर गया। उसने नाले में खड़े साठ सेण्टीमीटर गोलाई वाले रोहिणी के एक तने के साथ गोमती का अगला पैर बांध दिया और पिछली टांगों में बेड़ियां डाल दीं। बांधने का लाभ यह था कि हथिनी दूर नहीं जा सकेगी। चारा काटने के बाद सूबेदार झट उसे ला सकेगा। खुली रहने पर चरते-चरते वह दूर निकल सकती थी। जंगल में उसे तलाश करने के लिए जाने में ख़तरा था।

सारा वन-तल आदमी के बराबर ऊंची झाड़ियों से ढका हुआ था। घने अधोरोह में दो-चार क़दम के फ़ासले पर भी शेर छिपा हो तो दिखाई नहीं दे सकता था।

सूबेदार इतमीनान से अपने काम में मगन था। पौन घण्टे तक उसकी कुल्हाड़ी बरगद की क्षीरी डालियों को काट-काट कर गिराती रही। नीचे उतरकर उसने फिर ऊपर निगाह फेंकी। नज़दीक ही उसे कुछ, हरी, कोमल डालियां दिखाई दीं।

उन्हें अपनी गोमती के लिए काटने के लोभ को वह संवरण न कर सका। उसे

चित्र 14 बरगद के ऊपर सूबेदार

यह भी ध्यान नहीं आया कि पश्चिम में नाले के बायीं तरफ़ कुल आधा किलोमीटर दूर शेरू ने महेश को मार डाला था। वह उसी हत्यारे के राज में खड़ा था।

## आदमख़ोर के ऊपर सूबेदार

सूबेदार बेखटके पेड़ के ऊपर चढ़ गया। एक दिगन्तसम गोधे पर बैठकर कुल्हाड़ी चलाने लगा। बायें हाथ से उसने ऊपर से लटकती एक डाल को थाम लिया जिससे सन्तुलन न बिगड़े। अचानक उसे अपनी पीठ के पीछे शेर की हलकी आवाज़ सुनाई दी, ऐसा लगा कि कान के पास ही शेर गुर्रा रहा है। उसे देखने के लिए वह गरदन घुमा ही रहा था कि शेर का फ़ौलादी पंजा उसकी दाहिनी जांघ पर टकराया। ख़ाकी जीन की पैण्ट को चीरकर नाख़ूनों ने जांघ को ज़ख़्मी कर दिया। जीन में शेरू के मुड़े हुए नाख़ून फंस गये। पतले तने पर उसका सन्तुलन बिगड़ गया, वह धड़ाम से नीचे आ गिरा। नौ मीटर की ऊंचाई से सूबेदार भी

रबर फ़ोम के गद्दे जैसी गुदगुदी शेरू की देह के ऊपर आ गिरा। इसके विपरीत स्थिति होती तो चौवन किलोग्राम भार वाला सूबेदार अपने से चार गुने (दो सौ बीस किलोग्राम) भारी शेरू के नीचे कुचल कर वहीं ढेर हो जाता।

रात के शिकार से पेट भरकर शेरू पूर्वोत्तर की समभूमि के अधोरोह में नींद ले रहा था। कुल्हाड़ी की खट् ...खट् .... ने उसे जगा दिया था। पेट भरा होने से चाराकट को मारने में उसकी कोई दिलचस्पी नहीं थी। नींद खुल जाने पर वह धूप में सुस्ताने चला गया। शाल-वृक्षों से छनकर एक पगडण्डी पर ज़रा-सी धूप पड़ रही थी।

## खटखटिया ने शेरू की नींद हराम कर दी थी

शेरू कुछ खीझ तो गया था, फिर भी शोर की उपेक्षा करता रहा। सूबेदार जब चारा काटकर नीचे उतर आया तब भी उसका हमला करने का इरादा नहीं था। वह चाहता तो ज़मीन पर खड़े बेध्याने सूबेदार को अनायास ही दबोच सकता था। खट् ...खट् ... के दूसरे दौर में उसने खटखटिया को गिरफ़्त में लेने की कार्यवाही की।

पेड़ के ऊपर शेर नहीं चढ़ा करता। तेंदुआ और बिल्ली जैसे अपने तन को सिकोड़कर यकायक तने पर उछल पड़ते हैं और नाख़ूनों द्वारा पकड़ते हुए अभीष्ट ऊंचाई तक पहुंच जाते हैं वैसे ही शेरू चढ़ा था। तिरछे तने होने के कारण उसे लक्ष्य तक पहुंचने में आसानी हो गई थी। दोनों तनों पर नाख़ूनों की सबसे ऊंची खरोंचें पांच मीटर की ऊंचाई पर पड़ी थीं। संवेग में वह इससे और आगे पहुंच गया था।

नीचे गिरने के बाद शेरू सम्हल कर खड़ा हो गया। सूबेदार से अधिक शक्तिशाली, फुर्तीले और वेगवान् जानवरों को वह रोज़ ठिकाने लगाता था। गिराने के बाद गरदन भींच कर चन्द पलों में ही उसकी जान ले लेता था। निश्चेष्ट हो जाने पर उसे खाना शुरू कर देता था। इस उदाहरण में उसने ऐसा नहीं किया। औंधे मुंह पड़े सूबेदार के खोपड़े को दांतों से नोचना शुरू किया।

## सिर से ख़ून के सोते फूट रहे थे

मृत्युपाश में फंसे सूबेदार के होश-हवास क़ायम थे, पर वह कर ही क्या सकता था! खोपड़े की हड्डियां नंगी हो गई थीं। उन्हें कुचलने के लिए शेरू ने

दांत नहीं गाड़े। हिम्मत कर सूबेदार ने शेरू के मुंह से निकलने की कोशिश की। उसका बायां कन्धा शेरू के मुंह में आ गया। उसे आठ मीटर पूरब में घसीट ले गया। रास्ते में किसी पेड़ का पुराना तना लिटा पड़ा था। उसे पार करके उसने लम्बी देह को ऊपर उठाने की कोशिश की जिससे वहां अटक ना जाय। फिर भी उसकी कमर वहां अटक गई। शेरू ने कमर को मुंह में पकड़कर उठा लिया, और तने के दूसरी तरफ़ उछाल फेंका।

चित्र 15 उकड़ूं बैठा शेर

सूबेदार के सिर से ख़ून के सोते बह रहे थे। सारा चेहरा ख़ून की धाराओं के जाल से ढक गया था। औंधे मुंह पड़े सूबेदार को कुछ देर बाद एहसास हुआ कि शेरू उसके सिर पर नहीं है। वह धीरे-धीरे बैठ गया। बांहों से आंखों के ऊपर बहते ख़ून को पोछा तो पांच क़दम की दूरी पर शेरू को अगले पंजों के बल उकड़ूं बैठे देखा।

जंगल में बिल्कुल सन्नाटा था। सूबेदार को खींचने, उठाने और पटकने की आवाज़ें झाड़ियों में विलीन हो रही थीं। बहुत दूर काम कर रहे कुतुब तक पहुंची ही नहीं थीं। सूबेदार का सारा ध्यान अपनी जान बचाने में संकेन्द्रित था। शेर को ज़रा हटकर बैठे देख उसे राहत मिली और कुतुब का ख़याल आया। वह ज़ोर से चिल्लाया 'कुतुब जल्दी आओ, शेर मुझे मार रहा है।'

विडाल वंश के कुछ सदस्यों को मैंने देखा है कि वे कई बार छोटे शिकार को पकड़ने के बाद मामूली-सा आहत करके अपने कब्जे में कर लेते हैं। उसे जान से नहीं मारते। उससे खेलते हैं, उसके क्रिया-कलापों को देखकर उनका मनोरंजन होता है। शिकार भागने की चेष्टा करता है तो वे हलका-सा पंजा मारकर उसे गिरा देते हैं।

गुजरात के गिर-वन में निम्न-रोह के अन्दर एक युवा सिंह को मैंने भागते देखा। कुछ ही मिनटों बाद वह एक मुष्कबिलाव को मुंह में उठाये निम्न-रोह से बाहर निकलता दिखाई दिया। दूब घास के मैदान में उसे छोड़कर सिंह उसके पास लेट गया। मुष्कबिलाव भागने की कोशिश करता तो वह अपना भारी पंजा

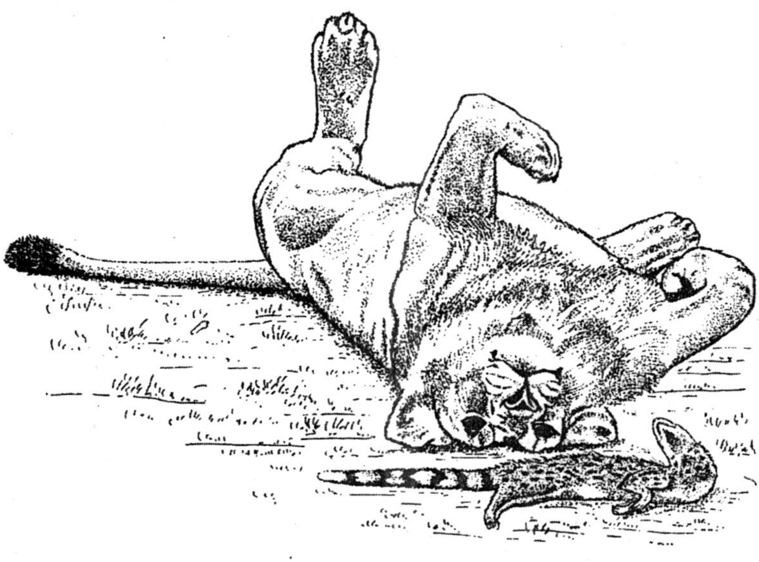

चित्र 16 सिंह का मुष्कबिलाव के साथ खेल

उसके ऊपर रख देता। मैदान की ठण्डक को धूप की तेज़ी ने गरम कर दिया, तब वह मुष्कबिलाव को उठाकर करौंदी के झुरमुट में चला गया।

बिल्लियां भी चूहों के साथ देर तक ऐसा खिलवाड़ करती हैं, तब खाती हैं। मेरे ल्हासा अप्सु चूहों और छुछुन्दरों को पकड़ने के बाद उनसे खेलते रहते थे, उन्हें खाते नहीं थे। इस घटना में भी असहाय सूबेदार को जान से मार देने के लिए शेर को अनुकूल अवसर मिला था और पर्याप्त समय भी। मामूली-से गठन वाले उस नाटे आदमी को वह पलक भींचते ही मार सकता था। अपना मन

बहलाव करने के लिए वह उसे कुछ समय के लिए ज़िन्दा रखना चाहता था। भूख लगने पर खा जाता।

## गजानन गणेश का आविर्भाव

कुछ देर बाद शेरू उठा और सूबेदार के पास आकर खड़ा हो गया। दोनों के मुंह के बीच एक बांह का फ़ासला रहा होगा।

मौत को सन्निकट देख हताश रोगी का आख़िरी सहारा नाम स्मरण होता है। सूबेदार को अपने जीवन की अन्तिम घड़ियां नज़र आ रही थीं। उसने नाम का पल्लू पकड़ा। परवर दिगार से दुआ मांगी।

'अल्लाह, ख़ुदा, राम रहीम, जिन्नो बशर सरज़मीं। मुझे बचा लो ! ओ जंगल के मोरघट्टी वाले कालू सैयद पीर ! मुझे बचा लो।'

उसने उन सभी देवी-देवताओं को पुकारा जिनके नाम उसने सुन रखे थे। उसकी पुकार सुन ली गई।

लहू से रंगी लाल धरती पर मौली हथिनी बड़े वेग से दौड़ती हुई आई। मानो साक्षात् गजानन गणेश उसे उबारने आये हैं। कुतुब उसे पूरी ताक़त से दौड़ा रहा था, मानो युद्ध के मोर्चे पर उसे झोंक रहा हो।

चित्र 17 सूबेदार की सहायता के लिए तेज़ दौड़ती मौली

उस समय शेरू सूबेदार से क़रीब दो मीटर हटकर झाड़ियों के अन्दर बैठा था। अपने शिकार को छोड़ने का उसका कोई इरादा नहीं था। सूबेदार टांगें समेटे एक करवट निश्चेष्ट पड़ा था। सारे माहौल को देखकर एक बार तो कुतुब विचलित हो गया। फिर गरजता हुआ मौली को सूबेदार और शेरू के बीच ले गया। शेरू टस-से-मस नहीं होता था। बार-बार चिल्लाने पर वह उठा और सौ मीटर पीछे जंगल की सड़क पर जा बैठा। उसे खदेड़ कर कुतुब ने मौली को घुमाया और सूबेदार के पास ले गया। उससे पूछा, 'तुम होश में तो हो ?' क्षीण स्वर में उत्तर मिला, 'हां, मुझे बचा लो।'

घायल महावत का मनोबल बढ़ाते हुए कुतुब बोला, 'हिम्मत करके उठो और गोमती के पास पहुंचो। तुम्हें सहारा देने मैं नीचे उतरा तो शेरू फिर लौट आयेगा। हम दोनों को ज़िन्दा नहीं छोड़ेगा। घबराओ नहीं, मैं तुम्हारे साथ ही हूं! शेरू को हमला करने से रोकता हूं।'

## अधमरा-सा महावत वहां लुढ़क गया

हौसला बढ़ाने वाले इन शब्दों ने लहूलुहान सूबेदार में एक बार फिर जान फूंक दी। जैसे-तैसे वह उठा और गोमती की तरफ़ चल दिया। रास्ते में झाड़ियां थीं, ल्होड़ी बिछे थे, बेजान पेड़ का एक मोटा तना पड़ा था, आधे रास्ते में ढांग का बेढंगा और फिसलना उतार था। सब बाधाओं को पार करता हुआ अठारह मीटर चलकर वह गोमती के पास पहुंच गया। मौली को पीछे हांकता हुआ कुतुब उसके हौंसले बढ़ाता जा रहा था, पीठ पीछे भी निगाह डाल लेता था। क्योंकि शेरू के लौटने का ख़तरा बना हुआ था।

सूबेदार ने गोमती के पैर की बेड़ी खोली। बरगद के पास ड्रामे का जो ख़ौफ़नाक दृश्य खेला जा रहा था उसकी वह मूक द्रष्टा थी। इस दृश्य का अन्त इससे भी ख़तरनाक रुख़ अख़्तियार कर सकता है, वह भी जानती थी। फिर भी वह विचलित नहीं हुई। विषम परिस्थिति में भी मालिक के आदेशों का पालन करती रही। चुपचाप ज़मीन पर बैठ गई। सूबेदार तब इतना अशक्त हो गया था कि ख़ुद उसकी पीठ पर नहीं चढ़ सकता था। गोमती ने उसे सूण्ड से उठाकर आहिस्ता से अपनी पीठ तक पहुंचा दिया। अधमरा-सा महावत वहां लुढ़क गया।

## ज़रा-सा लहू चाटकर तृप्त नहीं हुआ था

गोमती और मौली दोनों जवान हथिनियां थीं, लगभग पच्चीस साल उम्र होगी। इस घटना में गोमती शेरू से दूर बंधी थी। मौली ने शेरू को भगाने की कार्यवाही में पूरा हाथ बटाया था। शोर-शराबे को सुनकर, ख़तरनाक शेरू की शक्ल को देखकर और उसकी करतूत को ग़ौर कर वह विचलित हो गई। मौत के साये में वह एक पल नहीं रहना चाहती थी। ढिकाला की तरफ़ भाग खड़ी हुई। कुतुब ने उसे रोकने की भरसक कोशिश की। वह चाहता था कि गोमती आगे-आगे चले जिससे लेटे हुए असहाय सूबेदार पर निगाह रख सके।

चित्र 18 शेर हथनियों का पीछा करता रहा

कुछ ही देर में दोनों हथिनियों में भगदड़ मच गई। महावतों ने देखा कि शेरू उनके साथ चल रहा है। हथिनियों को उसकी गन्ध आ गई थी। सूबेदार का ख़ून उसके मुंह पर लगा था। ज़रा-सा लहू चाटकर वह तृप्त नहीं हुआ था। कोई डेढ़ किलोमीटर तक वह पीछा करता रहा।

## अभी जान बची थी

एक बजे दोनों ढिकाला पहुंचे। स्वागत कक्ष के सामने सूबेदार को एक गद्दे पर लिटा दिया गया। टूरिस्टों की भीड़ जमा हो गई। चालीस-पचास टूरिस्ट होंगे। ढिकाला में मौजूद पार्क का सारा स्टाफ़ वहां आ गया। पार्क के रेंज औफ़िसर नौटियाल ने सूबेदार को पुकारा। वह बोला नहीं। दुबारा बुलाने पर धीमी-सी 'हूं' सुनाई दी। नौटियाल को तसल्ली हुई कि वह ज़िन्दा है। उसके सिर पर कपड़ा लिपटा हुआ था जो ख़ून से पूरी तरह सराबोर था। चेहरे का जो हिस्सा खुला था वह गाढ़े सूखे ख़ून से पुता था। उसकी शक़्ल पहिचानी नहीं जा रही थी। पैण्ट और कमीज़ फटकर तार-तार हो गये थे। हाथ, पैर और जांघों पर घाव नज़र आ रहे थे।

उस दिन प्रोजेक्ट टाइगर (बाघ संरक्षण) योजना के फ़ील्ड डायरेक्टर चन्द्र भानु सिंह रामनगर से यहां आये हुए थे। दस-पन्द्रह मिनट पहले जेट बोट पर झील की गश्त के लिए ढिकाला रेस्ट हाउस से निकले थे। उन्हें सूचित करने उन्हीं की बेगनियर गाड़ी में एक आदमी को भेज दिया। दस मिनट में ही वे लौट आये। उनका चिन्तित होना स्वाभाविक था। उस समय हर क्षण क़ीमती था। इलाज में देर होने से घायल की हालत और गम्भीर हो सकती थी। प्राथमिक उपचार के लिए उसे सबसे नज़दीक रामनगर हौस्पिटल पहुंचाना था। ढिकाला से यह पचास किलोमीटर दूर था। अधिकतर कच्चा पहाड़ी मार्ग था। अन्धे मोड़, उतार-चढ़ाव, सोते से पटे नाले, ऊबड़-खाबड़ सड़क पर मरणासन्न घायल को यात्रा करनी थी। यात्रा के कष्ट को कम करने के लिए बेगनियर में गद्दे बिछाकर सूबेदार को आराम से लिटा दिया। उसके बड़े भाई नामदार अली को उसके बग़ल में बिठा दिया। वह पार्क में चाराकट के पद पर काम कर रहा था। नौटियाल और पार्क के एकाउन्टेन्ट मथुरादत्त पाण्डे के साथ बेगनियर रवाना हो गई।

हीरा सिंह ड्राइवर कितनी भी सावधानी से रफ़्तार पकड़ता, झटके लगना स्वाभाविक था। सूबेदार पूरे होश में नहीं था। आशंका थी कि हौस्पिटल पहुंचते-पहुंचते कहीं उसकी इहलीला समाप्त न हो जाय। वह ज़िन्दा है भी या नहीं, इस बात की तसदीक़ करने के लिए नौटियाल रास्ते में उससे कुछ बात करते जाते। जवानी की देह होने के कारण रास्ते के सभी कष्टों को झेलता हुआ वह तीन बजे ज़िन्दा हौस्पिटल पहुंच गया।

## परदे के पीछे बीभत्स दृश्य

प्राथमिक उपचार करने के लिए हौस्पिटल के इंचार्ज डौक्टर पाण्डे ने सूबेदार के सिर पर लिपटा कपड़ा उतारा। ऐसा लगा कि टेलीवीज़न के परदे पर अचानक दृश्य बदल गया है और डरावना तथा भयंकर दृश्य प्रकट हो गया है। उसे देखकर सब घबरा गये। नौटियाल के ख़ून का दबाव बढ़ गया, पसीना छूटने लगा और सिर चकराने लगा। कमरे से बाहर निकलकर उन्होंने नल पर सिर और टांगें धोईं। बाज़ार में एक प्राइवेट मेडिकल प्रेक्टिशनर से उच्च रक्तचाप की दवा ली। फिर भी उनका दिल स्थिर न रहा। उन्हें बेचैनी महसूस होती थी। उनके मानस पटल पर बार-बार वही बीभत्स दृश्य आ जाता था — गरदन पर लटकती हुई सिर से उधेड़ी हुई पूरी खाल का बड़ा लोथड़ा, कपाल की चमकती हुई सफ़ेद हड्डियां, शेर द्वारा चबाया हुआ कान और सब जगह ख़ून-ही-ख़ून। किसी भी सहृदय व्यक्ति के लिए ऐसे डरावने चेहरे पर नज़र टिकाना मुश्किल था।

## लटकते लोथड़ों को टांक दिया

डौक्टर पाण्डे ने ज़ख़्मों को साफ़ किया, खाल को यथास्थान रखा और पट्टी बांध दी। कुछ दवाओं के इंजेक्शन दे दिये। पाण्डे ऐसे गम्भीर केस को हाथ में नहीं लेना चाहते थे। उन्होंने कहा कि रामनगर में अच्छे इलाज की सुविधाएं उपलब्ध नहीं हैं, इसलिए उसे तुरन्त काशीपुर या मुरादाबाद के बड़े हौस्पिटल में ले जाना लाभदायक होगा।

साढ़े चार बजे यह दल नौ किलोमीटर दूर काशीपुर के लक्ष्मण दत्त भट्ट सरकारी हौस्पिटल में पहुंच गया। उस समय शल्य चिकित्सक पथरी का एक औपरेशन कर रहे थे। उससे निपटते ही वे सूबेदार के इलाज पर लग गये। वह दिन डौक्टर के लिए अत्यन्त व्यस्त था। ग्यारह घण्टे वे अविराम विभिन्न औपरेशन करते रहे थे। उसके बाद सूबेदार के जटिल केस में उन्हें तीन घण्टे लग गये। मांस के लोथड़ों को सीने में सौ टांके लगाये होंगे। दो बोतल ख़ून भी चढ़ाना पड़ा। उसकी दशा के बारे में वास्तविक स्थिति स्पष्ट करते हुए डौक्टर ने बताया कि यहां जो भी इलाज किया जा सकता था कर दिया गया है। अगले चौबीस घण्टे में हालत अधिक ख़राब न हुई तो इसके बचने के पूरे आसार हैं।

## सारा घर दुर्गन्ध से भर गया

अगले दिन दिल्ली से कुंवर वृजेन्द्र सिंह और उनकी पत्नी डौन काशीपुर आ गये। वे कौर्बेट नेशनल पार्क के औनरेरी लाइफ़ वार्डन हैं। साल में अनेक बार पार्क में जाया करते हैं। इस परिवार को प्रकृति से, वन्य जीवों से और वनों में रहने वाले लोगों से लगाव है। इन्होंने अनुभव किया कि दिल्ली के अखिल भारतीय आयुर्विज्ञान संस्थान के हौस्पिटल में सूबेदार का इलाज कराया जाना चाहिए। वहां चिकित्सा की आधुनिकतम तकनीकी उपलब्ध है। नई दिल्ली स्थित इस हौस्पिटल में गम्भीर रोगों से आक्रान्त निराश रोगी दूर-दूर से नया जीवन प्राप्त करने की आशा से आते हैं। हौस्पिटल में रोगियों की भीड़ लगी रहती है। मरीज़ों के लिए शय्याएं कम हैं। दाख़िले के लिए इन्तज़ार करना पड़ता है। सूबेदार को अपने घर पर ठहराकर वृजेन्द्र ने दाख़िले के लिए कोशिश करनी शुरू कर दी।

उसके ज़ख़्मों में पस पड़ी हुई थी। मांस सड़ रहा था। दुर्गन्ध इतनी अधिक थी कि उसके कमरे से हवा का झोंका आता तो सारा घर दुर्गन्ध से भर जाता। घर वालों के दिमाग़ में बू चढ़ जाती और मतली होने लगती।

## मानवीयता का रिश्ता

उसके शरीर में ख़ून की बहुत कमी थी। डौक्टर ने आदेश दिया, 'इसके रिश्तेदारों को ख़ून देने के लिए बुलाइए।'

चित्र 19 डौन ने कहा, 'मैं इसकी बहिन लगती हूं। मेरा ख़ून पहले ले लीजिए।'

डौन ने अपना ख़ून देने की पेशकश की। डौक्टर उसका मुंह देखकर बोला, 'इसके किसी रिश्तेदार को बुलाइये।'

डौन ने कहा, 'मैं इसकी बहिन लगती हूं। मेरा ख़ून पहले ले लीजिए।'

डौक्टर ने एक बार फिर उसका चेहरा देखा तो वह बोली, 'आपको शक है क्या ?'

दो भिन्न देशों, भिन्न धर्मों, भिन्न नस्लों के डौन और सूबेदार में कोई साम्यता ही नहीं थी। सूबेदार बेहद ग़रीब और निरक्षर था और डौन आभिजात्य वर्ग की आधुनिक यूरोपियन महिला। करुणा, हमदर्दी और मानवीयता द्वारा जोड़े गये रिश्ते को डौक्टर ने क़बूल कर लिया। डौन के बाद वृजेन्द्र, उनकी नन्हीं बच्ची अम्बि और उनके घरेलू सेवक ने अपना ख़ून देकर सूबेदार की प्राण रक्षा में योगदान किया। वृजेन्द्र के देहरादून के साथियों को जब पता चला कि और अधिक ख़ून की ज़रूरत है तब कई लोग क़तार में आ गये। इस तरह ख़ून चढ़ाने की तत्कालीन आवश्यकता पूरी हो गई।

## रगों में नये ख़ून का दौरा

अखिल भारतीय आयुर्विज्ञान संस्थान में दाख़िला मिल जाने पर सर्जरी यूनिट दो में सूबेदार का नियमित इलाज किया जाने लगा। इस यूनिट में चौबीस वर्षीय डौक्टर शिव शंकर साहा सीनियर रेज़िडेन्ट सर्जन थे। उनके पास जब मरीज़ लाया गया तब उसका समूचा चेहरा, पेट, पीठ और हाथ सूजे हुए थे। टांकों में कहीं-कहीं पस भरी दिखाई देती थी। विषाणुओं का संक्रमण तेज़ी से हो रहा था। पेट और पीठ पर शेर के नाख़ूनों की कई खरोंचें पड़ी थीं जो सूज रही थीं। सूजे हुए दाहिने हाथ में खरोंचों के साथ गहरे ज़ख़्म थे जो शेर के काटने से बने थे। दांत की चोट से हाथ की एक अंगुली की हड्डी टूट गई थी। सिली हुई खाल बहुत जगह मर गई थी। विषाणु-संक्रमण से सूबेदार का तापमान 96.4 अंश फ़ार्नहाइट से बढ़कर 103-104 अंश फ़ार्नहाइट पहुंच गया था। उसकी देह तप रही थी।

सौ से अधिक टांके लगाये जाने के बावजूद भी सूबेदार की खोपड़ी पर कहीं-कहीं सफ़ेद हड्डी चमकती थी। बीच में ब्रह्मरन्ध्र के ऊपर और उसके चारों ओर पन्द्रह सेण्टीमीटर व्यास का नंगा स्थान था, जो जंगल में खुले तप्पड़ जैसा दिखाई देता था। आजू-बाज़ू में सफ़ेद हड्डी के छोटे-मोटे कई चकत्ते नज़र आते थे।

सूबेदार का सारा शरीर दुख रहा था। वह बहुत दुखी नज़र आता था। मैं ठीक हो भी जाऊंगा या नहीं — यह विचार शेरदिल सूबेदार को डांवाडोल किये हुए था।

हौस्पिटल में भरती होने के साथ ही उसके ख़ून की परीक्षा की गई। उसमें हीमोग्लोबीन (शोण-वर्तुली) कुल पांच ग्राम थी जबकि ऐसे आदमी में सामान्य रूप से चौदह या सोलह ग्राम होनी चाहिए। ज़ाहिर है कि उसमें ख़ून की कमी थी और लोहे की भी। हौस्टिपल के स्टौक से उसे ख़ून चढ़ाना शुरू किया। दो दिन में तीन यूनिट ख़ून उसके शरीर में डाल दिया गया। उसकी रगों में नया ख़ून दौरा करने लगा।

## पस बननी बन्द हो गई

इससे उसकी हीमोग्लोबीन की कमी दूर हुई। रोग से मुक़ाबला करने की और घाव भरने की शक्ति बढ़ी। उसकी अवस्था में तेज़ी से सुधार लाने के लिए लोहा और मल्टी-विटेमिन के कैप्सूल दिये जाने लगे। उसे पौष्टिक आहार दिया जाने लगा जिसमें प्रोटीन का ऊंचा परिमाण था — अण्डे, गोश्त, पनीर और दूध। डौक्टर चाहते थे कि वह तीन-चार अण्डे तो रोज़ खा ही ले।

शल्यकर्म के उपचार में सबसे पहला काम मरी हुई खाल और मरे हुए तन्तुओं को काटकर फेंकना था। ज़िन्दा खाल के साथ ही मरी हुई खाल लगी थी। इसलिए जीवित खाल को मृत खाल से अलग दिखाने वाली भेदक रेखा निर्धारित करना सहज नहीं था। चौबीस वर्षीय डौक्टर साहा ने अपने विवेक और अनुभव का प्रयोग करके धीरे-धीरे धैर्य से मृत तन्तु काटकर अलग किये। सफ़ाई के इस काम में दो दिन लग गये। सुबह साढ़े आठ बजे से ग्यारह बजे तक डौक्टर कैंची और चिमटी लेकर सूबेदार के सिर पर खड़ा रहता था। एक जूनियर डौक्टर और दो नर्स उसकी सहायता करते थे। मृत तन्तुओं में चेतावाहिनियां मर चुकी थीं इसलिए मरीज़ को एहसास नहीं होता था कि कैंची की तेज़ धार किस सफ़ाई से उसके कपाल को सपाट करती जा रही थी। हां, चिलमची में फेंके जाते गोश्त के क़तरों को देखकर उसका मनोबल गिरता था।

सिर के ज़ख़्मों से पस लेकर कल्चर करने के लिए लेबोरेटरी को भेज दी गई जिससे पता चल जाय कि वहां कौन-से जीवाणु और विषाणु विद्यमान हैं जो पस और विष पैदा कर रहे हैं। उनकी पहिचान कर लेने पर उन्हें नष्ट कर लेने के लिए कारगर विशिष्ट एण्टिबायोटिकों से हमला किया जाय।

बहत्तर घण्टे बाद कल्चर की रिपोर्ट मिलनी थी। इतना समय ऐसे ही नहीं गंवाना था। सूबेदार के हौस्पिटल में भरती होने के साथ ही अनुभवजन्य ज्ञान

के आधार पर एण्टिबायोटिक चिकित्सा शुरू कर दी गई थी। गैरामाइसीन (Garamycin) और क्लोक्सासिलिन (Cloxacillin) खिलाना शुरू कर दिया था। कल्चर की रिपोर्ट ने तसदीक़ किया कि सर्जन ने ठीक एण्टिबायोटिक्स का चुनाव किया था। सड़े-गले मांस को निकालने, एण्टिबायोटिक्स खिलाने और ज़ख़्मों की रोज़ सफ़ाई तथा पट्टी करने से बुख़ार कम होने लगा और पस ख़त्म हो गई।

## हड्डी की ऊपरी सतह बेजान हो गई थी

डौक्टर साहा को ड्रेसिंग में रोज़ आधा घण्टा लग जाता था। पहले लवणजल (सेलाइन वाटर) से ज़ख़्मों को तर कर साफ़ करते थे। फिर हाइड्रोजन परऔक्साइड के हलके घोल से साफ़ करते थे। तब बेटाडीन (Betadine) सौल्यूशन लगाते थे। यह प्रतिपूयिक (एण्टिसेप्टिक) का काम करती थी। बेटाडीन में आयोडीन इस रूप में होती है कि वह ज़ख़्म में उगते हुए स्वस्थ मांसांकुरों को जलाती नहीं। पहले ज़माने में घावों पर टिंक्चर आयोडिन लगाई जाती थी जो स्वस्थ मृदु अंकुरों को जला डालती थी। बेटाडीन से लिप्त ज़ख़्मों को पैराफ़िन गौज से ढककर पट्टी बांध देते थे। पैराफ़िन से सिक्त होने के कारण गौज और पट्टी ज़ख़्मों पर चिपकते नहीं।

कपाल की हड्डियों की ऊपरी परत को पेरिक्रेनियम कहते हैं। इसके ऊपर एपिन्यूरोसिस (apeneurosis) की परत चढ़ी रहती है। यह हड्डी की रक्षा करती है और उसका पोषण करती है। सिर पर किये गये शेर के हमले में एपिन्यूरोसिस और पेरिक्रेनियम दोनों ही नष्ट हो गये थे। नंगी हड्डी की ऊपरी सतह बेजान हो गई थी। उसे हलका-सा छूने से मरीज़ को पता नहीं चलता था। हां, दबाव को वह अनुभव करता था।

## कपाल में छत्तीस सूराख़

ऊसर भूमि पर बीज डाल दिया जाय तो वह जमता नहीं। सपाट शिला-के समान कपाल पर शरीर के दूसरे भाग से खाल उतारकर जमाने की कोशिश की जाती तो बेकार साबित होती। इसलिए डौक्टर साहा ने कपाल के मरुस्थल में जीवित ऊतियों की खेती करने के लिए अनुकूल अवस्थाएं पैदा करनी शुरू कीं।

कपाल की बाहरी परत पर पास-पास छत्तीस सूराख़ किये। एक सेण्टीमीटर व्यास के ये सूराख़ तीन चार मिलीमीटर गहरे थे। उद्देश्य यह था कि हड्डी के अन्दर विद्यमान मज्जा (bone marrow) से ऊतियां निकलें और हड्डी पर फैल

जांय। इस प्रक्रिया को सम्पन्न होने में तीन-चार सप्ताह का समय लग जाता है।

खोपड़े में इतने सारे सूराख़ करने की बात सुनकर हर कोई डर जाता है, लेकिन घबराने की बात नहीं। इनका दिमाग़ से कोई ताल्लुक नहीं था। ये बिलकुल उथले थे और दिमाग़ से बहुत दूर थे।

## आततायी से जूझने के साहसिक कारनामे

भारत में शेर के संरक्षण की एक महती योजना चल रही है। उसके तत्कालीन डायरेक्टर हेमेन्द्र सिंह पंवार (बाद में वाइल्ड लाइफ़ इंस्टिट्यूट औफ़ इंडिया के

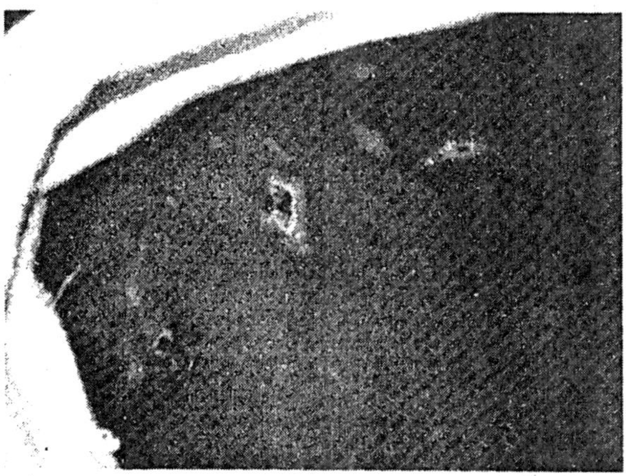

चित्र 20 शेर के पंजों से बने ज़ख़्मों के निशान

डायरेक्टर) सूबेदार का हाल पूछने रोज़ हौस्पिटल जाया करते थे। उन्होंने मुझे बताया कि औपरेशन के बाद उसकी हालत नाज़ुक है, वह उदास और अवसन्न दीखता है।

दस मार्च 1984 को पंवार हमें हौस्पिटल में ले गये। सूबेदार शान्त भाव से बिस्तर पर बैठा था। प्रसन्नचित्त दिखाई देता था। कौर्बेट नेशनल पार्क में जंगल के दौरों पर वह मुझे गोमती पर ले जाया करता था। वह बार-बार कृतज्ञता प्रकट कर रहा था कि मैं अपने परिवार के साथ उसका दुख-दर्द पूछने गया था। उसने मुझे अपनी दुखदायी, पर साहसपूर्ण कहानी सुनाई। पहने हुए कपड़े उठाकर शेर के पंजों और दांतों से बने ज़ख़्मों के स्थान दिखाए।

लण्डन की टेलीविज़न कम्पनी चैनल फ़ोर के लिए नरेश एक घण्टे की रंगीन डौक्युमेण्टरी बना रहे थे। उन्होंने उसके लिए सूबेदार की फ़िल्मिंग करनी शुरू की। उससे प्रश्न पूछने मैं उसके पलंग के पास एक्लेअर कैमरे की छाया तले स्टूल पर बैठ गया।

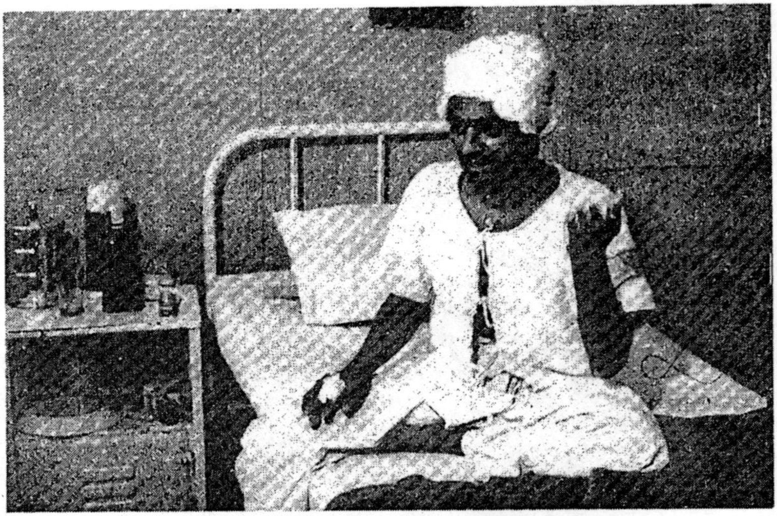

चित्र 21 हौस्पिटल में अपनी कहानी सुनाते हुए सूबेदार

मंजे हुए एक्टर के समान वह अपनी कहानी बिना रुके सुनाता चला गया। ऐसा लगता था कि उसे अपनी स्क्रिप्ट भलिभांति याद है। नरेश को फ़िल्मिंग के बाद भी मुझे उसकी कहानी सुनने के अवसर मिले। वह उन्हीं हाव-भावों के साथ, कौमों और फ़ुलस्टौपों का ध्यान रखते हुए अपनी कहानी सुनाता।

शेर से जूझने, यम की दाढ़ों से अपनी गरदन की रक्षा करने, उसके मुंह में अपना हाथ घुसेड़ देने, उसकी ज़ुबान पकड़कर बाहर खींचने और उसके चेहरे पर दनादन घूसे जड़ने के सूबेदार के साहसिक कारनामों की मैंने तारीफ़ की। मेरे बग़ल में खड़ी ग्यारह साल की मेरी पोती रंजना और आठ साल का पोता राजीव सूबेदार को देखते ही पसीज गये थे, अब विस्मय से मुस्कराने लगे। बहादुरी की ये बातें उन्हें फ़िल्मों के मार-धाड़ और उठा-पटक जैसे दृश्यों सरीखी दिलचस्प लग रही थीं।

## मौत मुझे नोच-नोच कर खाती रही

इस लोमहर्षक कहानी की विश्वसनीयता में प्राणिशास्त्र के विद्वान्, अनुभवी शिकारी, व्याघ्र संकुल वनों में दिन-रात काम करने वाले और जंगल जीवन के अध्येता सन्देह प्रकट करते थे, और शेर के हमले में सूबेदार की वीरता की भूमिका को महज़ फ़िल्मी नाटकीयता मानते थे। सुविज्ञ समीक्षकों की विचारधारा थी कि शक्ति के पुंज दो सौ बीस किलोग्राम वज़नी जवान शेर का कुल चौवन किलोग्राम वज़नी अदने-से आदमी का क्या मुक़ाबला ! शेर कारगर हथियारों से पूर्णतया लैस था जिनमें चार पुष्ट पंजों में तीखे नाख़ून जड़े थे और मुंह में किल्ले दांतों (केनाइन टीथ) के साथ पैने दांत मौजूद थे। ये हथियार सूबेदार के किसी भी अंग से मांस को नोचने, फाड़ने और काटने में सक्षम थे। उनके वार से वह निहत्थे सूबेदार की बोटियां-बोटियां नोच कर खा सकता था। हड्डियों को कचर-कचर कर सटक सकता था।

अपनी रंगीन कहानी ज़ारी रखते हुए सूबेदार बोला, 'साहब, बुज़ुर्ग लोग मरने के बाद की दुनिया को स्वर्ग और नरक बताते हैं। बस ऐसा समझिए कि मैं वहां पहुंचकर वापिस आ गया। मौत मुझे झकझोरती रही। नोच-नोच कर खाती रही। मौत के साथ मेरे दो-दो हाथ भी हो गये।

## हट्टे-कट्टे सफ़ेद भूतों से मैं घिरा था

'मुझे तब उतना डर नहीं लगा था जितना औपरेशन के कमरे में लगा था। चलती-फिरती एक मेज़ पर लिटाकर नर्सें मुझे औपरेशन के कमरे में धकेल ले गईं। वहां डौक्टरों ने नाक-मुंह पर पट्टियां बांध रखी थीं। सफ़ेद चोगों से अपना तन छिपा रखा था। एक मेज़ पर मैंने चमचमाते मोटे-मोटे हथियार पड़े देखे। मसानों में नाचने वाले सफ़ेद नर-कंकालों के क़िस्से मैंने बुज़ुर्ग महावतों की हुक्का-महफ़िलों में सुने थे। यहां हट्टे-कट्टे सफ़ेद भूतों ने मुझे घेर रखा था। चमकीले हथियारों के आपस में टकराने की आवाज़ों जैसी ख़ौफ़नाक आवाज़ें मैंने जंगल में कभी नहीं सुनी थीं।

'कमरे के बीचोंबीच छत पर से एक बहुत बड़ा शीशा मेरे ऊपर तेज़ रोशनी फेंक रहा था। गोल शीशे का व्यास एक मीटर का होगा।'

'मैं पूरी तरह सफ़ेद आकृतियों की गिरफ़्त में था। पारदर्शक सफ़ेद रबर के दस्ताने पहने हुए उनके हाथ मुस्तैदी से चल रहे थे। वे इशारों में बातें करते थे। चुस्त नर्सें उनकी बोली को ख़ूब समझती थीं और हुक्म बजाने को हमेशा तय्यार

रहती थीं। सफ़ेद डौक्टर कमी-कभी आपस में फुसफुसाते। उनकी कोई भी बात मेरे पल्ले नहीं पड़ती।'

'मैं घबरा रहा था। मुझे उन्होंने अधिक सोचने का मौक़ा नहीं दिया। झटपट बेहोश कर दिया। पता नहीं कब तक उन पैने हथियारों को मेरे खोपड़े पर चलाते रहे। मुझे होश आया तो मैं अपने उसी बिस्तर पर लेटा था जिसके एक तरफ़ छोटे-से लोहे के स्टूल पर बैठा हुआ मेरा बड़ा भाई नामदार अली मेरी तीमारदारी में सारा दिन गुज़ार देता था। थकान और बोरियत तो उससे कोसों दूर रहते थे।'

सूबेदार की कहानी ख़त्म होते-होते डौक्टर साहा ड्रेसिंग करने आ गये। आरोग्य देने वाले हाथों से उन्होंने उसकी शूरों जैसी पगड़ीनुमा पट्टी खोली। नौर्मल सेलाइन,

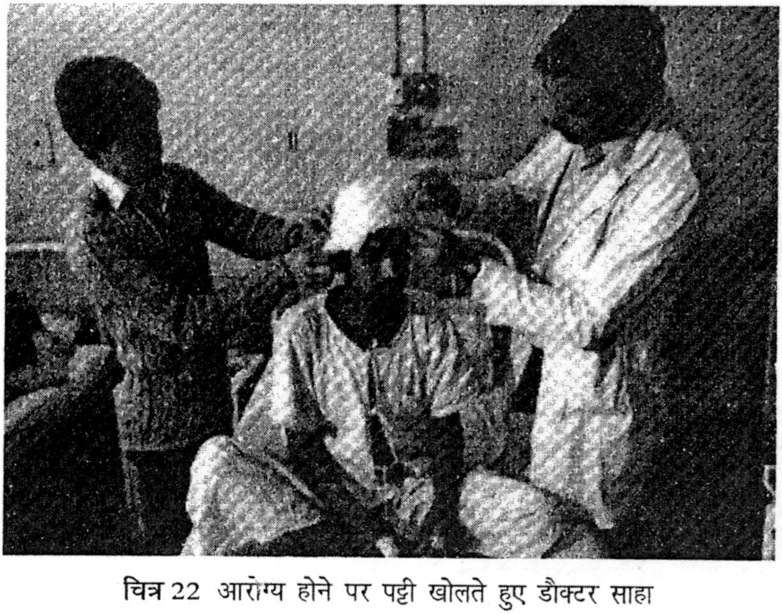

चित्र 22 आरोग्य होने पर पट्टी खोलते हुए डौक्टर साहा

हाईड्रोजन परऔक्साईड, बेटाडीन सोल्यूशन और पेराफ़िन गौज का ड्रेसिंग किया।

## खाल की पेबन्द लगाई

मैंने देखा कि सपाट कपाल पर खोदे हुए गोल सूराख़ ऐसे लग रहे थे मानो किसी फलदार पेड़ के पौधे रोपने के लिए खेत में गड्ढे खोदे गये हों। मैदान की परिसीमा पर मांस में से लाल-लाल अंकुर उभर रहे थे।

दो मई 1984 को सूबेदार के सिर पर खाल की पेबन्द लगाई गई। कपाल में छिद्र करने के पहले औपरेशन में उसके मन में भय बैठ गया था। धीरे-धीरे वह निकल गया था। हौस्पिटल के माहौल में वह रमता जा रहा था। बेहोश (जेनेरल एनेस्थीज़िआ) करके अगला औपरेशन झेलने के लिए वह पहले की निस्बत अधिक तय्यार हो गया था। पहले औपरेशन में उसे कुल एक घण्टे बेहोश रखा गया था। दूसरे औपरेशन में चार घण्टे बेहोश रखना था। हर औपरेशन के समय दो यूनिट ख़ून उसके शरीर में डाला जाता था।

सिर पर नंगी हड्डी का क्षेत्रफल काफ़ी बड़ा था। उसे ढकने के लिए उसी हिसाब से लम्बी-चौड़ी खाल की ज़रूरत थी। इतनी खाल एक जगह से काटकर निकालने की बजाय अलग-अलग जगहों से निकाली गई। यह काम दो चरणों में किया गया। पहले चरण में माथे से और दूसरे चरण में गरदन के पिछले हिस्से से खाल उतारी गई।

नाक के ऊपर समकोण बनाती हुई रेखा खींचें तो यह माथे के बीचोंबीच गुज़रती हुई माथे को बराबर के दो भागों में बांटती है। पहले चरण के औपरेशन में दो टुकड़ों में खाल उतारी गई। खाल उतारने से जो क्षेत्र नंगा हो गया उसकी निचली सीमा आंख की भौंहों से ऊपर तक और दायें-बायें की सीमा कनपटियों तक थी। माथे से ऊपर की सीमा वह थी जहां से नंगी हड्डी शुरू होंती थी और जहां मांस में से नये अंकुर उग रहे थे। खाल के टुकड़े दस-बारह सेण्टीमीटर लम्बे, छह सेण्टीमीटर चौड़े और तीन-चार मिलीमीटर मोटे थे। यहां एक बात ध्यान देने योग्य है कि इन टुकड़ों के दायें और बायें किनारे का ज़रा-सा हिस्सा अपनी जगह से नहीं काटा गया। अलग किये टुकड़ों को ऊपर की तरफ़ घुमाकर उसी तरफ़ की नंगी हड्डी पर नये उगते हुए अंकुरों के साथ बिठाकर सी दिया। इनके जिन सिरों को काटकर अलग नहीं किया गया था वहां की सूक्ष्म रक्तवाहिनियों द्वारा उन्हें नया ख़ून और पोषण अबाधित रूप से मिलता रहा। दूसरी तरफ़ इन टुकड़ों के नीचे हड्डी में जो सूराख़ किये गये थे उनमें से मज्जा की ऊतियां ऊपर की ओर बढ़कर पेबन्द की ऊतियों से मिल गईं। पेबन्द की ऊतियों ने भी हड्डी पर जड़ें जमा लीं।

माथे के नंगे स्थान को ढकने के लिए जांघ से खाल निकालकर लगा दी। यह खाल बिलकुल पतली, एक मिलीमीटर मोटी थी। इसके साथ मांसपेशी के तन्तु नहीं काटे गये थे।

पाठकों को जिज्ञासा होगी कि खोपड़ी के ऊपर लगाने के लिए तीन-चार मिलीमीटर मोटी और माथे के ऊपर लगाने के लिए एक मिलीमीटर पतली खाल ली गई थीं, ऐसा क्यों ?

इसका कारण यह है कि शेर के हमले में खोपड़ी की हड्डी की ऊपरी सतह में एप्रिक्रेनियम और एपोन्यूरोसिस, जिसे गालेआ एपोन्यूरोटिका कहते हैं, नष्ट हो चुके थे। वहां पर त्वचा की ऐसी मोटी तह बिठाना ज़रूरी था जिसके साथ मांसपेशियों के तन्तु भी लगे हों। माथे की हड्डी में एप्रिक्रेनियम और एपोन्यूरोसिस विद्यमान थे इसलिए वहां पतली त्वचा से काम चल गया।

इस औपरेशन में सर्जन नें शरीर के सामने के अंगों पर काम किया था इसलिए मरीज़ को पीठ के बल, मुख ऊपर कर, लिटाया गया था। इसमें चार घण्टे लग गये थे। खोपड़ी पर लगाये खाल के पेबन्दों के ऊपर गीली रुई के गोले भर दिये थे जिससे वे पेबन्द को नीचे हड्डी के साथ सटाकर रखें, हड्डी और पेबन्द के बीच खाली स्थान रह जाएगा तो वहां मांस-तन्तुओं का सवर्द्धन और मिलन नहीं होगा। ड्रेसिंग को ऊपर से धागों से बांध दिया था। सर्जरी की परिभाषा में इसे टाई ओवर्स कहते हैं।

सातवें दिन टाई ओवर्स काटकर ड्रेसिंग किया। डौक्टर साहा ने खाल के नये पेबन्दों को भलीभांति जुड़ा हुआ पाया।

इस औपरेशन के एक महीने बाद गरदन के पीछे वाला औपरेशन करके वहां से उतारी खाल खोपड़ी की पिछली नंगी हड्डी पर बिठा दी। इस औपरेशन में तीन घण्टे लग गये।

## हौस्पिटल में सब सुविधायें

औपरेशन के पांच दिन बाद, नौ मई 1984 को, सुबह दस बजे मैं सूबेदार का कुशल-मंगल पूछने गया। हमेशा की तरह मुस्कुराते हुए हाथ जोड़कर उसने नमस्कार किया। उसे प्रोटीन-प्रधान ख़ुराक मिल रही थी, फल खिलाये जा रहे थे, लोहा तथा मल्टीविटामिन की मात्राएं दी जा रही थीं, हर औपरेशन के समय दो यूनिट ख़ून उसके रक्त संचार में डाल दिया जाता था, हौस्टिपल में उसे हर प्रकार की सुविधा तथा आराम मिल रहा था, भारत में उपलब्ध अच्छी-से-अच्छी चिकित्सा उसे सुलभ थी, उसकी पूरी सेवा-शुश्रुषा की जा रही थी, फिर भी वह कमज़ोर दिखाई देता था। उसमें  पहले जैसी शक्ति नहीं रही थी जो दो महीने

पहले मैंने देखी थी। उसके गले पर और जांघ पर पट्टियां लिपटी थीं। उसके चेहरे को शूरवीरों जैसा रूप देने वाली पट्टियों की पगड़ी सिर पर नहीं थी।

लम्बी बीमारी सूबेदार अली की शक्ति को धीरे-धीरे पीती जा रही थी। उसकी कड़क आवाज़ में पहले जैसा करारापन नहीं रहा था। उसने मुझे बताया कि गले का मांस निकालने से वह अब सहज भाव से बोल नहीं पाता। गरदन और जांघ दुखती हैं।

वह कहता था कि दस-पन्द्रह दिन में मैं ठीक हो जाऊंगा। फिर कुंवर साहिब की कोठी पर कुछ दिन ठहरूंगा। बाद में मसूरी चला जाऊंगा। उन्होंने वहां मेरे रहने का इन्तज़ाम कर दिया है। कुंवर साहिब और रानी साहिबा रोज़ मेरा हाल पूछने आते हैं। वे ही मेरा इलाज करा रहे हैं। वे न होते तो मुझे कौन पूछता। वे ही मेरे औफ़िसर हैं, वे ही मां-बाप हैं, भगवान् हैं, सब कुछ वही हैं।

बीस मई 1984 को मैं डौक्टर शिव शंकर साहा से उनके निवास पर मिला। उनसे सूबेदार की चिकित्सा के बारे में पूछताछ की। वे उसकी प्रगति को सन्तोषजनक समझते थे। खाल के पेबन्द लगाने के औपरेशन सफल रहे। माथे पर आरोपित जांघ की खाल का रंग बदलता जा रहा था। वह माथे की खाल जैसा हो जाएगा। उसके शरीर की सामान्य दशा ठीक है। हीमोग्लोबीन के लिए उसके ख़ून की परीक्षा करते रहते हैं। अब सामान्य है, बारह के लगभग।

किसी प्राइवेट नर्सिंग होम में सूबेदार का इलाज कराया जाता तो हज़ारों रुपये ख़र्च हो जाते। औल इण्डिया इंस्टिट्यूट औफ़ मेडिकल साइन्सेज़ के हौस्पिटल में उसे एक पैसा भी नहीं देना पड़ा, सब इलाज मुफ़्त किया गया। यहां मरीज़ों से सामान्यतया पांच रुपये प्रतिदिन प्रति बिस्तर लिया जाता है। उससे यह भी नहीं लिया गया, क्योंकि वह सरकारी कर्मचारी है। सूबेदार के इलाज के लिए वृजेन्द्र सिंह का परिवार सबसे अधिक यत्नशील रहा। बीमारी में उसके खाने योग्य चीज़ें डौन अपने घर में बनवातीं। सब काम छोड़कर ख़ुद समय पर खाना देने जातीं। उन लोगों ने तन, मन, धन से उसकी निःस्वार्थ सेवा की।

अखिल भारतीय आयुर्विज्ञान संस्थान में आठ महीने इलाज कराने के बाद वह घर जाने योग्य हो गया। डौक्टरों ने उसे छुट्टी दे दी और चेक-अप के लिए नियमित रूप से आने की सलाह दी।

## पीर की दरगाह पर

वृजेन्द्र के घर के नज़दीक ही पुराने क़िले के पास मटका पीर की दरगाह है। वहां जाकर डौन सूबेदार के स्वास्थ्य की कामना किया करती थी। एक दिन उसने मनौती मांगी, जिस दिन सूबेदार ठीक हो जायेगा उसे लेकर मैं तेरे दरबार में हाज़िर हो जाऊंगी और मटका चढ़ाऊंगी।

निर्धारित समय पर जब वह अपना वायदा पूरा करने जा रही थी तब घर में न कुतुब मिला और न नामदार। वह अकेली ही चली गई। मुट्ठी भर अगरबत्तियां जलाकर उसने पीर की ख़िदमत में पेश की और टीले की परिक्रमा कर डाली। श्रद्धालु मुस्लिम के समान घुटने टेककर वह ईंसाई युवती बुदबुदाई, 'शुक्रिया अदा करने कुतुब को मैं साथ न ला सकी, इसके लिए माफ़ी चाहती हूं। उसकी तरफ़ से मेरा नज़राना क़बूल फ़र्मायें।'

नज़राना देने के लिए उसने ज्यों ही आंखें खोली अपनी बग़ल में कुतुब और नामदार को मज़ार के सामने लेटे देखा।

दिल्ली और रामनगर के मन्दिरों में इस मुस्लिम जवान ने पूजा की घंटियां

चित्र 23 बेदी परिवार को जंगल में घुमाते हुए सूबेदार

बजाईं। मस्जिदों में नमाज़ अदा की। मज़ारों पर चादर और अगरबत्तियां चढ़ाईं। मोरघट्टी के पीर के नाम पर सीरनी बांटी। ढिकाला से कुछ ही किलोमीटर की

दूरी पर मोरघट्टी के पीर का स्थान है। जंगल में काम करने वाले स्थानीय लोगों में इसकी बहुत मान्यता है।

सूबेदार को नई ज़िन्दगी मिलने की सबसे अधिक ख़ुशी उसकी जवान बीवी और पांच, तीन तथा एक साल के नन्हें-मुन्नों को हुई। अक्तूबर 1984 में सूबेदार फिर अपनी पुरानी ड्यूटी पर हाज़िर हुआ तो पार्क के महावतों ने गले लगाकर उसका स्वागत किया।

कौर्बेट नेशनल पार्क के अगले दौरे पर मेरे परिवार को पहले के समान अपनी हथिनी पर जंगल में घुमाने ले गया।

घातक हमला करने के अपराध में भी प्रोजेक्ट टाइगर (बाघ बचाओ) योजना के औफ़िसरों ने शेरू को मौत की सज़ा नहीं दी। कटरे का चारा देकर उसे उसी

**चित्र 24** कानपुर चिड़ियाघर में शेरू

जगह लोहे के पिंजरे में चौबीस फ़रवरी की रात को फंसा लिया जहां उसने निहत्थे सूबेदार पर अपना पाशविक रूप दिखाया था। ज़िन्दगी के शेष दिन गुज़ारने उसे कानपुर के चिड़ियाघर में भेज दिया।

तीन

# उसे उल्लू बुला रहा था

रेड इण्डियनों के कुछ क़बीलों में उल्लू की चमत्कारी शक्ति के बारे में मान्यता है कि यदि कोई यह सुन ले कि उल्लू उसका नाम लेकर उसे पुकार रहा है तो उसकी जल्दी मृत्यु हो जाती है। इस पुराने अन्धविश्वास को आंख मूंद कर स्वीकार करने वाले कहते हैं कि डेविड हण्ट की मृत्यु के बारे में यह बिलकुल सच था।

## नाज़ुक नरगिस का उत्पादक शेरों के बीच में

इक्यावन वर्षीय डेविड हण्ट ब्रिटिश नागरिक थे। जंगल के जीवों के प्रति उनका लगाव पिछले आठ साल से उन्हें भारत खींच लाता था। कौर्बेट नेशनल पार्क उनका मुख्य आकर्षण था।

हण्ट परिवार लण्डन से लगभग एक सौ साठ किलोमीटर दूर एक छोटे-से द्वीप सेण्ट मेरी'ज़ (St. Mary's) में रहता है। यह द्वीप लगभग दो किलोमीटर लम्बा और चार किलोमीटर चौड़ा होगा। इसमें कुल डेढ़ हज़ार लोग बसते हैं। द्वीप में लण्डन जैसी कड़ाके की सरदी नहीं पड़ती। वहां के ख़ुशगवार मौसम में बढ़िया क़िस्म के नरगिस के फूल पैदा होते हैं। यहां नरगिस की कुछ क़िस्में विशेष रूप से प्रसिद्धि पा गई हैं। फूलों की सारी फ़सल इंग्लैण्ड में खप जाती है। शुरू नवम्बर से मई तक नरगिस का मौसम रहता है।

मीठी सुगन्ध वाले इस ख़ूबसूरत फूल से द्वीप वालों को अच्छी आमदनी हो जाती है। पर द्वीप का मुख्य धन्धा पर्यटन है। डेविड हण्ट द्वीप में टूरिस्ट गाइड का काम करते थे और एक रेस्टोरेण्ट भी चलाते थे। ज्यों-ज्यों उनके सम्पर्क बढ़ते गये वे इंग्लैण्ड और विदेश भी जाने लगे। लण्डन से टूरिस्टों के दल को लेकर भारत जाने लगे। इस यात्रा में कौर्बेट नेशनल पार्क का ट्रिप हुआ करता था।

जंगल के पशु-पक्षियों और प्रकृति से प्यार करने वाले ब्रिटिश नागरिकों को वे छोटी-बड़ी टूरिस्ट पार्टियों में कौर्बेट पार्क घुमाने लाते थे। 1985 की मध्य जनवरी में वे सत्रह टूरिस्टों की पार्टी को लेकर पार्क में आये थे। ढिकाला टूरिस्ट कौम्प्लैक्स में इन्होंने उन्नीस जनवरी से डेरा डाला था।

बाईस जनवरी 1985 की सुबह आठ बजे डेविड हण्ट अपनी पार्टी को पार्क के पांच पालतू हाथियों पर घुमाने निकले। कुल अठारह आदमी थे। गनमैन हरक सिंह असवाल इनके साथ गाइड की ड्यूटी पर था। जंगल का चक्कर लगा कर फुलई बीट में मोटा साल के चौराहे तक ये हाथियों पर आ गये। यहां हाथियों को छोड़कर हरक सिंह के साथ पक्षी प्रेक्षण के लिए पैदल चल पड़े। छोटी-छोटी टोलियों में ये लोग धीरे-धीरे जंगल में बढ़ रहे थे।

## उल्लू दिखाई दिया

हर नये पक्षी पर वे दूरबीन को फ़ोकस करते। पुस्तकों के पन्ने पलटकर उसकी तसवीर तलाश करते। ठीक तरह पहचान कर उसका नाम और अता-पता अपनी नोट बुक में लिख लेते। कोई-कोई पक्षी-प्रेक्षक अपनी फ़ील्ड नोट बुक में उसका स्केच भी बना डालता। कुछ लोग तो बिलकुल नये थे। पार्क में आसानी से दिख जाने वाले पक्षियों में भी उनकी दिलचस्पी थी। पुराने और अनुभवी प्रेक्षक पार्क के पक्षियों में से हरेक को उनके प्राकृतिक वातावरण में देखने को लालायित थे। धीरे-धीरे ये लोग गेठिया राव तक पहुंच गये।

नई दिल्ली से यह पार्टी टूरिस्ट कोच में आई थी। ढिकाला में हाथियों पर सवार होते समय हण्ट ने वापसी यात्रा के लिए गेठिया राव के पुल पर एक बजे कोच लाने के लिए ड्राइवर को हिदायत दे दी थी। पक्षी-प्रेक्षण का प्रातःकालीन कार्यक्रम ख़त्म करके पार्टी बारह बजे पुल पर पहुंच गई। कुछ लोग कोच की प्रतीक्षा में यहीं रुक गये। उत्साही लोगों के ग्रुप को लेकर हण्ट फट्टों के कच्चे पुल के पार चले गये। वे फुलई की तरफ़ बढ़ रहे थे। ऊंचे पेड़ पर उन्हें एक उल्लू दिखाई दिया। वह किस जाति (स्पीसीज़) का उल्लू है ? उसे ग़ौर करने के लिए वे पहाड़ी पर चढ़ गये। पार्टी के दो सदस्य पीटर क्लीमेण्ट और स्टीफ़न मौस उनके साथ हो लिए। गनमैन हरक सिंह पार्टी के अन्य सदस्यों के साथ जंगल के जानवरों की चर्चा में मशग़ूल था। तिकड़ी के रवाना होने की तरफ़ उसका ध्यान नहीं गया।

उल्लू का संस्कृत में एक पर्याय दिवाभीता भी है। इस शब्द का अर्थ दिन के प्रकाश से डरने वाला पक्षी है। यह उल्लू भी दिन की रोशनी से बचने के लिए घने जंगल के अन्धेरे में छुपा बैठा था। ऊंचे पेड़ों के नीचे घनी झाड़ियां फैली थीं, जहां निशाचर जानवर रात के शिकार दौरे के बाद दिन भर सुस्ताते थे।

## उल्लू उसे उल्लू बना रहा था

इस पहाड़ी पर आदमी तो कोई चढ़ता ही नहीं था। हण्ट और उसके साथियों को देखकर उल्लू को अचरज और उत्कण्ठा हुई। हण्ट ने दूरबीन से जब उसका निशाना साधा तब वह उड़ गया और कुछ ही दूर दूसरे पेड़ पर जा बैठा। ये लोग उसके पीछे गये तो वह और आगे उड़ गया। वह एक पेड़ से दूसरे पेड़ पर जाता रहा। ये लोग भी उसके पीछे-पीछे जाते रहे। बाज़ी दफ़ा इन्हें चकमा देकर ओझल हो जाता था। उस पहाड़ी इलाक़े में कोई पगडण्डी भी नहीं थी। वहां गुंथी हुई झाड़ियों में से उलझते हुए चढ़ना हरेक के बस का नहीं था। पीटर और स्टीफ़न पीछे छूट गये।

**चित्र** 25 उल्लू

उल्लू का दीवाना हण्ट अकेला ऊपर चढ़ता गया। उसे क्या मालूम था कि उल्लू उसे उल्लू बना रहा है। उल्लू उस इलाक़े के शेर के गुमाश्ते की भूमिका अदा कर रहा था। अपने इलाक़े में घुसने के लिए हण्ट को माक़ूल सज़ा दिलाने की चाल चल रहा था। कुछ देर बाद उल्लू फिर दिखाई दिया। प्रोद्दीप्त हण्ट ने चिल्लाकर अपने साथियों को बताया : 'मैंने उल्लू को धार के ऊपर उड़कर घाटी के दूसरी तरफ़ जाते देखा है। मैं अब उधर जा रहा हूं।' हण्ट के साथी पीटर और स्टीफ़न में सीधी पहाड़ी से टक्करें मारने की हिम्मत नहीं थी। वे नीचे उतरने लगे।

## हण्ट की चीख़ सुनाई दी

नीचे खड़े हरक सिंह को तीनों पक्षी-प्रेक्षकों का ध्यान आया। काफ़ी देर हो गई थी। उन्हें अब तक लौट आना चाहिए था। पार्क के नियमों के अनुसार गार्ड के बगैर अकेले जाना ही नहीं चाहिए था। हरक सिंह लपककर सीधी पहाड़ी पर चढ़ गये। कन्धे से अपनी दुनाली को उतार कर हाथ में थाम लिया। कारतूस भरकर फूंक-फूंक कर क़दम बढ़ाते गये। उन्हें तीनों सदस्यों की भनक तक नहीं मिली। थककर लौट आये। तब तक पीटर क्लीमेण्ट और स्टीफ़न लौट आये थे, और प्रतीक्षा में खड़े लोगों को कम्बख़्त उल्लू का क़िस्सा सुना रहे थे। सभी लोग हण्ट की पक्षियों की खोज में असामान्य लगन और दिलचस्पी की तारीफ़ कर रहे थे। एक ने मज़ाक में कहा : 'ऐसे सनकी कम ही होते हैं।'

थोड़ी देर में एक चीख़ सुनाई दी। यह हण्ट की चीख़ थी। लोगों ने समझा वह मज़ाक कर रहा है। हण्ट ख़ुशमिज़ाज और मज़ाकिया तबियत था। बात-बात में कोई हलकी-फुलकी बात कह देता था जिससे माहौल ख़ुशगवार रहता था।

सड़क पर प्रतीक्षा में खड़े लोगों ने जवाब में उसे आवाज़ दी, पर उसका कोई जवाब नहीं आया। तब इन लोगों ने चीख़ की गम्भीरता को समझा और सोचा कि पता नहीं किस मुसीबत में उनका साथी फंस गया है। उसकी सहायता के लिए असवाल की अगवानी में पीटर और स्टीफ़न ऊपर चढ़ने लगे। पत्थरों, चट्टानों और झाड़ियों में तेज़ी से बढ़ते गये।

## बांस के झुरमुट में लाश

वे मुश्किल से सौ मीटर गये होंगे, उन्होंने डेविड की दूरबीन पड़ी देखी। उससे ज़रा आगे उसकी कमीज़ और जैकेट मिली। पचास मीटर और आगे बांस के एक सघन में डेविड की ख़ून से लथपथ लाश देखी। उसका मुंह नीचे की तरफ़ था, इसलिए वे चेहरे की विकृत दशा को नहीं देख पाये थे। उन्होंने एक शेर को वहां से जाते हुए देखा था। ख़तरा समझ कर वे रुक गये। अपनी रक्षा की पूरी व्यवस्था के बिना आगे जाना मूर्खतापूर्ण और बेहद ख़तरनाक था। असवाल की बन्दूक का उपयोग भी इस मौक़े पर बेमाने था। लाश को उसी तरह शेर की सुपुर्दारी में छोड़कर वे झटपट नीचे उतर गये।

सबसे नज़दीक का बंगला खिनानौली में था। चार किलोमीटर दूर होगा। पक्षी-प्रेक्षकों को कोच में वहां पहुंचा दिया। बंगले का इंचार्ज एक युवा फ़ौरेस्टर

हीरा सिंह करम्याल था। रामनगर में फ़ील्ड डायरेक्टर को दुर्घटना की सूचना देने के लिए उन्होंने एक फ़ौरेस्टर महेश पाण्डे को भेज दिया। पाण्डे को एक टूरिस्ट

चित्र 26 उन्होंने वहां से एक शेर को जाते हुए देखा था

की गाड़ी में लिफ़्ट मिल गई। वैसे पाण्डे की पोस्टिंग ढिकाला कौम्प्लेक्स में थी। वे किसी टूरिस्ट पार्टी को लेकर खिनानौली आये थे।

खिनानौली में दो हथिनियां थीं—चेतना और रम्भा। इनकी उम्र चालीस-पैंतालीस साल थी। कल्लू और नज़ीर इनके महावत थे। पचास और पैंतालीस साल की उम्र के होंगे। जंगलों से अच्छी तरह परिचित थे। इन्होंने झट हथिनियों पर हौदे कस लिए। अगली कार्यवाही करने का आदेश ढिकाला के रेंज औफ़िसर नौटियाल से मिलना था। करम्याल उसकी प्रतीक्षा में खड़े रहे।

लगभग साढ़े बारह बजे हण्ट को शेर ने मारा होगा। उसका समाचार ढिकाला में नौटियाल को तुरन्त भेज दिया गया था। वे बचाव दल के साथ तीन हथिनियों को लेकर जंगल के छोटे रास्ते से घटना स्थल पर पहुंच गये थे। अफ़रा-तफ़री में वे करम्याल को कार्यवाही करने का आदेश नहीं भेज पाये।

## आदमख़ोर शान्त और धीर बैठा रहा

करम्याल को प्रतीक्षा में साढ़े तीन बज गये। तब कहीं गेठिया राव की तरफ़ से आये एक टूरिस्ट ने बताया कि वहां हाथी वाले लाश को तलाश कर रहे हैं।

खिनानौली से हथिनियां चल पड़ीं। गेठिया राव पुल के पास पहुंचने पर इन्हें आठ-दस फ़ायर की आवाज़ें सुनाई दीं।

रेंज औफ़िसर नौटियाल बचाव दल के साथ तीन बजे नौ हथिनियों को लेकर लाश उठाने चले गये थे। उन्होंने मौक़े पर पहुंचते ही कार्यवाही शुरू कर दी थी। बचाव दल में हरक सिंह तथा दूसरे फ़ौरेस्ट गार्ड और पीटर क्लीमेण्ट थे। इन्होंने देखा कि शेर लाश को तीस-चालीस मीटर और परे घसीट ले गया है और लाश से ज़रा हटकर घनी झाड़ियों में बैठा है। पालतू हाथियों और इतने सारे आदमियों को देखकर वह न विचलित हुआ न विक्षुब्ध। शान्त और धीर बैठा रहा। इन्सान की इतनी दख़लन्दाजी पर सामान्यतया शेर टिकता नहीं। वह कितना भी भूखा हो मनुष्य को देखते ही लाश को छोड़कर झाड़ियों में अदृश्य हो जाता है।

शेर के असाधारण बरताव को देखकर एक गनमैन बोला : 'बड़ा ढीठ है। हिलता ही नहीं वहां से।' उस इलाक़े के फ़ौरेस्ट गार्ड ने इस पर कहा : 'ढीठू लगता है।'

पिछले कुछ महीनों से उस इलाक़े में एक शेर ढिकाला से धनगढ़ी जाने वाली मुख्य सड़क पर बैठा मिल जाया करता था। मनुष्य के प्रति उसका बरताव अजीब-सा था। टूरिस्टों की गाड़ियों को देखकर भी वह सड़क से उठता नहीं था। सालवन की ठण्डी छाया में गुज़रने वाली तारकोली सड़क पर उसका मक्खी-मच्छरों और कीड़ों से बचाव हो जाता था। झाड़ियों के अन्दर सोने पर ये तुच्छ जीव उसे परेशान करते थे। मनुष्य को मारने के इरादे से वह सड़क पर नहीं बैठता था। इसके अड़ियल रवैये को देखकर जंगल के कर्मी इसे ढीठू कहने लगे थे।

## घण्टी बजा कर चारे पर बुला लेते थे

ढीठू के ढीठ बनने के बारे में वन-कर्मियों की एक धारणा थी। कुछ महीनों से इसे पालतू कटरे के चारे पर पाला जा रहा था। चारे पर यह ख़ूब हिल गया था। घण्टी बजाकर इसे चारे पर बुला लिया जाता था। पेट भर जाने पर यह उसी झाड़खण्ड में लेटा रहता था। पास ही एक धारा बहती थी। प्यास लगने पर वहां चला जाता था।

ढीठू को कटरे का चारा इतना अधिक मिल जाता था कि उसे तेज़ भागने वाले जंगली जानवरों को मारने की ज़रूरत ही नहीं पड़ती थी। यदि वह स्वाभाविक जीवन गुज़ार रहा होता तो जंगल में शिकार के दौरों पर हर रोज़ कई किलोमीटर

का चक्कर लगाता। भोजन जुटाने के लिए संघर्ष करते हुए उसकी देह गठी हुई रहती, जैसी कि कसरत करने वाले की होती है।

चित्र 27 शेर के चारे के लिए पालतू कटरा

ज़रूरत से अधिक चरबी जमा हो जाने से ढीठू की देह थुल्लड़ हो गई थी। खाल लटक गई थी। उसमें शेरों वाली चुस्ती की कमी होती जा रही थी। भैंस का आहार खाते रहने से भैंस जैसा मन्दगामी हो गया था। जंगल के चुस्त, चौकन्ने और वायुवेगी जीवों का आहार करता रहता तो वैसा ही बना रहता।

हण्ट के हत्यारे को मौके पर देख लिया गया था। वहां मौजूद, पार्क की सभी ग्यारह हथिनियों पर पांच युवा गनमैन बन्दूकें भरे बैठे थे। रेंज औफ़िसर से इशारा मिलते ही वे हत्यारे ढीठू को वहीं भून देते।

1973 में कौर्बेट नेशनल पार्क में शेर बचाओ (प्रोजेक्ट टाईगर) योजना शुरू की गई थी। तब से यहां और सारे भारत में शेर को पूर्ण संरक्षण प्राप्त है। आदमख़ोर शेर की आदतों को सुधारने की कोशिश की जाती है। आदमी को खाने के उसके रुझान को ख़त्म करने की चेष्टा की जाती है। पिंजरे में ज़िन्दा पकड़कर उसे आजीवन कारावास की सज़ा काटने चिड़ियाघर में भेज दिया जाता है। बहुत ही लाचारी में उसे मौत की सज़ा दी जाती है।

# ग्यारह हाथी और पांच गनमैन

गनमैनों द्वारा हवा में फ़ायर कर भगाने से पहले पीटर क्लीमेण्ट ने फटाफट ढीठू के फ़ोटो खींच लिये थे। ग्यारह हथिनियों ने उसके चारों ओर घेरा डाल लिया। चार चाराकट और करम्याल नीचे उतरे। उन्होंने लाश को उठाकर हमीद की फूलकली हथिनी पर रख दिया। फूलकली को आगे ले जाते हुए सब हथिनियां पहाड़ से उतरने लगीं। ढीठू कहीं पीछे से हमला न कर दे इसलिए बचाव के लिए बाक़ी हाथियों को उसके पीछे रखा था।

पार्क के डिप्टी डायरेक्टर आर. एन. पाण्डे गेठिया राव पर पहुंच गये थे। वे धनगढ़ी से अपनी जीप पर आये थे।

डेविड हण्ट की पैण्ट आदमख़ोर की कार्यवाही में उतर गई। पुष्ट मांसपेशियों वाले, स्वस्थ और बलिष्ठ हण्ट को आदमख़ोर ने नितम्बों से पकड़ा था।

लाश को ढिकाला ले आये। चेहरे पर गहरे घाव थे। जबड़े की हड्डियां नंगी हो गई थीं। दाहिनी जांघ पर शेर ने बड़ा बुड़क मारा था। वहां से गोश्त का एक बड़ा लोथड़ा नोच लिया था। जांघ की बड़ी हड्डी टूट गई थी। घसीटने से सारी देह पर बहुत-सी खरोंचें और झरीटें पड़ गई थीं। गरदन पर गहरे दांत गड़ने से मौत हुई थी। रीढ़ की हड्डी चूर-चूर हो गई थी। शाम को रामनगर से पुलिस पार्टी आई और पंचनामा तैयार किया। रात को ही लाश को उसी टूरिस्ट कोच में दिल्ली भेज दिया जिसमें हण्ट पार्क में घूमने आया था। ड्राइवर लाश को ले जाने में आनाकानी कर रहा था। उसे समझा-बुझाकर राज़ी करने में ज़रा समय लगा था। दिल्ली में ब्रिटिश हाई कमिश्नर के औफ़िस को लाश सुपुर्द कर अगले दिन कोच लौट आई।

असवाल चार-पांच साल से डेविड हण्ट के साथ पार्क के जंगलों में पक्षी-प्रेक्षण के लिए जाया करते थे। कौर्बेट पार्क में पक्षियों के सबसे अधिक नाम वे ही जानते हैं। उन्हें इस घटना से बहुत आघात पहुंचा। दो-तीन दिन तक उनके हलक के नीचे खाना भी मुश्किल से उतरता था।

अगली सुबह पार्क के डिप्टी डायरेक्टर और ब्रिटिश पक्षी-प्रेक्षक पार्टी के सहायक लीडर गनमैनों के साथ मौक़े पर डेविड हण्ट का सामान लेने गये। कैमरा, दूरबीन, कैमरा केस जो भी सामान मिला सहायक लीडर को सौंप दिया।

## अदूरदृष्टि का परिणाम

डेविड हण्ट की अन्त्येष्टि उनकी पत्नी की मौजूदगी में दिल्ली में कर दी गई। वे अपने परिवार में दो लड़के भी छोड़ गये। छब्बीस बरस के निक हण्ट और बाईस बरस के मार्टिन हण्ट। निक हैण्डीकैप होम में काम करते थे। वे पांच दिसम्बर 1986 को अपने एक दोस्त के साथ नई दिल्ली में मेरे घर आये थे। लण्डन से मेरे बड़े बेटे नरेश ने उसके हाथ शेरनी के रंगीन फ़ोटो भेजे थे। नरेश ने इन गरमियों में मध्य प्रदेश के कान्हा नेशनल पार्क में इस असील शेरनी की फ़िल्म खींची थी। उनके छोटे भाई राजेश ने इसके स्टिल फ़ोटो खींचे थे। इस शेरनी के तीन दुधमुहे बच्चे कभी उसके मुंह पर चढ़कर खेलते हुए लुढ़क पड़ते थे और कभी दुम के साथ खेलते थे।

निक हण्ट के साथ मैं इन फ़ोटो को देख रहा था। हम महसूस कर रहे थे कि शिकारियों ने शेर का क्रूर स्वरूप ही सदा उजागर किया है। उसके पारिवारिक स्नेह और वात्सल्य जैसे कोमल गुणों की अनदेखी कर दी है। डेविड हण्ट की शेर द्वारा हत्या भी तो मनुष्य की अदूरदृष्टि का परिणाम समझा जा सकता है!

उत्तर प्रदेश के तराई-भाभर के जंगलों में आदमख़ोर शेरों का सदा एकछत्र राज रहा है। प्रशासन के लिए इनसे निपटना ज़बर्दस्त चुनौती रही है। जिम कौर्बेट जैसे अचूक निशाने वाले शिकारियों ने आदमख़ोरों को मारकर आम जनता को राहत दिलाने में गौरव अनुभव किया है। 1907 में चम्पावत का एक शेर आदमख़ोर के रूप में मशहूर हो गया था। उसके शिकार खाते में चार सौ छत्तीस लोगों की हत्याएं दर्ज हैं। इनमें से दो सौ छत्तीस लोग नेपाली इलाक़े में मारे गये थे। पनार के आदमख़ोर शेर ने 1910 में चार सौ आदमी मारे थे। उन दोनों आदमख़ोरों को मारने का श्रेय जिम कौर्बेट को है। तराई-भाभर में जिम कौर्बेट ने और भी बहुत-से आदमख़ोर शेरों को मार कर जनसाधारण को आतंक से छुटकारा दिलाया। कुछ दशाब्दियों तक स्थानीय लोग भयमुक्त वातावरण में चैन से सांस लेते रहे। 1970 के दशक में दुधवा के शेरों में फिर से आदमी को मारने की प्रवृत्ति उभर आई। तब से वहां और उस इलाक़े में शेरों द्वारा मनुष्य को मारने की घटनाएं होती रहती हैं।

कौर्बेट नेशनल पार्क में शेर द्वारा मनुष्य को मारने की पहली घटना 1982 में हुई। चुआ पानी में एक शेर ने बाईस मार्च को महेश हावर्ड चाराकट को खा लिया था। पन्द्रह फ़रवरी 1984 को दूसरी घटना उसी इलाक़े में हुई जहां महेश मारा

गया था। इस बार शेर ने बरगद के पेड़ के ऊपर से एक जवान महावत को नीचे घसीट लिया था। इसका नाम सूबेदार अली था। यम की दाढ़ों से जूझता हुआ सौभाग्यवश यह बच गया था। तीसरी घटना में अभागा डेविड हण्ट मारा गया था।

## सभी लोग ढीठू पर उंगली उठाते थे

पहली दो घटनाओं के लिए एक ही शेर ज़िम्मेदार पाया गया। इसका नाम शेरू था। इसे चारे पर पिंजरे में फंसाकर कानपुर चिड़ियाघर में भेज दिया गया। डेविड हण्ट की हत्या किन परिस्थितियों में हुई, उसे मारने वाला शेर ढीठू ही था या कोई दूसरा, और क्या ऐसे उपाय सोचे जा सकते हैं कि भविष्य में ऐसी दुर्भाग्य-पूर्ण घटनाओं की पुनरावृत्ति न हो ? इन सब बातों का ऊहापोह करने प्रोजेक्ट टाइगर के तत्कालीन डायरेक्टर हेमेन्द्र सिंह पंवार पार्क में गये। उन्होंने दुर्घटना की जगह का मुआयना किया। शेरों के पंजों के ताज़े निशानों की जांच की। औफ़िसरों और वनकर्मियों के साथ विचार-विमर्श किया। दुर्घटना के स्थान के नज़दीक कटरे का चारा बांधा गया जिससे उसे मारने वाले शेर के व्यवहार का अध्ययन किया जा सके और उसके पद-चिह्नों की छानबीन की जा सके। वहां एक शेरनी का पद-चिह्न भी मिला।

हत्यारे शेर की पहचान करना जटिल समस्या थी। फ़ौरेस्टर, फ़ौरेस्ट गार्ड, चाराकट, महावत आदि पार्क के प्रायः सभी लोग ढीठू की तरफ़ अंगुली उठाते थे। पर औफ़िसरों की इस मामले में एक राय नहीं थी। हत्यारी एक शेरनी भी हो सकती है, इस धारणा को वे यकायक अमान्य नहीं करते थे।

## अभागे मज़दूर को मार लिया

हण्ट के हत्यारे शेर की दहशत से पार्क का वातावरण अभी मुक्त नहीं हुआ था कि उनत्तीस नवम्बर 1985 की शाम को खिनानौली रेस्ट हाउस के पास आदमख़ोर ने एक और वारदात कर दी। यह अभागा एक नेपाली मज़दूर था। रोटी कमाने का जुगाड़ करने के लिए सड़क पर रोड़ी कूटता था। उस दिन काम से छुट्टी होने पर शाम को खाना पकाने के लिए लकड़ियां बीन रहा था। इसका नाम खीम बहादुर था।

ढीठू को पकड़ने के लिए उसी जगह पिंजरा रखा गया जहां उसने नेपाली मज़दूर को मारा था। उसे लुभाने के लिए भैंस के गोश्त का एक बड़ा लोथड़ा

अन्दर बांध दिया गया था। ज्यों ही लोग पिंजरे को छोड़कर अलग हुए, नज़दीक की झाड़ियों में बैठा ढीठू चहल-क़दमी करता हुआ पिंजरे पर पहुंच गया।

## मानो फ़ीचर फ़िल्म का हीरो हो

कोई एक दर्जन लोग वहां खड़े इस दृश्य को देख रहे थे। इनमें से कुछ कैमरे वाले थे जो रंगीन और श्वेत-श्याम स्टिल फ़ोटो खींच रहे थे। सोलह मिली-मीटर का एक वीडियो कैमरा मूवी बना रहा था। सारा माहौल ऐसा था मानो किसी फ़ीचर फ़िल्म की शूटिंग चल रही हो।

स्थिर क़दम रखता हुआ हीरो शान्त भाव से अपनी भूमिका अदा कर रहा था। न उसमें उतावलापन था, न फ़ोटोग्राफ़रों में। अपने नज़दीक बिलकुल खुले में आदमख़ोर को चलते-फिरते देखकर लोग विचलित नहीं हुए।

ढीठू कोई तीन बार पिंजरे के अन्दर घुसा और बाहर आया। वह इस प्रकार के चारे को खाने का आदी था। ज़िंदा और मरे हुए चारे को वह पचासों बार बेझिझक खाता रहा था। घण्टी बजने की आवाज़ सुनकर खाने पर आ जाता था। इन्सान की मौजूदगी की उसने कभी परवाह नहीं की थी।

पिंजरे में बंधे चारे के बारे में वह समझ रहा था कि यह अपना ही भोजन है। इसे वह इतमीनान से खा लेगा। वह ज़्यादा भूखा नहीं मालूम होता था। चौथी बार वह पिंजरे में घुसा और उसने चारे को खींचा। खटाक-से फाटक गिर गया।

हत्यारे ढीठू को कानपुर चिड़ियाघर भेज दिया। हर कोई उसे पहचानता था। वह ढीठू था। इसे पकड़े जाने के बाद आदमख़ोर की कोई घटना नहीं हुई। इससे पार्क के कर्मचारियों की मान्यता बलवती हो गई कि ढीठू ही था जिसने हण्ट को मारा था।

बहरहाल हण्ट की हत्या की छानबीन का उपसंहार करते हुए पंवार ने ये उपयोगी सुझाव दिये थे :

1 पार्क में कहीं भी अकेले और दुकेले या छोटी टोलियों में किसी को जाने की अनुमति नहीं दी जानी चाहिए, भले ही उनके साथ गाइड हो।
2 पांच या अधिक व्यक्तियों के ग्रुप हों तब भी उनके साथ जाने वाले गाइड को सुनिश्चित रहना चाहिए कि दर्शक एक ही ग्रुप में रहें और मुख्य रास्ते से इधर-उधर न जायं।

3 पैदल जाने की अनुमति केवल पक्षी-प्रेक्षकों के लिए दी जानी चाहिए। सुरक्षा का ध्यान रखते हुए इसके लिए भी निश्चित मार्गों की सीमित संख्या निर्धारित कर दी जानी चाहिए। किसी अन्य स्थान पर पैदल जाना पूर्णतया निषिद्ध होना चाहिए।

4 पार्क के सभी दर्शकों को स्पष्ट रूप से चेतावनी दे दी जानी चाहिए कि पैदल जाने से न केवल शेरों और तेंदुओं द्वारा, बल्कि अधिक महत्त्वपूर्ण है कि हाथियों द्वारा भी, गम्भीर क्षति पहुंच सकती है और जीवन से हाथ भी धोना पड़ सकता है।

5 स्वागत कक्ष में आने पर दर्शक पंजिका में प्रविष्टि करते समय इस चेतावनी की मुद्रित प्रति दी जानी चाहिए।

6 पार्क के प्रवेश द्वारों पर यह चेतावनी इस तरह प्रदर्शित की जानी चाहिए कि दर्शकों का ध्यान उस पर पड़े।

चार

# भेंट-पूजा से वश में होगा

भौगोलिक दृष्टि से भारत का केन्द्र जबलपुर कहा जा सकता है। जबलपुर से पचास-साठ किलोमीटर दूर मझोली क़स्बा बसा है। इसके बारह हज़ार लोगों की आजीविका खेती, मज़दूरी और जंगल की उपजों पर निर्भर करती है। क़स्बे की अधिक आबादी ग़रीबी की रेखा से नीचे रहती है। पेट पालने के लिए उन्हें प्रकृति से ज़बर्दस्त संघर्ष करना पड़ता है। कंटीली राहों पर उन्हें रोज़ नंगे पैर घर से दूर जंगलों में निकल जाना पड़ता है।

## जंगल की उपजों पर गुज़र

इस क्षेत्र में जहां-तहां छोटी-छोटी ऊंची पहाड़ियां फैली हैं जिससे यह मध्य प्रदेश की पठार भूमि कहलाती है। इसके ऊपर अधिकतर क्षुद्ररोह के जंगल हैं जो घनी कंटीली झाड़ियों के गुंथे रहने के कारण अभेद्य बन गए हैं। करौंदा, तेन्दू, धवा, कीकर, बेर, अकोला, बकायन, पलाश के मझोले पेड़ों के बीच में कहीं-कहीं झींगन (स्थानीय नाम गुजा), महुआ, और पीपल के ऊंचे पेड़ खड़े हैं।

इस पठारी भूमि में मझोली क़स्बे के इर्द-गिर्द छोटे-मोटे कई गांव हैं। गांव वालों की रोज़ी जंगल की उपजों पर चलती है। बेर और करौंदे के फल, महुए की मीठी पुष्प-कलियां इनका भोजन हैं। कितने ही पौष्टिक कन्द और जड़ें इन लोगों को जंगल से मिलती हैं। जंगल में पैदा हुए कई प्रकार के भोज्य पदार्थ गांव वालों के अपोषक आहार की कमी की पूर्ति करते हैं। पलाश की पत्तियों से ये दोने और पत्तलें बुनते हैं। झींगन और कीकर की उपयोगी गोंदों को इकट्ठा करते हैं। महुए के फलों को तेल निकालने के लिए जमा करते हैं। बीड़ी बनाने के लिए तेन्दू पत्तियां तोड़ते हैं। जलावन के लिए जंगल से लकड़ी लाते हैं। गांव वालों की सारी अर्थव्यवस्था जंगलों से जुड़ी है। हज़ारों आदमी और स्त्रियां रोज़ जंगल जाते हैं।

जंगल आरक्षित हैं। उनमें से लकड़ी काटने की क़ानूनन इजाज़त नहीं है। आदिवासी लोग, जिनके पास खेती के लिए ज़मीन नहीं है — वे, पूर्णतया जंगल

पर गुज़र करते हैं। भोर होते ही गांव से दूर जंगल में निकल जाते हैं। जहां दाव लगा, फ़ौरेस्ट गार्ड को पटाकर लकड़ी काट लेते हैं। जंगलों के दोहन के

चित्र 29 सिर पर लकड़ी का बोझ ले जाती हुई महिलाएं

लिए किशोरियां और औरतें दो-चार मिलकर घर से निकलती हैं। इनके कन्धे पर लटकते झोले में छोटी कुल्हाड़ी, रस्सी, पानी का डिब्बा और बाजरी का टिक्कड़ होता है। इनके पति शहरों में छोटी-मोटी मज़दूरी करते हैं। दीन-हीन इन आदिवासी औरतों को एक बोझा जलावन के लिए भारी क़ीमत चुकानी पड़ती है।

## शेर जंगल का सबसे बड़ा देवता

मझोली वासियों का जंगल और जंगल के जीवों के साथ सदियों पुराना रिश्ता है। इन जंगलों में शेर, गुलदार, बन-बिलाव, सेही, चीतल, साम्भर, चौसिंगा, चींटीख़ोर और कई क़िस्म की चिड़ियां रहती हैं।

चित्र 30 शेर का ओजस्वी चेहरा

वन-विभाग ने पर्यावरण की रक्षा और वन्य जीवों की भलाई के लिए क़ानून बनाए हैं। जंगल की सीमाओं का न गांव वाले आदर करते हैं और न वन्य जीव। दाव लग जाए तो शेर और गुलदार जंगल की सीमा पर चर रहे ढोरों को दबोच लेते हैं। शेरों के हमले दिन-दहाड़े होते हैं। चरवाहों ने देख लिया तो शोर मचा कर हमलावर को भगा देते हैं। उसके चंगुल से गाय बच गई तो मालिक अपना सौभाग्य समझता है। शेर ने गाय खा ली तब भी आदिवासी को कोई मलाल नहीं। शेर उस जंगल का सबसे बड़ा देवता है जिसमें उसके पुरखे पैदा हुए थे और जिस जंगल के साथ उसका अटूट सम्बन्ध है। उसकी गाय को वन-देवता ने मार लिया और खा लिया। यह विधि का विधान है।

आदिवासी शेर की क़द्र करता था। बाघ परियोजना अपनाने के बाद इन्सान द्वारा इसकी क़द्र बढ़ गई। शेर जान गया है कि शिकार की हविस मिटाने वाले सामन्तों,

राजाओं, नवाबों और बड़े हाकिमों की बन्दूकें अब उसके लहू से अपनी प्यास बुझाने की फ़िराक में नहीं रहतीं। इन्सान से शेर का डर निकल गया है। ढोर चराते हुए निहत्थे चरवाहों के आसपास किसी कुंज में वह बेखटके अलसाया पड़ा रहता है।

इस इलाके में पुराने जंगलों को काटकर नए जंगल लगा दिए गए हैं। पुराने जंगलों के शेर और वन्य प्राणी दूर के पुराने जंगलों में चले गए थे। उनके हमलों से इस इलाके के ढोर कुछ हद तक मुक्त हो गए थे। नए जंगलों के पनप जाने से शेर और वन्य प्राणी फिर अपने पहले के आवासों में लौटने लगे हैं।

1983 में इस इलाके में ढोर-डंगरों को मारने की वारदातें फिर होने लगीं। मझोली स्थित रेंज औफ़िसर ने जबलपुर में रेंज के मुख्यालय में इसकी सूचना दी। अधिकारियों ने हैरानी प्रकट की : 'हैं, इन जंगलों में शेर कहां ?'

## पत्थर मार कर उसे ज़लील किया जाय !

मझोली गांव से चार किलोमीटर दूर एक पहाड़ी है जिसका नाम शंकरगढ़ है। आसपास की पहाड़ियों से यह बड़ी है, इसलिए इसे दानव पहाड़ भी कहते हैं। यहां के लोगों ने बड़े पहाड़ तो देखे नहीं इसलिए पहाड़ियों को पहाड़ कहते हैं। ये पहाड़ियां सौ मीटर से कुछ कम ऊंची हैं और शेरों के निवास के लिए उपयुक्त हैं।

मझोली क़स्बे के पुरानी बाज़ार मुहल्ले में जनता पार्टी के एक कार्यकर्त्ता लोचन प्रसाद काछी रहते हैं। ये सवा दो एकड़ ज़मीन के मालिक हैं, जिसमें इन्होंने बगीचा लगा रखा है। इसमें ये सब्ज़ियां भी पैदा क़र लेते हैं। आठ सन्तानों से भरे-पूरे परिवार का ज़मीन की पैदावार से गुज़ारा नहीं चलता। उन्हें जंगल से जलावन लाकर बेचना पड़ता है।

अठारह अगस्त 1983 की सुबह लोचन प्रसाद की तीसरी सन्तान माया बाई अपनी छोटी बहिन लक्ष्मी को लेकर शंकरगढ़ पर लकड़ियां काटने गई। इन बहिनों की उम्र क्रमशः चौदह और बारह बरस थी। लकड़ियां बटोरते हुए उन्हें झाड़ियों के अन्दर खसर-पसर की आवाज़ सुनाई दी। उन्हें वहां कोई जानवर तो दिखाई नहीं दिया। उन्होंने सोचा गांव से गली के कुत्ते उनके पीछे आ गए होंगे। वे खेल रहे हैं। माया ने एक पत्थर उधर फेंका।

ढलान के नीचे झाड़ियों में शेरनी सो रही थी। शिकार के दौरे से वह अन्धेरे मुंह लौट आई थी। बच्चों को स्तनपान कराके वह सूर्य की फीकी धूप में सुस्ता रही थी। बच्चे बग़ल में खेल रहे थे। जब तक मां दौरे पर थी वे करौंदी के झुर-

मुट में एक-दूसरे के साथ चिपट कर गुमड़ी बने हुए सोते रहे थे। ऐसे निश्चल पिण्ड पर किसी लकड़हारे की निगाह नहीं पड़ सकती थी। मां के लौट आने पर वे जी भरकर खेल सकते थे और ऊधम मचा सकते थे।

शंकर भगवान् सदा बाघों के क़द्रदां रहे हैं। मनुष्य के स्मृति-पटल में सबसे पहला पुराण पुरुष शंकर था जिसने शीत और मौसम के विपरीत प्रभावों से बचने के लिए बाघम्बर से अपने तन को ढकना शुरू किया था। भोले शंकर से संरक्षण पाने के लिए ही शायद शेरनी ने शंकर पहाड़ की ढलान में अपने बच्चों के साथ रहना शुरू किया था।

हज़ारों बरसों से जिसके पुरखे इन जंगलों में आज़ादी से घूमते रहे हैं, उस शेरनी को जंगल के चार डग टुकड़े में भी चैन से सोना न मिले! उसके घर में घुसकर उसके मासूम बच्चों के साथ छेड़खानी की जाए! पत्थर मार कर उन्हें ज़लील किया जाए!

## माया को उठा ले गई

शेरनी बिजली के समान लपकी। माया को उठा ले गई। लक्ष्मी हतप्रभ नहीं हुई। वह सीधी घर भागी। उस दिन वीरवार की पैंठ लगी थी। लक्ष्मी का शोर सुनकर सब भागे। चार किलोमीटर का फ़ासला पैदल दौड़ने वालों, साइकिल सवारों और मोटर साइकिलों से भर गया था। थानेदार बैनर्जी अपने जवानों की टुकड़ी के साथ मौक़े की तरफ़ भाग रहे थे। लाठियों, कुल्हाड़ियों, भालों और बन्दूकों से लैस यह हजूम माया को छुड़ाने के लिए आतुर था।

शंकरगढ़ के नीचे उन्हें माया मिल तो गई, पर बेजान लाश! शेरनी ने उसकी दायीं टांग और बायें पैर का पंजा खा लिया था। डेढ़-दो घण्टे में वह इससे अधिक नहीं खा सकती थी। वह बहुत भूखी थी जो एक ही बैठक में इतना गोश्त खा गई थी। शोर सुनकर उसे लाश को छोड़ना पड़ा। बच्चों को लेकर वह किसी सुरक्षित झाड़खण्ड में चली गई।

लाश को पुलिस उठा लाई। पोस्टमार्टम के लिए उसे सिहोरा रोड हौस्पिटल में पहुंचा दिया। माया की आकस्मिक मौत ने जन-मानस को झकझोर दिया। निकट भविष्य में होने वाली ख़तरनाक घटनाओं के सिलसिले की पहली कड़ी समझा। ख़ानदानी शिकारियों की धारणा थी कि शेरनी को इन्सान के ख़ून का स्वाद लग गया है। अब मौत का पंजा किसी भी बेनसीब लकड़हारे को दबोच सकता है।

माया की दुर्भाग्यपूर्ण मौत पर अख़बारों ने रोष प्रकट किया। यह स्वाभाविक था। वन-विभाग के ख़िलाफ़ ज़बर्दस्त प्रचार शुरू हो गया। जन-सभाएं आयोजित की जाने लगीं। स्थानीय नेता ओजस्वी भाषण देते थे। हर राजनीतिक पार्टी के नेता के लिए अपने को जनता का सच्चा सेवक सिद्ध करने का यह सुनहरा मौक़ा था। वह अपने को ग़रीबों का हितैषी बताता था और सरकार से उनकी जान-माल की रक्षा कराने का संकल्प दोहराता था। रात देर तक चलने वाली जन-सभाओं में नेता-गण लाऊड-स्पीकरों पर वन-विभाग की और प्रोजेक्ट टाइगर की ग़लत नीतियों की आलोचना करते थे। जन-मानस में यह बात बिठाने की कोशिश करते थे कि लाखों रुपये ख़र्च करके सरकार शेरों को पाल-पोस रही है और उन्हें यहां के जंगलों में छोड़ रही है जो पहले तो ग़रीबों के ढोरों को मारकर पेट पालते थे, अब निहत्थे ग़रीबों के गोश्त से अपनी भूख शान्त करने लगे हैं।

## शेर का जन्मसिद्ध अधिकार

राजनीतिक दलों के आह्वान पर बाईस अगस्त 1983 को वन-विभाग के ख़िलाफ़ पूर्ण हड़ताल रखी गई। सभी मज़दूर संगठनों ने इसमें भाग लिया। क़स्बे में सभी काम-काज बिल्कुल बन्द रहे। मझोली में बीड़ी बनाने के दोनों कारख़ानों में ताला लगा दिया गया।

मझोली वनराजि के रेंज असिस्टेण्ट रामानन्द शर्मा मझोली क़स्बे में रहते हैं। जन-सभाओं में शर्मा पर सीधा प्रहार किया जाता था। लाऊड-स्पीकरों पर उनका घेराव करने के लिए उकसाया जाता था। उमड़ते हुए जन-आक्रोश में उन्हें अपनी जान बचाना मुश्किल हो गया था। उनके हितैषियों ने उन्हें रातोंरात जबलपुर में वनराजि के मुख्यालय में पहुंचा दिया।

शर्मा ने मझोली की विस्फोटक स्थिति की गम्भीरता के सभी पहलुओं से उच्च अधिकारियों को अवगत करा दिया। अधिकारियों ने सूझबूझ से काम लिया। मुआवज़े की राशि तुरन्त मंजूर कर दी। लाल फीताशाही में सामान्य रूप से मंजूरी मिलने में कई सप्ताह लग सकते थे।

इससे रामानन्द शर्मा को भी राहत मिली। अपना मिशन पूरा करके वे ख़ुशी-ख़ुशी मझोली लौट आये। उन्होंने माया के पिता को वन-विभाग की ओर से पांच हज़ार रुपये का चेक भेंट किया और उच्च अधिकारियों की ओर से सान्त्वना प्रकट की। शेर यदि किसी व्यक्ति को मार दे तो उसके सम्बन्धियों को कुल पांच हज़ार रुपए

तक मुआवज़ा देने का प्रावधान है।

धीरे-धीरे जन-आक्रोश शान्त हो गया। मझोली के मेहनतकश लोगों का जीवन-क्रम सामान्य रूप से चलने लगा। कभी-कबाह ढोर मारे जाने की बात सुनाई देती। इस पर लोग अधिक उत्तेजित न होते। सदियों से वे मानते आये हैं कि इतना तो शेर का जन्म-सिद्ध अधिकार है। ढोर मारे जाने पर वन-विभाग की ओर से मुआवज़ा देने का प्रावधान भी हैं जो उसकी उम्र तथा मार्केट वैल्यू पर तय किया जाता है। पशुपालक अपने ढोर की चाहे जो क़ीमत आंक रहा हो, वन-विभाग से मिलने वाले 500-1000 रुपये से उसे सन्तुष्ट रहना पड़ता है।

## अकारण दख़लन्दाज़ी

कोई दो महीने बाद इलाक़े में एक आदमी को फिर शेरनी ने मार दिया। तेरह अक्टूबर 1983 को। यह अभागा नत्थू ग्वाल अहीर था। उसकी उम्र चालीस बरस थी। उस दिन उसके साथ पच्चीस बरस का एक और जवान लकड़हारा था जिसका नाम किताब कुच बधिया था। कुच बधिया हिन्दू समाज में नीची जाति के लोग समझे जाते हैं। ये सूअर पालते हैं और भट्टियों पर शराब चुआते हैं। किताब कुच बधिया मझोली क़स्बे के काकड़देई मुहल्ले में रहता है। नत्थू का घर भी मझोली में था।

नत्थू और कुच बधिया के छोटे-से खेत मझोली से तीन किलोमीटर दूर होंगे। खेत के पास ही दोनी नाम का पहाड़ है। जलावन लेने ये दोनों पहाड़ पर चढ़ गए और अलग-अलग दिशाओं में बिखर गए। नत्थू दोनी के पूरब में लकड़ियां बटोर रहा था और कुच बधिया उससे कोई सौ क़दम ऊपर था।

नत्थू ने एक चीतली को कुलांचें भरते देखा। शेरनी उसका पीछा कर रही थी। ये दोनों कुच बधिया की दिशा में भाग रहे थे। उसे सावधान करने के लिए नत्थू चिल्लाया : 'बाबा आया रे, बाबा ...।' यहां के लोग शेर का जब भी ज़िक्र करते हैं तब बाबा या महाराज जैसे आदरसूचक शब्दों के साथ करते हैं।

नत्थू की पुकार को शेरनी ने अपने काम में अकारण दख़लन्दाज़ी समझा। वह चुप रहता तो शेरनी स्वाभाविक रूप से अपना काम करती रहती। अपने प्राकृतिक भोजन चीतली को खाकर सन्तुष्ट हो जाती।

कुच बधिया को बचाने की नत्थू की पुकार शेरनी के लिए ललकार बन गई।

उसने चीतली का पीछा छोड़ा और नत्थू पर लपकी। उसे उठा ले गई। कुच बधिया इस दुर्भाग्यपूर्ण घटना का मूक द्रष्टा बना रहा। नाचती हुई मौत के सामने उसके होश-हवास तो क़ायम रहे पर उसकी बोलती बन्द हो गई। कीकर के तने के पीछे वह चिपटकर खड़ा रहा जिससे विकराल मौत की परछाईं उस पर न पड़े।

शेरनी के ओझल होने पर वह दूसरे रास्ते भागता हुआ खेत में पहुंच गया। उसने लोगों को इकट्ठा किया। वे दोनी पहाड़ पर गए।

नत्थू मरा पड़ा था। उसके गले पर शेरनी के किल्लों के निशान पड़े थे और पीठ पर नाख़ून की खरोंचें। कपड़े फट गए थे। गरदन अस्थिविहीन मांसपिण्ड

चित्र 31 शेरनी के पीछे बच्चे

के समान लुचलुची बन गई थी। उसे जिधर चाहें घुमाया जा सकता था। शेरनी की थाप से गरदन के कशेरुका टूट गए थे। गरदन को दांतों में मज़बूत पकड़ कर वह सत्तर किलोग्राम की लाश को घसीट ले गई थी। लाश साबूत थी। शेरनी को खाने का मौक़ा ही नहीं मिला था। जो चीतली मौत के पंजे से छूट गई थी उसने दूसरे हिरणों को आगाह कर दिया था। भूखी शेरनी अपने बच्चों को लेकर दूसरे पहाड़ की तलहटी में भोजन की तलाश में निकल गई।

नत्थू के परिवार वालों को मुआवज़े की पांच हज़ार रुपये की राशि से सन्तोष करना पड़ा।

## इन्सान के ख़ून का चस्का नहीं लगा था

इस घटना की समीक्षा करते समय मेरे मन में कुछ महत्त्वपूर्ण प्रश्न उठते हैं। मैं उनकी विवेचना करना चाहूंगा जिससे पाठक शेरनी की आहार सम्बन्धी रुचि का अन्दाज़ कर सकें।

उसने पहले इन्सान की हत्या अठारह अगस्त को की थी। उसका ताज़ा गरम गोश्त खाया था। शेरनी ने पहली बार इन्सान के गरम लहू का स्वाद लिया था। इससे उसका इन्सान के गोश्त के प्रति रुझान नहीं पैदा हो गया था। उसे इन्सान के ख़ून का चस्का नहीं लगा था। यह मैं इसलिए कह रहा हूं कि चस्का लग गया होता तो दो महीने में वह और इन्सानों को भी मार सकती थी। दो महीने तक वह अपने सामान्य आहार पर रही। दो महीने बाद नत्थू को जब उसने मारा तब विशेष परिस्थिति में। उसके घर में ही वह उसे ललकार रहा था, जब वह अपना भोजन जुटाने के लिए जद्दोजेहद कर रही थी। मैं समझता हूं कि शेरनी आदमख़ोर नहीं बनी थी। आदमख़ोर होती तो जंगल के सुनसान कोनों में कितने ही बेक़सूर इन्सानों को मारकर अपना पेट भरने की फ़िराक में रहती। अगली घटना भी मेरी इस धारणा को पुष्ट करती है।

## तेरह साल की पूनम को पकड़ लिया

मझोली के मोहनिया मोहल्ले से तीस नवम्बर 1983 को सुबह सात बजे आठ औरतें जलावन लेने निकलीं। शंकरगढ़ पहाड़ पर पहुंच कर ये दो टोलियों में अलग-अलग दिशाओं में बिखर गईं। इनमें तेरह साल की एक लड़की पूनम बाई थी। इसका पिता तांतिया दिहाड़ी मज़दूर था। जिस दिन मज़दूरी न मिलती वह बीड़ी बनाता। परिवार के दूसरे सदस्य भी बीड़ी बनाकर अतिरिक्त आमदनी कर लेते।

लकड़हारिनों ने अपने बोझ की आधी लकड़ियां जमा कर ली होंगी। इतने में पूनम ने एक शेरनी को देखा। वह उलटे पैर भागी और चिल्लाई : 'मौसी, महाराज खाई लो, बचाओ, मौसी !' (मौसी, शेर खा जायेगा, बचाओ)।

उस समय पूनम के सबसे नज़दीक मौसी थी। उसने बचपन से पूनम को गोदी में खिलाया था। इस सयानी औरत को सभी मुहल्ले वाले मौसी कहते थे। उसका नाम था भागवती और उम्र थी पचास साल।

तलहटी में गुजा का एक ऊंचा पेड़ खड़ा था। पूनम का शोर सुनकर छह किशोरियां आनन-फानन में उस पर चढ़ गईं। भागते समय झाड़ियों में उलझ कर शील रानी की धोती फट गई और समत रानी का ब्लाऊज़ चीथड़े हो गया। उत्तर भारत में गुजा को झींगन [**Lannea grandis** (Dennst) Engle] कहते हैं। भारतीय जंगलों का यह सुपरिचित पेड़ है। इसके पत्तों को ढोर चाव से खाते हैं। नई टहनियों को हाथी खाते हैं। एप्रिल-मई में इसके तने पर कुल्हाड़ी से टक मार देते हैं। ज़ख़्मों से गोंद निकल कर जम जाती है। इस उपयोगी गोंद को इकट्ठा करने के लिए यहां की लड़कियां गुजा के पेड़ के ऊपर चढ़ने में अभ्यस्त हैं। मौसी इस पेड़ से अभी दूर थी। मौसी के प्रति पूनम की ममता जाग उठी। वह फिर चिल्लाई : 'मौसी, भाग जा। मेरा देखा जायेगा।'

आसपास एकमात्र ऊंचा वृक्ष यही था जिसपर ये आश्रय ले सकती थीं। पूनम उसी तरफ़ भागने लगी। शेरनी ने पीछे से पंजा मारा। पूनम की पीठ पर मामूली-से नाख़ून लगे। लेकिन पंजे की चोट से वह औंधे मुंह गिर पड़ी। उसे छोड़ कर शेरनी अलग जा बैठी, दो-चार क़दम दूर।

हिम्मत करके पूनम उठी और नितम्बों के बल बैठ गई। डाकुओं के चंगुल में फंसे बालक के समान उसकी मनोदशा बन गई थी। उसने अपनी टांगों को धनुष के समान ऊपर सिकोड़ रखा था। उनके ऊपर उसकी बांहें आगे की ओर फैली थीं। घोर विपत्ति में फंसा जैसे कोई लाचार किंकर्त्तव्यविमूढ़ सोच में पड़ा हो।

## किशोरी की गरम सांसों को शेरनी पी रही थी

शेरनी फिर उठी और पूनम की तरफ़ बढ़ी। पूनम अचल बैठी रही। शेरनी उसके ऊपर आकर खड़ी हो गई। शेरनी की गरदन उसकी टांगों के ऊपर थी। उसकी गरम सांसें पूनम की सांसों में घुलमिल रही थीं। डाइनिंग टेबल पर परोसे गरम शोर्वे की भाफ हमारे नथुनों और फेफड़ों में जाती हुई हमें आहार-सुख प्रदान करती है। पूनम की गरम सांसों को पीती हुई शेरनी ऐसा ही आहार-सुख अनुभव कर रही थी।

हिन्दू धर्म की मान्यताओं के अनुसार मरणासन्न व्यक्ति अपनी अन्तिम इच्छा प्रकट करता है। पूनम ने शेरनी के पैर पकड़ लिये और गिड़गिड़ाकर बोली : 'ना खा महाराज, छोड़ दे, तोर पैर पड़त हूं। सबसे बड़ी बहिन हूं मैं। छोटे, दो भाइयों को मैं ही खिलाती हूं। छोड़ दे महाराज।' पूनम का एक भाई एक साल का और दूसरा पांच साल का था।

शेरनी ने उसकी पुकार सुन ली और एक तरफ़ हट गई।

भागवती की मौजूदगी को शेरनी जानती थी। उसने भागवती की पूरी तरह उपेक्षा की। यह बात ठीक है कि शेर को बच्चे और बूढ़े दोनों में से किसी एक को चुनने का विकल्प हो तो वह बच्चे को चुनेगा। इन्सान जैसे पकी उम्र के बकरे और मुर्ग़े के दृढ़ मांस को खाने की बजाय मेमने और चूज़े को खाना पसन्द करता है वैसे ही शेर कोमल मांस को खाना पसन्द करता है। शेरनी चाहती तो भागवती को मज़े में मार सकती थी।

## शेरनी की ओजस्वी और भयंकर आंखें

भागवती को बचने का काफ़ी समय मिल गया था। वह पहले तो गुजा के तने के पीछे छिप गई। अपने चेहरे को उसने घूंघट में लपेट लिया। शेरनी को अपने ऊपर लपकने के दृश्य को वह देख नहीं सकती थी। न ही पूनम को शेरनी द्वारा चीरते-फाड़ते देख सकती थी। बिल्ली को देखकर अण्डों को सेती हुई मेरी पालतू कबूतरी खाये जाने के भय से इसी तरह आंखें मूंद लेती थी।

बाद में भागवती ने हिम्मत बटोरी और बुढ़ापे की अक्षमता का तिरस्कार करते हुए धीरे-धीरे गुजा के ऊपर चढ़ गई।

मौक़ा मिलते ही पूनम भागी और लपककर तेज़ी से गुजा पर चढ़ने लगी। शेरनी को इस किशोरी के साथ विशेष लगाव था। वह फिर झाड़ियों से निकल आई। पेड़ के तने के साथ अगली टांगें खड़ी करके उसने पूनम पर पंजा मारा। पूनम के हाथ में तब तक गुजा की एक मोटी शाख आ चुकी थी। टांगों को समेट कर वह उस पर पहुंच रही थी। पंजे के एक नाख़ून से पूनम की दायीं टांग मामूली-सी ज़ख़्मी हो गई। वह शेरनी की पकड़ से साफ़ बच गई। गुजा की शाखाओं पर लंगूरों के समान चिपट कर बैठी अन्य औरतों के समान वह भी शाख पर चिपट गई।

शेरनी पेड़ के नीचे से गई नहीं। पूनम को पकड़ने के लिए वह कई बार उछली। औरतें बुरी तरह सहम गई थीं। शेरनी की ओजस्वी और भयंकर आंखों का वर्णन करते हुए वे अपने हाथ की पांचों अंगुलियों को मोड़कर एक कटोरे की आकृति बना लेती थीं। उसे दिखाती हुई बताती थीं : 'ऐसी बड़ी-बड़ी थीं उसकी आंखें। वह गुर्राती थी। ऐसा लगता था कि बस अब खा ही जायगी।'

## पूनम के साथ खेलना चाहती थी

औरतों ने शोर मचाया, जिसे सुनकर अशोक, सेवक और चित्रा तीन ग्वाले आ गये। उन्होंने पूनम को सान्त्वना दी। हमदर्दी के शब्द सुनकर वह रोने लगी। एक ग्वाले ने उसे उतरने के लिए सहारा दिया। उसके ज़ख़्मों से लहू बह रहा था। चित्रा उसे पीठ पर लादकर मझोली तक लाया। उसके कपड़े भी लहू से सन गये।

पुलिस थाने में रिपोर्ट लिखाने के साथ मझोली में ही प्राथमिक उपचार कर दिया गया। इस आसुरी विपदा में सभी की पूनम से सहानुभूति थी। इलाज के लिए उसे तुरन्त जबलपुर मेडिकल कौलेज हौस्पिटल में ले जाना था जिससे ज़ख़्म सेप्टिक न हो जांय। इस काम के लिए सेठ त्रिलोक चन्द्र ने अपनी जीप उन्हें दे दी।

ज़ख़्मों को सीकर और ज़रूरी इन्जेक्शन लगाकर डौक्टर ने छुट्टी दे दी। उसने ज़ख़्मों को ऐसा गम्भीर नहीं समझा कि पूनम को हौस्पिटल में रखा जाय। कुछ दिन बाद मझोली में ही डौक्टर ने टांके काट दिये। ज़ख़्मों को भरने और नई खाल आने में एक महीने से अधिक समय लग गया। तीन जनवरी तक मरहम पट्टी चलती रही। इस उदाहरण में जबलपुर के डिविज़नल फ़ौरेस्ट औफ़िसर ने पूनम के पिता को क्षतिपूर्ति के निमित्त दो हज़ार रुपये का चेक भेंट किया।

इस घटना की बारीकी से छानबीन करने पर मैं समझता हूं कि शेरनी चाहती तो पूनम को आसानी से मार सकती थी। उस दिन उसका किसी को मारने का इरादा नहीं थी, किसी ने उसके साथ छेड़छाड़ नहीं की थी इसलिए वह ख़्वामख़्वाह किसी को क्यों मारती ! माया और नत्थू के उदाहरणों में तो उसने समझा था कि वे बेवजह उसके महत्त्वपूर्ण कार्य में दख़ल दे रहे हैं।

उस दिन शेरनी का पेट भरा हुआ था। वह भूखी होती तो पूनम को मार लेती। दो इन्सानों को मारने के बाद उसे पता चल गया था कि दो टांगों पर सीधे खड़े होकर चलने वाले इस जानवर को मारना कितना आसान है।

उसने केवल मज़े के लिए पूनम पर पंजा मारा था। वह उससे प्यार तो नहीं करती थी। हां, उसके साथ खेलना चाहती थी। विडाल वंश के जानवरों में मैंने देखा है कि वे अपने से बहुत तुच्छ शिकार को पकड़कर एकदम मारते नहीं। वे उसके साथ घण्टों खेलते रहते हैं। यह खेल अदने जीव को महंगा पड़ता है और अन्ततोगत्वा उसकी जान निकल जाती है।

सिंहों और शेरों द्वारा ज़ख़्मी किये हुए और बाद में स्वस्थ हो गये लोगों

की मैंने परीक्षा की है। उनके ज़ख़्मों से पूनम के ज़ख़्मों की तुलना की है। पूनम के ज़ख़्म बहुत ही मामूली थे जो शेरनी के बिलकुल हलके नाख़ून लगने से बने थे।

पूनम अकेली होती तो वह उसे अपनी क़ैद में रखती। उससे खेलती। अपने बच्चों को उससे खेलना सिखाती। यह खेल निश्चय ही उसे महंगा पड़ता। वह तिलतिल कर मरती। भूख लगने पर वह उसे खा जाती।

## हत्यारी को ज़िन्दा पकड़ना चाहते थे

1972 में बनाये गये वन्य प्राणी संरक्षण क़ानून के अन्तर्गत शेर संरक्षित प्राणियों की पहली सूची में रखा गया है जिससे इसे क़ानून का पूर्ण संरक्षण प्रदान किया गया है। इसे मारना, पकड़ना और पालना मना है। इसकी खाल या ट्रौफ़ियों को बिना अनुमति लिये रखना, ख़रीदना और बेचना मना है।

अठारह अगस्त को मझोली की शेरनी ने जब पहली मानव हत्या की तब जंगल के औफ़िसरों ने क़ानून के अन्तर्गत उससे निपटने की सोची। उनकी नीति थी :

1 बेहोशी का कारतूस दाग़ कर शेरनी को पिंजरे में डाल दिया जाय। फिर उसे किसी चिड़ियाघर में भेज दिया जाय जहां वह शेष जीवन सींख़चों के पीछे काटे।

2 उसे पिंजरे में ज़िन्दा पकड़कर चिड़ियाघर में भेज दिया जाय।

3 इन दोनों में सफलता न मिले तो अन्तिम उपाय उसे गोली से मारना था जिससे उसके भय से इन्सान को मुक्ति मिल जाय। उसे मारा तभी जा सकता था जब मध्य प्रदेश का चीफ़ वाइल्ड लाइफ़ वार्डन उसे नरभक्षी घोषित कर दे। अब तक शेरनी घोषित नरभक्षी नहीं थी, हालांकि दो मानव-हत्याओं का और एक इन्सान की हत्या करने की कोशिश करने का कलंक उसके मत्थे पर लगा था।

## कामयाबी कन्नी काटती रही

अठारह अगस्त 1983 को पहली मानव हत्या के बाद ही जंगल के औफ़िसरों की नींद हराम हो गई थी। मध्य प्रदेश के जंगल की सारी मशीनरी हरकत में आ गई थी। बेहोश करके ज़िन्दा पकड़ने की मुहिम में मझोली से तीन किलोमीटर दूर जंगल के साथ औफ़िसरों का एक कैम्प स्थापित कर दिया गया। सोलह दिन

बाद तीन सितम्बर को कान्हा नेशनल पार्क से औफ़िसर मुआयना करने आये। जंगलों में जहां जीप नहीं जा सकती थी वहां जाने के लिए कान्हा से सवारी की दो हथिनियां मंगा ली गईं। ढाई सौ किलोमीटर का लम्बा सफ़र उन्होंने ट्रकों में तय किया।

तीन सितम्बर से ग्यारह अक्टूबर तक शेरनी को बेहोश करके पकड़ने की कोशिश में औफ़िसरों के एक दल ने सारे जंगल छान मारे। जीप और हथिनियों पर तथा पैदल ट्रेकिंग की, और साइटिंग की। इलाक़े में जिस किसी शेर के पैरों के निशान मिले उनकी ट्रेसिंग की और उनके प्लास्टर कास्ट तय्यार किये। इस खोजी दल के सदस्य थे : पी. एम. लैड, कन्ज़र्वेटर, वाइल्ड लाइफ़, मध्य प्रदेश; एस. एम. हसन, डायरेक्टर, बान्धवगढ़ नेशनल पार्क; ए.एस. परिहार, डिप्टी डायरेक्टर, कान्हा नेशनल पार्क; डौक्टर पी. सी. कोतवाल, रिसर्च औफ़िसर, कान्हा नेशनल पार्क। बेहोशी की दवा का कारतूस दाग़ कर वन्य प्राणी को बेहोश करने में डौक्टर कोतवाल प्रशिक्षित थे।

जन-साधारण की भावनाओं का दबाव इन औफ़िसरों के ऊपर पड़ रहा था। क़सूरवार शेरनी को वश में करने के लिए ये औफ़िसर जितनी लगन और मेहनत से काम करते सफलता उनसे और दूर भाग जाती। एक बार तो एक महीने से अधिक समय तक ये औफ़िसर कैम्प में जमे रहे पर जंगलों में आज़ादी से विचरती शेरनी पर हाथ नहीं डाल सके।

## नरभक्षी घोषित करना पड़ा

मामले की गम्भीरता को जानकर इण्डियन फ़ौरेस्ट सर्विस के जे. जे. दत्ता, प्रिंसिपल चीफ़ कन्ज़र्वेटर मध्य प्रदेश; आर.सी.सक्सेना, चीफ़ वाइल्ड लाइफ़ वार्डन, मध्य प्रदेश; जे.के चतुर्वेदी, क़न्ज़र्वेटर औफ़ फ़ौरेस्ट, जबलपुर; और आर.पी.मिश्र, डिविज़नल फ़ौरेस्ट औफ़िसर, जबलपुर जैसे औफ़िसर इलाक़े के दौरे पर आते रहे। मध्य प्रदेश वन-विभाग के सारे औफ़सर बेहद चिन्तित थे। बिगड़ती हुई अवस्थाओं में इनका सर्वोपरि कर्त्तव्य जनता में भरोसा पैदा करना था। वे स्थानीय लोगों से सम्पर्क स्थापित करते थे। प्रभावित लोगों को सान्त्वना देते थे। उनका दुःख दूर करने के लिए आश्वासन देते थे।

मझोली-इन्द्राना सड़क के दोनों ओर पहाड़ खड़े हैं और जंगल फैले हैं। एक तरफ़ टांगियां (forest plantation) है। इस सड़क पर लोग पैदल, साइकिलों और बैलगाड़ियों पर दिन-रात आते जाते हैं। शेरनी के आतंक को देखते हुए

ढिंढोरा पिटवा दिया गया कि इस सड़क पर रात को अकेला कोई न जाय। ज़रूरी काम से जाना हो तो दो-चार आदमी मिल कर जांय। बातें करते हुए और शोर मचाते हुए जांय।

संकटपूर्ण हालात में शेरनी से निपटने के लिए जो योजनाएं बनाई जातीं उनमें अनेक अड़चनें दिखाई देने लगतीं। शेरनी की टोह लेने के लिए कंटीली घनी झाड़ियों के अन्दर घुसना कठिन था। ऐसे कंटीले क्षुद्ररोह में खोजी हथिनियां घुस नहीं सकती थीं। उनके अन्दर छिपी हुई शेरनी की कहीं झलक मिल भी जाय तो उसके ऊपर बेहोशी का कारतूस दाग़ना व्यावहारिक नहीं था। कारतूस झाड़ियों में ही उलझकर रह जायगा। शेरनी खुले में दिखाई दे तभी कारतूस दाग़ा जा सकता था।

बेहोश करके ज़िन्दा पकड़ने के क्षीण अवसर जान कर चीफ़ वाइल्ड लाइफ़ वार्डन आर.सी. सक्सेना ने पांच दिसम्बर 1983 को मानव हत्याओं की अपराधी शेरनी को नरभक्षी घोषित कर दिया। उसे मारने का अधिकार तीन लोगों को दिया गया : कान्हा नेशनल पार्क के डिप्टी डायरेक्टर ए.एस. परिहार, बान्धवगढ़ नेशनल पार्क के डायरेक्टर एस. एम. हसन और परिहार के जीप ड्राइवर राजाराम।

## इलाक़े में तीन शेर थे

शेरनी को खिलाने के लिए तीन जगह पड्डे बांधे जाते थे, जिससे वह ढोर-डंगरों और आदमियों को न मारे। इलाक़े के दूसरे शेर इन पड्डों को न खायें, इस पर वन-विभाग का कोई नियन्त्रण नहीं था। मानव हत्याओं को रोकने के लिए चौबीस पड्डे खिलाने पड़े।

घोषित नरभक्षी को मारने के अभियान में तेज़ी आ गई। रेंज औफ़िसर टी. पी. दुबे, रेंज एसिस्टेण्ट आर. एन. शर्मा और फ़ौरेस्ट गार्ड डी. एल. पाण्डे कैम्प के आधार स्तम्भ थे। पड्डों को ख़रीद कर लाना, जंगलों में उन्हें उपयुक्त जगहों पर बांधना, पड्डों को चारा-पानी देना, कैम्प में राशन और आवश्यक पदार्थों की सप्लाई निरन्तर बनाए रखना—ये सब काम इन लोगों के ज़िम्मे थे। ये लोग इलाक़े से वाक़िफ़ थे। ट्रेकिंग अधिक अच्छे ढंग से कर लेते थे। स्थानीय लोगों से काम निकाल लेते थे।

इस टोली के बाहर एक महत्त्वपूर्ण आदमी था। अधेड़ उम्र का आदिवासी मंगलू बैगा। वह जंगल के चप्पा-चप्पा से वाक़िफ़ था। शेर के ठिकानों में अकेला घूमता-फिरता था। धरती पर धुंधले पड़े हुए वन्य प्राणियों के पद-चिह्नों को उसकी

आंखें पकड़ लेती थीं। अभेद्य जंगलों के अन्दर वह उनकी टोह लेने घुस जाता था। कैम्प में उसके द्वारा मिली जानकारी विश्वसनीय समझी जाती थी। मंगलू की वैसे तो क्या औकात थी, पर वास्तव में वह घोषित नरभक्षी को मारने के अभियान का सूत्रधार था।

चित्र 32 शेर के पद-चिन्ह

पद-चिह्नों की तुलना करने से और प्रत्यक्ष देखने से पता चला कि इलाके में तीन शेर हैं। एक बड़ा नर, एक बड़ी शेरनी और एक छोटी शेरनी। जहां माया तथा नत्थू मारे गए थे और पूनम पर हमला किया गया था वहां शेरनी के पंजों के निशान नहीं मिले थे, क्योंकि पहाड़ी ज़मीन पथरीली और पक्की थी। उस पर नाख़ून की खरोंचें तो कहीं-कहीं दिखाई दे जाती थीं, पंजों के स्पष्ट निशान नहीं।

गांव के साथ फैले बरसाती पानी के जोहड़ों के तट की गीली ज़मीन पर बड़ी शेरनी के पद-चिह्न दिखाई देते थे। इसका मतलब था कि वह रात को ढोर-डंगरों की तलाश में जब गश्त पर इधर आती है तब यहां पानी पीती है। जंगलों में गीली ज़मीन पर भी इस शेरनी के पद-चिह्न दिखाई दे जाते थे।

निर्दोष शेर न मार दिया जाए इसलिए औफ़िसरों को वास्तविक नरभक्षी का पता लगाने में समय लग गया। इलाके का विस्तृत एवं गहन सर्वेक्षण करने के बाद और प्रभावित लोगों, वनेचरों तथा खोजियों के बयानों के आधार पर सामान्य धारणा की पुष्टि की गई कि बड़ी शेरनी मानव हत्याओं के लिए ज़िम्मेदार है।

## गुलदारों और शेरनी की दहाड़ें

लोक निर्माण-विभाग की मझोली-इन्द्राना सड़क से ढाई सौ मीटर के फ़ासले पर टांगिया के किनारे महुए के एक पेड़ पर मचान बांधा गया।

शेरनी को मारने की मुहिम के सुपरवाइज़र थे मध्य प्रदेश के वाइल्ड लाइफ़ कन्ज़र्वेटर पी. एस. लैंड। वे रात भर जीप पर गश्त करते थे। हर आधे घण्टे बाद सड़क पर जीप जाती और आती। एक रात मचान पर बैठे शिकारियों को शेर की दहाड़ सुनाई दी। कुछ देर बाद शान्त वातावरण उसी दहाड़ से फिर गूंज उठा। इतने में गश्ती जीप आ गई। मचान पर से स्पौट लाईट द्वारा परिहार ने लैंड को आने का इशारा किया। रात को जब दूर वाले को बुलाना होता है तो स्पौट लाईट की रोशनी को बार-बार ऊपर नीचे फेंकते हैं। परिहार ने बताया : 'शेरनी बहुत गुस्से में दहाड़ रही है। न जाने क्या माजरा है।'

गश्ती दल को रात को तो कुछ पता नहीं चला। अगली सुबह इलाके का मुआयना करने से नाले में दो गुलदारों के पद-चिह्न दिखाई दिए। उनके साथ ही शेरनी के पद-चिह्न पड़े थे। गुलदारों को शेरनी अपने इलाके में आने नहीं देना चाहती थी। उसे अपने बच्चों की सुरक्षा का भी ध्यान था। इसलिए दहाड़ कर वह उन्हें खदेड़ रही थी।

## पिंजरे में फंसाने की योजना

शेरनी को मारने की कोशिशों के साथ उसे पिंजरे में ज़िन्दा पकड़ने की कोशिश भी ज़ारी रखी गई। लोहे का पिंजरा क़रीब 2.50 मीटर लम्बा, 1.25 मीटर चौड़ा और इतना ही ऊंचा था। पिंजरे के दोनों सिरों पर ऊपर की तरफ़ खुलने वाले फाटक थे जो स्वचालित लीवर द्वारा बन्द हो जाते थे।

शेरनी के आने-जाने की एक पगडण्डी पर सात मीटर लम्बा और सात मीटर चौड़ा एक घेरा बनाया गया। जंगल से कंटीली झाड़ियां काटकर ऐसी घनी बाड़ बना दी जिसके अन्दर शेर या कोई दूसरा जानवर घुस न सके। उसे फांदकर भी शेर अन्दर नहीं जा सकता था। घेरे के अन्दर शेर के चारे के लिए पड्डा बांध दिया।

घेरे के दूसरे सिरे पर पिंजरा रख दिया। इसके दोनों सिरों के फाटक ऊपर खुले रखे। शिकारियों का ख़याल था कि चारे को देखकर शेरनी ललचायेगी। उसे मारने के लिए घेरे के अन्दर जाने का एकमात्र रास्ता पिंजरे के अन्दर से होकर जाता था। बाहर के प्रवेश द्वार से वह पिंजरे के अन्दर घुसेगी। चारे की तरफ़

बढ़ते हुए पिंजरे के मध्य में तल के फट्टे पर उसका पैर पड़ेगा। तभी स्वचालित लीवर से दोनों फाटक गिर जाएंगे। चारे तक पहुंचने से पहले ही शेरनी पिंजरे में क़ैद हो जाएगी। शेरनी और पड्डा दोनों सही सलामत रहेंगे।

## गीदड़ फंस गया

यह व्यवस्था कारगर साबित नहीं हुई। पिंजरे के आगे घेरे के अन्दर बांधे पड्डे तक जाने की शेरनी ने कभी कोशिश नहीं की। पंजों के निशानों से पता चलता था कि वह घेरे के बाहर चक्कर लगाती थी। शायद उसे पिंजरे का भान हो गया था। इसलिए वह उसके अन्दर नहीं घुसती थी।

एक सवेरे खेतीहर ने ख़बर दी कि पिंजरे में शेर फंस गया है। लोग-बाग इकट्ठे हुए और धीरे-धीरे उधर बढ़े। उन्हें दूर से न पिंजरा दिखाई दे रहा था और न शेर की गरज सुनाई दे रही थी। एक आदमी ने आशंका प्रकट की : 'कहीं शेर पिंजरे को तोड़कर भाग तो नहीं गया ? और, वह यहां झाड़ियों में छिपा हो सकता है।'

लोग क़दम फूंक-फूंक कर आगे बढ़ने लगे। पलाश के एक पेड़ के ऊपर चढ़कर एक आदमी ने देखा कि पिंजरे के अन्दर गीदड़ फंसा है। वह बेचैनी से चक्कर लगा रहा है। उसके बाद कुछ दिनों तक शेरनी ने इधर आना बन्द कर दिया।

## हथिनियों के बीच में शेरनी खड़ी थी

फ़ौरेस्ट कैम्प के नज़दीक ही सवारी वाली हथिनियां बांधी जाती थीं, जिससे अचानक ज़रूरत पड़ जाने पर कार्यवाही में भाग ले सकें। अट्ठाईस दिसम्बर की रात को उन्होंने चिंग्घाड़ कर ख़तरे का संकेत दिया। महावत समझ गये कि शेर आ गया है जिसकी गन्ध हथिनियों को आ गई है। लोग कैम्प में स्विस टेण्ट के आगे जमा हो गए। स्पौट लाईट से जंगल में रोशनी फेंकी। दोनों हथिनियों के बीच में शेरनी खड़ी थी। मानो वह भीमकाय जानवरों को ग़ौर कर रही थी। उसने ऐसे दैत्य इस इलाक़े में पहले नहीं देखे थे।

बन्दूकों में कारतूस भरकर शिकारी तैयार हुए तो शेरनी खिसक गई। जीप से पीछा करने पर वह सड़क के बायें किनारे दिखाई दे गई, कैम्प से कुल तीन सौ मीटर दूर। वह शिकार के दौरे पर निकली थी और भटकता हुआ पड्डा मिलने की आशा से कैम्प के परिसर में आ गई थी।

शिकारियों ने निशाना साधा और गोली दाग़ दी। वह मुश्किल से आठ-दस क़दम के फ़ासले पर रही होगी। निशाना चूक गया और शेरनी झाड़ियों में ग़ायब हो गई।

अगली सुबह उस जंगल को छान मारा। कई दिन तक गश्ती टुकड़ियां जंगल का अवगाहन करती रहीं। शिकारी सोचते थे कि रात को फ़ायर से यदि वह ज़ख़्मी हो गई है तो ख़तरनाक बन सकती है। उसका नामोनिशान नहीं मिला।

## पूंछ भी छूट गई बेचारों के हाथों से

शेरनी को मारने की विफलताएं आम लोगों में मज़ाक बन गईं। वे ऑफ़िसरों और जंगल के कर्मचारियों का मज़ाक उड़ाते और उन पर फबतियां कसते। कर्मचारियों में सबसे बुज़ुर्ग महावीर महावत था। वह तीस साल से कान्हा नेशनल पार्क में महावती कर रहा था। वह सबसे सीनियर महावत था। ट्रेकिंग में उसे जो अनुभव था वह किसी दूसरे महावत को नहीं था। उसकी निगाह से शेर के पद-चिह्न नहीं चूकते थे। उसके दीर्घकालीन अनुभव को विचारते हुए उसे मझोली बुलाया गया था।

एक दिन महावीर मझोली की पैंठ में सब्ज़ी लेने गया तो सब्ज़ी वाले उसे ताने में कहने लगे : 'तुम क्या शेर मारोगे। यहां मज़े से सरकारी राशन फाड़ रहे हो। दस हाथी ले आओ फिर भी शेर नहीं पकड़ सकते'।

महावीर ये सब कटाक्ष पी गया और सहज भाव से बोला : 'अरे भाई, तुम तो घर की बिल्ली को भी नहीं पकड़ सकते। शेर तो जंगल का राजा ठहरा।'

दूसरी कूंजड़ी पान की पीक को एक तरफ़ फेंकते हुए बोली : 'शेर तो क्या पकड़ेंगें ये। बहादुरों ने उसकी पूंछ पकड़ी थी, वह भी छूट गई बेचारों के हाथ से।'

सभी कूंजड़ियां ठहाका मारकर हंस पड़ीं। इस प्रकार के मज़ाक, चुटकियां, ताने और फबतियां जंगल के हर छोटे कर्मचारी को सुनने पड़ते। ऑफ़िसरों की पीठ सुनती। कर्मचारी शहर में जाने से कतराने लगे।

स्थानीय लोगों में जंगलात के लोगों के प्रति सम्मान जाता रहा। खेतिहरों और पशुपालकों ने उन्हें शेरनी के चारे के लिए पड्डे बेचना बन्द कर दिया। तब दलालों की मार्फ़त पड्डे ख़रीदे जाने लगे। पड्डों की क़ीमत चढ़ गई। सामान्य पड्डे के लिए वन-विभाग को पांच सौ रुपये तक देने पड़ते।

लकड़हारों ने जलावन बटोरने के लिए जंगल में जाना बन्द कर दिया। उन्होंने रोज़ी के दूसरे काम तलाश करने शुरू किये। हिम्मत वाले और बहुत ग़रज़मन्द ही जलावन लेने जंगल जाते। बाज़ार में वे अपने बोझ का मुंहमांगा दाम मांगते। जलावन की क़ीमत चार-पांच गुना बढ़ गई।

x x x

मेरे फ़िल्म निर्माता बेटे नरेश और राजेश बेदी के 1984 के प्रोग्राम में शेरों के जीवन पर एक घण्टे की रंगीन टेलीविज़न फ़िल्म बनाना था। उसका मुहूर्त्त करने दोनों भाई तीन जनवरी 1984 को देहली से कान्हा नेशनल पार्क के लिए

चित्र 33 कामातुर बारासिंगा

रवाना हुए। कान्हा में उन दिनों बारासिंगों का जोड़ा बनाने का मौसम चल रहा था। 1982 में इन दिनों मैं और राजेश वहां गये हुए थे। कामातुर नर अपने शाख़दार सींगों पर सूखी घास की पताकाएं लहराते हुए मस्ती में घूमते थे। उषा की लालिमा फूटने से पहले ही घने कुहरे की मोटी परत में मैं किसी बांके बारासिंगा का बिगुल सुनता। इलाके का दूसरा बारासिंगा उसके जवाब में बिगुल बजाता। आसमान की तरफ़ ऊंची गरदन ताने हुए और सूखी घास के लच्छों से सींगों के मुकुट को सजाये हुए विपरीत दिशाओं से कुहरे को चीरते हुए दो बारासिंगे

चौड़ में आमने-सामने आ जाते।

दाव लगे तो शेर बारासिंगे को मार लेते हैं। बेदी भाइयों ने अपनी फ़िल्म में बारासिंगों का दृश्य फ़िल्माना था। उसके लिए यह उपयुक्त समय था।

कान्हा जाने के लिए हम लोग जबलपुर उतरा करते हैं। वहां से टैक्सी लेकर पार्क में चले जाते हैं।

## बेदी भाई में शामिल हो गये

उस दिन जबलपुर स्टेशन पर बेदी भाइयों को लेने परिहार आये हुए थे। उन्होंने कहा : 'आप लोगों के कान्हा में ठहरने और जंगल में घुमाने की पूरी व्यवस्था मैंने कर दी है। मुझे आपके साथ कान्हा रहने में ख़ुशी होती, पर मेरा यहां रुकना ज़रूरी हो गया है। पांच दिसम्बर को यहां एक शेरनी नरभक्षी घोषित कर दी गई थी। वह अब तक मारी नहीं जा सकी। उसे ठिकाने लगाने के बाद ही मैं दूसरे काम के बारे में सोच सकूंगा।'

नरेश तो शेर की फ़िल्म का मुहूर्त्त करने के लिए ही घर से निकले थे। उन्होंने सोचा कि मझोली वाली शेरनी की शूटिंग से ही क्यों न मुहूर्त्त किया जाय! नरभक्षी को शूट करने का दृश्य पता नहीं बाद में मिले भी या नहीं? कान्हा जाने का कार्यक्रम स्थगित कर दिया।

परिहार के साथ बेदी भाई मझोली की ओर चल पड़े। जबलपुर के ढाबे वालों और पनवाड़ियों की दुकानों पर उमराव जान के रिकौर्डों का दिलकश संगीत गूंज रहा था। उमराव जान फ़िल्म के रंगीन पोस्टर बाज़ारों की दीवारों को चमका रहे थे। मझोली क़सबे में भी उमराव जान का माहौल था। रिक्शा खींचने वाले इस लोकप्रिय फ़िल्म के रिकौर्डों को ऐसी ऊंची आवाज़ में बजा रहे थे कि कान फटते थे। परिहार ने बताया : 'यहां गांव वाले कहते हैं कि मझोली के शेर उमराव जान के गानों पर फ़िदा हैं। उन्हें सुनने ही तो यहां आते हैं'।

चार जनवरी 1984 की शाम चार बजे बेदी भाई जंगल के कैम्प में पहुंचे। कैमरे लोड करके पांच बजे परिहार के साथ मचान पर बैठ गये। मचान कैम्प से तीन किलोमीटर दूर महुए के पेड़ के ऊपर बांधा गया था। दो और मचान थे। एक पीपल पर और दूसरा महुए पर। मचानों की आपसी दूरी लगभग तीन सौ मीटर थी।

## मचान पर परिहार और नरेश

महुए की मोटी डालों के साथ पहले बल्लियां बांधी गईं थीं। उनके ऊपर हथिनी के हौदे का खटोला बांधा था। इसके ऊपर परिहार और नरेश के बैठने की जगह थी। परिहार ने बन्दूक से और नरेश ने कैमरे से शेरनी को शूट करना था। अपने हथियारों से ठीक ढंग से काम लेने के लिए दोनों शिकारियों को खुली जगह की ज़रूरत थी। तीसरे शिकारी के लिए खटोले के साथ सटे हुए फट्टे बल्लियों के ऊपर बांध दिये थे।

महुए की हरी टहनियां काटकर मचान के चारों ओर बांध दी थीं जिससे कहीं से भी मचान पर बैठा हुआ आदमी पिछले आसमान के आगे दिखाई न दे।

मचान के नीचे झाड़ियां काटकर ज़मीन साफ़ कर दी गई थी। सामने एक झाड़ी के ठूंठ के साथ पड्डा बांध दिया था। दो दिन पहले जो पड्डा बांधा था, उसे शेरनी जंगल में घसीट ले गई थी। उसकी बची हुई लाश को निकाल कर पड्डे के नज़दीक दूसरी झाड़ी के ठूंठ के साथ बांध दिया।

सरदी बहुत थी। उससे बचने के लिए कम्बल ओढ़ लिये थे। नीचे गद्दे बिछा लिये थे। एक बार तो बारिश के आसार हो गये थे। बारिश हो जाती तो ठण्ड से बुरा हाल हो जाता। तेज़ ठण्डी हवा के बावजूद मच्छर परेशान कर रहे थे। खुले अंगों पर ओडोमास क्रीम का लेप कर लिया था।

## जंगली बिलाव लाश को खा रहा था

नौ-दस बजे के क़रीब लगा कि शेरनी आ गई है और लाश खा रही है। शिकारी हबड़ा-दबड़ी में कार्यवाही नहीं करना चाहते थे। वे चुपचाप स्थिति का जायज़ा लेते रहे। चमड़ा काटने और गोश्त नोचने की आवाज़ें सुनाई देतीं। बीच-बीच में कट...कट... की आवाज़ आती जो छोटी हड्डियों को काटने से उठती।

इनके साथ ही ऐसी आवाज़ सुनाई देती जिससे संकेत मिलता कि पड्डा छोटी-मोटी टहनियों को खींचकर चबा रहा है। शिकारियों के लिए यह अजीब बात थी कि शेरनी ने ज़िन्दा चारे को नहीं मारा और दो दिन बासी लाश को खा रही थी। उस पर पड्डा बेखटके चर रहा था, जैसे उसे शेरनी की परवाह ही न हो।

शिकारी घण्टे भर असमंजस में डूबे रहे। फिर लक्ष्य की तरफ़ भरी हुई बन्दूक करके स्पौट लाईट की रोशनी फेंकी। धत्तेरे की, वहां जंगली बिलाव लाश

को खाने में जुटा था। वह लाश को छोड़कर झाड़ी में चला गया। रोशनी बन्द करके शिकारी बैठे तो फिर लाश को खाने की वैसी ही आवाज़ें आने लगीं। रोशनी फेंकने पर बन-बिलाव चला गया। ऐसा कई बार हुआ।

चित्र 34 रोशनी फेंकने पर बन-बिलाव चला गया

शिकारियों ने सोचा कि अब शेरनी क्या आयेगी ? मचान पर बैठने के नियमों को ताक़ पर रखकर वे बातें करने लगे। बन-बिलाव इतना ढीठ था कि पूरा पेट भरकर ही लाश से उठा।

पौ फटने से पहले जंगली मुर्ग़ और लंगूरों के भीति-संकेत बार-बार सुनाई देने लगे। पता नहीं वे बन-बिलाव को देखकर बोल रहे थे जो तृप्त होकर पहाड़ की कन्दरा में सोने जा रहा था, या मचान पर बैठे शिकारियों को देखकर। भीति-संकेतों को सुनकर सब चुप हो गये। सोचते थे कि कहीं शेरनी तो नहीं आ रही ? पर वह आई नहीं, किसी दूसरे वन-खण्ड में निकल गई थी।

शाम को शिकारी जब मचान पर चढ़े थे तब सीढ़ी को उठवा दिया गया था। यह सोचकर कि शेरनी यदि इधर आ गई तो वह इस नई चीज़ को देखकर शंकित हो सकती है और तब चारे को बिना छुए लौट सकती है। सुबह लोगों ने फिर सीढ़ी लगाई तो शिकारी नीचे उतरे—परिहार, नरेश और राजाराम।

## गाय पर हमला

आसमान में घने बादल जमा हो गये थे। मौसम अधिक ख़राब हो गया था। छात्र जीवन में मैं संस्कृत की पुस्तकों में पढ़ा करता था : 'मेघाच्छनं तु दुर्दिनम्।' अर्थात् बादलों से घिरा हुआ दिन बुरा होता है। इस आधार पर हम अपने संस्कृत

पढ़ाने वाले गुरु जी से उस दिन अवकाश ले लेते थे। उस दिन पांच जनवरी 1984 को दुर्दिन होने से शिकारी मचान पर न बैठने की सोच रहे थे।

कंटीली बाढ़ के घेरे के अन्दर पड्डा बांधने और घेरे के प्रवेश पर पिंजरा रखने का सिलसिला ज़ारी था।

घेरे के अन्दर नया पड्डा बंधवाया गया। पुराने पड्डे की लाश को घेरे के बाहर चारों ओर घसिटवाया गया जिससे उसकी गन्ध मिट्टी में बस जाय और शेरनी यदि दौरे पर इधर आये तो उसे पड्डे की गन्ध आ जाय। तब उसे तलाश करते हुए वह पिंजरे में घुस सकती है।

शाम को कैम्प में ख़बर आई कि कोई पन्द्रह किलोमीटर दूर शेरनी ने एक गाय पर हमला किया है। ग्वालों ने उसे छुड़ा लिया है। उसी वक़्त शिकारी उस इलाक़े का मुआयना करने निकल पड़े जहां शेरनी ने ताज़ा कार्यवाही की थी। उस इलाक़े के एक आदिवासी को जीप में बिठा लिया। गांव के चरागाह में और सारे इलाक़े में गश्त लगाई। अन्धेरा हो गया था। इसलिए शेरनी के बारे में कोई उपयोगी जानकारी नहीं मिल सकी।

## फंसाने की चाल को शेरनी ताड़ गई

मझोली लौटते हुए रास्ते में जीप की हेड लाईट में बन-बिलाव का एक जोड़ा और एक ख़रगोश दिखाई दिये। सम्भवतः बन-बिलावों का यह जोड़ा बनाने का मौसम था और वे यहां खुली जगह में प्रणय लीला के लिए आ गये थे।

रास्ते में बारिश शुरू हो गई। कैम्प में स्विस कौटेज के अन्दर परिहार, नरेश और राजेश के पलंग थे। कौटेज के चारों ओर खाई खुदवा दी जिससे अन्दर पानी न घुसे। कल रात राजेश यहां अकेले सोये थे। वातावरण में फैली शेरनी की दहशत ने उन्हें सोने नहीं दिया था।

कौटेज के आगे कैम्प फ़ायर की गरमी के गिर्द कुर्सियां डाल कर वे देर रात तक बातें करते रहे। रात भर काफ़ी बारिश होती रही। शिकारियों के काम के लिए यह अच्छा हुआ। इससे जंगल की धरती पर शेरनी के पद-चिह्न अधिक साफ़ पड़ेंगे।

छह जनवरी 1984 की सुबह आठ बजे शेरनी के पद-चिह्नों की तलाश के लिए कैम्प से निकले। मंगलू पौ फटने से पहले ही जंगल चला गया था। मुख्य सड़क से जो रास्ता टांगिया में जाता है वहां वह टांगिया में घुस गया था। कुछ

लकड़ियां रखकर उसने निशानदेही क़र दी थी।

शेरनी के पद-चिह्न सड़क के किनारे मिलने शुरू हो गये थे। रात की बारिश बन्द होने के बाद शेरनी उस दिशा से लौटी थी जिधर उसने गाय पर हमला किया था। रात के जीप के निशानों के ऊपर शेरनी के पद-चिह्न पड़े थे।

टांगिया के अन्दर घुटने तक ऊंचे पौधों में पिंजरा रखा था और उसके आगे कंटीली झाड़ियों की बाढ़ के घेरे के अन्दर पड्डा बंधा था। पद-चिह्न बताते थे कि शेरनी घेरे के बाहर चक्कर लगाकर चली गई है। वह पिंजरे के खुले दरवाज़े तक भी गई थी। यह सब ताम-झाम उसे फंसाने का प्रपंच है, यह सोचकर अन्दर नहीं घुसी थी।

## मल में सेही के तकुए

पद-चिह्नों के साथ उसका ताज़ा मल पड़ा था जो उसने रात को विसर्जित किया था। इसमें अंगुली के एक-डेढ़ पोर लम्बे सेह के तकुए थे। यह मल मिकदार में इतना कम था कि अन्दाज़ होता था कि शेरनी को पर्याप्त भोजन नहीं मिल रहा।

पैर के निशान बताते थे कि यह वही बड़ी उम्र वाली शेरनी है जिसके पद-चिह्न शिकारियों ने गांव के जोहड़ के तट पर गीली भूमि में और जंगल में दूसरी जगह देखे थे। उसकी पैर की गद्दी में झुर्रियों के निशान गीली धरती पर दिखाई दे जाते थे। शिकारियों की बन्दूकें इसी शेरनी के ख़ून की प्यासी बनी हुई थीं।

चारे को छोड़कर शेरनी टांगिया से बाहर निकल गई। ढोरों को अन्दर घुसने से रोकने के लिए टांगिया के बाहर दो मीटर चौड़ी और सवा मीटर गहरी खाई खोदी हुई थी। इसका तल अस्सी सेण्टीमीटर चौड़ा था। इस खाई में शेरनी के पद-चिह्न नहीं मिले। वह उछल कर खाई के पार चली गई थी।

टांगिया के बाहर मचान था। उसके पास गुज़रती हुई वह घने पहाड़ी जंगल में चली गई। इलाक़े के दूसरे शेर-शेरनियों से अलग पहिचान करने में सहायता के लिए पद-चिह्नों के प्लास्टर कास्ट लिये। चिह्नों के ऊपर शीशे की प्लेट रखकर ट्रेसिंग की।

मचान को ठीक कराया। बारिश और सर्द हवाओं से बचने के लिए उसे तारपोलीन से ढकवा दिया। दोपहर के खाने के लिए कैम्प लौट आये। जो लोग रात मचान पर बैठते थे वे शाम का खाना नहीं खाया करते थे।

## अल्लाह कामयाबी दे और सलामत रखे

इलाके के नामीग्रामी शिकारी मुन्ने मियां कैम्प में आये। उम्र और पान-सुपारी ने एक-एक करके उनकी बत्तीसी छीन ली थी। उनके दोस्त बताते थे कि उन्होंने अपनी बन्दूक से दांतों की गिनती के बराबर शेरों को तो ज़रूर चित किया होगा।

नये ज़माने के शिकारी मुन्ने मियां के विलक्षण अनुभवों की क़द्र करते थे। उन्होंने कैम्प में शिकारियों की बन्दूकों का मुआयना किया। कुछ व्यावहारिक टिप दिये।

पीपल पर मचान नहीं बनाना चाहिए। ज़रा-सी हवा से पीपल के पत्ते आपस में टकराते हैं और ज़ोर की आवाज़ करते हैं। उस आवाज़ में जंगल के जानवरों की और दूसरी हलकी आवाज़ें सुनाई नहीं देतीं। अधिक ऊंचाई पर मचान नहीं बनाना चाहिए। ऊंचे मचान से निशाना साधने में दिक्क़त होती है। मुन्ने के मापदण्ड से परिहार का मचान ठीक था। मचान पर लकड़ी का एक फट्टा आदमी के हिलने के साथ ज़रा आवाज़ करता था, उसके नीचे पैकिंग लगवा दी गई।

मुन्ने का अनुभव था कि मचान पर बन्दूक की स्लिंग उतार कर रखनी चाहिए, नहीं तो व्यर्थ ही कहीं अटककर रुकावट पैदा कर सकती है। बन्दूक की नली पर लगे तीन रेंज फ़ाइण्डरों में से अगले दो को टेप से ढक देना चाहिए जिससे निशाना अधिक विश्वस्त हो सके। मुन्ने का एक सुझाव यह भी था कि मचान पर केवल एक शिकारी बैठे तो कामयाबी के अधिक आसार होंगे।

नरेश ने सोचा कि बड़े मियां ने मेरा पत्ता ही साफ़ कर दिया। नरेश की वकालत करते हुए परिहार ने मुन्ने को समझाया : 'ये साहिब तो शिकारियों से ज़्यादा सधे हुए हैं। मचान पर समाधि लगा लेते हैं।'

कैम्प से रुख़सत लेने से पहले बुज़ुर्गवार ने अपनी हिनई दाढ़ी हिलाते हुए आशीर्वाद दिया : 'अच्छा, अल्लाह आपको कामयाबी दे और सलामत रखे।'

शाम चार बजे परिहार, नरेश और राजाराम मचान पर बैठ गये। वे सोच रहे थे कि शेरनी भूखी है, इसलिए चारे पर जल्दी आ जायगी। आठ बजे तक सन्नाटा रहा। सड़क के पार से झांक का भीति संकेत सुनाई दिया। इधर राजाराम को खांसी छिड़ गई। शेरनी चारे पर नहीं आई। शिकारियों ने सोचा कि शायद किसी दूसरी दिशा में निकल गई होगी। अब इन्तज़ार करना बेकार है।

सरदी बेहद बढ़ गई थी। बन्दूक की नाली लगता था मानो इस्पाती बरफ़ से ढालकर बनाई गई हो। उसे उठाने से हाथ सुन्न हो जाते थे।

एक बजे गश्ती जीप सड़क पर आ गई। उसे स्पौट लाईट के इशारे से मचान

**चित्र** 35 सड़क के पार से झांक का भीति-संकेत सुनाई दिया

के नीचे तक बुला लिया। जीप वालों ने सीढ़ी लगाई और शिकारी उतर कर कैम्प में चले गये। चारा वहीं बंधा रहा।

## किल हो गया है, साहिब !

चाय और गपशप में तीन-साढ़े-तीन बज गये। मुश्किल से चार घण्टे सो पाये होंगे कि मंगलू ने आवाज़ दी : 'किल हो गया, साहिब।' सात जनवरी का दिन उत्तेजना और चहल-पहल से शुरू हुआ।

कैम्प में खलबली मच गई। हथिनियों की बेड़ियां खोल कर महावत उन्हें नंगी पीठ ही किल की ओर हांक ले गये। शेर द्वारा मार दिये गये पशु को शिकारी किल कहते हैं। यह अंग्रेज़ी का kill शब्द है जो हिन्दी में अपना लिया गया है। सौराष्ट्र में किल के लिए उपयुक्त शब्द मारण है।

शिकारी पार्टी रजाइयों की गरमी को छोड़कर जीप पर निकल पड़ी। सड़क और टांगिया के प्रवेश द्वार पर दोनों हथिनियां खड़ी थीं। महावीर ने वताया : 'साहिब, शेरनी पड्डे को खा रही है। वन-देवी की गरदन पर बैठे महावीर को पूरी शेरनी साफ़ दिखाई दे रही थी। जीप को वापिस भेजकर कैम्प से हौदा और रस्सी मंगाई गई। वन-देवी को पीठ पर कसकर उसे सवारी के लायक़ बना लिया। वन-देवी को तैयार करने में आधा घण्टा लग गया होगा। दूर बैठी शेरनी इतमीनान से पड्डा खाती रही। वह भूखी थी और उसे अपने मासूम बच्चों का पेट भरना था। नन्हें बच्चे पूरी तरह अपनी मां पर निर्भर करते थे। अपनी हत्या के भयानक मनसूबों को अमल में लाने वाले हत्यारों की मुस्तैदी को वह ग़ौर करती रही।

वन-देवी पर परिहार और नरेश बैठ गये। महावीर ने उसे टांगिया के अन्दर से ले जा कर शेरनी के पीछे ला खड़ा किया। भूखी शेरनी ने लाश को नहीं छोड़ा।

परिहार निशाना साधने लगे। महावीर ने उन्हें रोका और पैर के अंगूठे के इशारे से वन-देवी को और आगे ले जाने लगा। कान्हा नेशनल पार्क में महावीर मुझे वन-देवी पर शेर दिखाने ले जाता रहा है। झाड़ी में बैठे शेर से पन्द्रह-वीस क़दम के फ़ासले पर उसे खड़ा कर देता था। महावीर का अपनी हथिनी पर पूर्ण नियन्त्रण था और भरोसा था। मझोली के शेरों की हाथियों से अभी जान-पहिचान नहीं हुई थी, इसलिए वन-देवी को अधिक नज़दीक आते देखकर शेरनी लाश पर से उठी और दाहिनी तरफ़ जाने लगी। दस क़दम जाकर वह एक झाड़ी में वैठ गई। गरदन निकाल कर बाहर झांक रही थी। हालात का जायज़ा ले रही थी। सोचती थी कि 'ये लोग चले जांय तो फिर गोश्त खाने लगूं'।

## गोली पथरीली धरती पर जा टकराई

परिहार ने निशाना साधा और गोली दाग़ दी। विधाता ने शेरनी को अपने बच्चों से मिलाना था। शेरनी की ठोडी के नीचे वाले खांचे में से निकल कर पथरीली धरती पर गोली टकराई। झाड़ियों में दुबकती हुई शेरनी अपने बच्चों को दूध पिलाने चली गई।

सवारी की हथिनियों की ज़िंदगी कान्हा नेशनल पार्क में गुज़री थी। वहां उन्होंने घाटियों को गुंजाने वाली बन्दूक की आवाज़ कभी नहीं सुनी थी। कानों को फाड़ देने वाला धमाका तो जैसे वन-देवी की कर्ण-गुहा के अन्दर ही किया गया था। तीखी चीख़ के साथ वह भाग पड़ी। दो मीटर चौड़ी पशु रोधक खाई को झट पार कर गई। सामान्य हालात में इसे पार कराने के लिए उसके साथ

महावीर को कितनी ही जद्दोजेहद करनी पड़ती। परिहार और नरेश हौदे के पायों को कस कर पकड़कर बैठे रहे।

दूसरी हथिनी सीता की पीठ पर जल्दी में हौदा नहीं कसा जा सका था। उसके ऊपर तीन आदमी सवार थे —राजाराम, हसन और जंगलात का एक ओफ़िसर। बिदक कर भागती हुई सीता की नंगी पीठ पर इनके जैसे अनुभवी व्यक्ति ही सम्हले रह सकते थे। काले महावत ने अंकुश की मार से उसे क़ाबू में रखा।

## राहगीरों में हड़कम्प मच गया

टांगिया के प्रवेश द्वार के सामने सड़क पर जीप खड़ी रही। राजेश यहीं पर थे। उन्होंने देखा कि गोली के धमाके से राहगीरों में हड़कम्प मच गया। वे सोच रहे थे कि गोली खाई हुई शेरनी कहीं उनके ऊपर ही न झपट पड़े। एक बूढ़े के साथ एक लड़की जा रही थी। वह झट एक पेड़ पर चढ़ गई। बूढ़ा चीख़ने-पुकारने लगा।

शेरनी के भय से जनता को मुक्त करने की सबसे अधिक ज़िम्मेदारी परिहार की थी। जन-प्रतिनिधि उन्हें आम लोगों की परेशानियां बताने आते थे। पेशेवर शिकारी शेरनी को मारने के लिए अपने आज़माये हुए दाव-पेच और तकनीक अपनाने पर ज़ोर देते थे। झाड़ी में से झांकती हुई शेरनी पर गोली चलाते समय वे ज़रा दुविधा में पड़ गये थे। शेरनी की स्थिति भले ही सुरक्षित थी। पर, उस समय वे गोली न चलाते तो आम लोगों को कहने का मौक़ा मिलता कि शेरनी को दिन-दहाड़े खुले मैदान में अपने नज़दीक देखकर भी साहिब ने गोली नहीं चलाई।

गोली के धमाके की गूंज के साथ जंगल में बिलकुल सन्नाटा छा गया। कोई पंछी भी आसमान में नहीं उड़ रहा था।

उसी समय परिहार, नरेश और राजाराम मचान पर बैठ गये। दोनों हथिनियों और जीप को लौटा दिया। कुछ देर बाद एक तगड़ा बन-बिलाव वहां आ गया। वह उसी इलाके में रहता था और शायद वही बिलाव था जो चार जनवरी की रात को यहां दावत उड़ाता रहा था।

बन-बिलाव ने रात भर शेरनी को पड्डा खाते देखा था। तब वह झाड़ियों में दुबका रहा था। अब झिझकता हुआ लाश पर पहुंचा था। सोच रहा था कि शेरनी ने वन-खण्ड छोड़ा नहीं है। अपना भोजन खाते देख कर वह उस पर लपक सकती

है। वह बार-बार सशंक इधर-उधर देखता, चौकन्ना होकर सीधा बैठ जाता, गोश्त खाने की हिम्मत उसमें नहीं थी। लगभग आधा घण्टा वह लाश पर रहा, पर शायद ही कुछ लुकमे खा पाया हो।

## अर्धनग्न लकड़हारे जलावन काट रहे थे

शिकारियों को मनुष्य की गतिविधियों की आवाज़ें सुनाई देती रहीं। सबसे ऊंची गूंजने वाली आवाज़ कुल्हाड़ियों की टक्...टक्... थी। अर्द्ध-नग्न लकड़हारे जलावन बटोर रहे थे।

मचान के ऊपर खोसी हुई टहनियों पर एक कौआ आ गया। कांव्... कांव्... बोलता रहा; लाश पर नहीं उतरा।

दस बजे से एक बजे तक शिकारी मचान पर बैठे रहे। लाश पर शेरनी नहीं आई। कैम्प में चाय पीकर शाम सवा चार बजे फिर मचान पर बैठ गये। नरेश के साथ परिहार ने बैठने की जगह बदल ली। परिहार को वहां से अच्छा निशाना मिलता था। नरेश को एक्लेअर कैमरा ठीक जगह पर फ़िक्स करने में काफ़ी समय लग गया। मचान पर स्टैण्ड लगाने की जगह नहीं थी। उम्मीद यही थी कि चारे पर रात को शेरनी आयेगी। अन्धेरे में लक्ष्य का अनुमान करके हाथ में मूवी कैमरा उठाकर चलाना सम्भव नहीं था। उन्होंने कैमरे के लेन्स को लाश पर फ़ोकस किया। कैमरे को नीचे की तरफ़ तीस अंश के कोण पर रखा। कैमरे के नीचे दो बूटों का पैकिंग देकर उसे ऊंचा किया। लेन्स को हौदे के सरिये से बांधा और जगह-जगह टेप से फ़िक्स कर दिया। आधे घण्टे की कशमकश के बाद नरेश को अपने साधनों से सन्तोष था; अब वे तैयार थे।

लाश खाता हुआ बन-बिलाव लोगों को देखकर हट गया था। मचान पर शिकारियों के बैठ जाने के बाद लौट आया। नरेश का कैमरा क्योंकि तब तक सेट नहीं हुआ था, इसलिए उसका शौट नहीं ले पाये।

## सचमुच शेरनी आ रही थी

नरेश ने कहा : 'जंगली मुर्ग़ वार्निंग कौल दे रहा है।'

मचान के ऊपर एक कौआ आ गया। बार-बार बोलता रहा। फिर नीचे उतरा और गोश्त के बिखरे हुए कचरे को खाने लगा। वह दबादब पेट भर लेना चाहता था। पीछे सतभय्यों की चहक सुनाई दी। यहां आदिवासियों का विश्वास

है कि सतभय्यों का शोर शेर, गुलदार और बन-बिलाव के आने का इशारा होता है। राजाराम ने मचान के पीछे देखा। सचमुच शेरनी आ रही थी। दाईं तरफ़

चित्र 36 जंगली मुर्ग़ा वार्निंग कौल दे रहा था

होती हुई वह मचान के नीचे पहुंच गई। मचान के दाईं तरफ़ नरेश, बीच में राजाराम और बाईं तरफ़ परिहार बैठे थे।

चित्र 37 मचान के ऊपर एक कौआ आ गया

एक बार सब दम साध गये। परीक्षा की यह महान् घड़ी थी। मुख सूखने लगा। चाहे नरेश हो या परिहार —दोनों के लिए यह अत्यन्त महत्त्वपूर्ण समय था। नरेश चूक जाय तो कौन जाने उन्हें ज़िन्दगी में फिर कभी यह दृश्य फ़िल्माने का मौक़ा मिले भी या नहीं। परिहार चूक जाय तो यह विफलता उनके लिए दुखदायी होती।

मचान के नीचे शेरनी क्षण भर रुकी होगी। नरेश उसे ठीक तरह देख पा रहे थे। नीचे से वह पड्डे की लाश की तरफ़ सीधी रेखा में बढ़ी। रास्ते में उसने एक जगह थूंथनी को ज़मीन के पास ले जाकर कुछ सूंघा। तब राजाराम ने परिहार को बन्दूक दाग़ने का इशारा किया। परिहार ने ज़रा रुकने का इशारा किया। शेरनी लम्बाई के रुख़ थी। एक तो हिट करने का क्षेत्रफल कम था। दूसरे, पिछाड़े की ओर से गोली दाग़ने की बजाय बाज़ू से या सामने से दाग़ना अधिक कारगर होता। अगले ही क्षण शेरनी लाश पर पहुंच गई। छः मीटर ऊंचे मचान से वह पन्द्रह मीटर दूर थी।

## दिल दहलाने वाली गूंज के साथ मौत का सन्नाटा

शेरनी बीच में जब रुकी थी तभी नरेश ने झुककर कैमरे के आई पीस पर आंख लगा ली थी। एकलव्य के समान उसे कैमरे में पड्डे की केवल लाश दीख रही थी। व्यू फ़ाइण्डर में शेरनी लाश पर पहुंचते दिखाई दी तो उन्होंने कैमरा चालू कर दिया।

इधर परिहार ने बन्दूक से निशाना साधा। हौदे की दो खूंटों पर परिहार ने पहले एक लाठी बंधवाई थी जिससे उसके ऊपर बन्दूक की नाली टिकाकर निशाना लिया जा सके। ख़याल था कि लाठी पर बन्दूक स्थिर रहेगी और निशाना चूकने

चित्र 38 जंगल से आहट लेती शेरनी

के कम अवसर होंगे। आज लाठी खोल दी गई थी। हाथों में बन्दूक उठाये परिहार निशाना साध रहे थे।

शेरनी चारों टांगों पर सीधी खड़ी थी। उसने पहले लाश को सूंघा। जंगल से कोई आहट सुनकर गरदन को दायें-बायें घुमाकर देखने लगी। इसी समय गोली की धांय गूंज उठी। शेरनी की दाईं बक्खी में गोली लगी। दिल दहलाने वाली गूंज के साथ मौत का सन्नाटा छा गया।

शेरनी न उछली, न गरजी, न कराही, एकदम सुन्न हो गई। एक करवट गिरने के लिए उसका एक बाज़ू ज़रा उठ रहा था कि दूसरी गोली उसके बायें

चित्र 39 मानव हत्यारी ढेर हो गयी

कन्धे और रीढ़ के बीच में घुस गई। वह जहां खड़ी थी वहीं गिर गई। तब राजाराम ने कवर शौट मारा। इसके लगते ही रिफ़्लेक्स एक्शन से उसकी टांग हिली। इस पर परिहार ने कहा : 'अभी ज़िन्दा है।' एक गोली और दाग़ दी।

गोलियां दाग़ने की आवाज़ सुनकर कैम्प से जीप लेकर लोग दौड़े आये। अन्धेरा हो गया था। स्पौट लाईट के इशारे से उन्हें मचान के नीचे बुला लिया। लाश को बोनट पर लादा तो ख़ून के परनाले छूट रहे थे।

## थनों में दूध था

कैम्प में लाकर पेट्रोमैक्स के प्रकाश में शेरनी के शरीर की परीक्षा की गई। कुछ लोगों का ख़याल हुआ कि इसके पेट में बच्चे तो नहीं ? उसके थनों को

दबाकर देखा तो दूध की कुछ बूंदें निकलीं। ज़ाहिर था कि वह बच्चे वाली थी और उसका फूला हुआ पेट बताता था कि उसने डटकर पड्डे का गोश्त खाया था।

शेरनी का दूध अत्यन्त दुर्लभ चीज़ है। लोगों ने पयोधर को और स्तनों को दबा-दबा कर आख़िरी बूंद तक दुह लिया। आधा घण्टे की मेहनत में आधा प्याला दूध निकला होगा। शेरनी के दूध को आटे में गूंथ कर रत्ती के बराबर गोलियां बट लेते हैं। इन्हें भली-भांति सुखाकर निर्वात शीशी में रख लेते हैं। बच्चे वाली जिस औरत के थनों में दूध न उतरता हो उसे एक गोली खिला देते हैं।

उस दिन तक किसी ने शेरनी के बच्चे नहीं देखे थे। वनेचरों का मन्तव्य था कि शेरनी के बच्चे आठ-नौ महीने तक मां का दूध पीते रहते हैं। इस शेरनी का कम मात्रा में दूध निकला था। उससे अन्दाज़ होता था कि बच्चे बड़े हो गए हैं और अच्छी तरह गोश्त खाने लगे हैं। मां के थनों को कम ही चूंघते हैं। बच्चों ने मां के साथ शिकार यात्राओं पर जाना शुरू नहीं किया था। जोहड़ के तट पर, जंगल में और मारण के पास शेरनी के पद-चिह्नों के साथ उनके पद-चिह्न नहीं मिले थे।

हलकी बारिश हो रही थी। बोनट पर रखी लाश को तिरपाल से ढक दिया। बन्दूक वाले दो गार्डों को निगरानी के लिए तैनात कर दिया। शेरनी की गन्ध से कैम्प का वातावरण सम्पृक्त हो रहा था।

## देवालय के लाउड स्पीकर से समाचार का प्रसारण

मझोली में विष्णु भगवान् के मन्दिर से शाम की पूजा की घण्टियां बज रही थीं। काले पत्थर से तराशी हुई ढाई मीटर ऊंची सूअर की एक शानदार मूर्ति मन्दिर में प्रतिष्ठित है। भगवान् के अवतारों की प्रतिमाओं पर लोग फूल चढ़ा रहे थे। पब्लिक एनाउंस सिस्टम पर शेरनी को मार देने की ख़बर सुनकर मन्दिर से ही लोग कैम्प की तरफ़ जाने लगे। मझोली के थानेदार बैनर्जी अपनी गारद के दो सिपाहियों के साथ कैम्प में आने वाले सबसे पहले लोगों में थे।

परिहार की योजना थी कि शेरनी को ढककर जबलपुर ले जांय। बैनर्जी खुला ले जाने के पक्ष में थे जिससे आम लोग उसे देख सकें। उनकी दलील थी कि औसत आदमी ने शेर देखा तक नहीं। उन्हें शेरनी को नज़दीक से ग़ौर करने का मौक़ा मिलेगा। उनका हमारे देश के इस राष्ट्रीय पशु के प्रति सामान्य ज्ञान बढ़ेगा। इस शेरनी की तो हर नर, नारी और बच्चे में चर्चा है। उसे मरा देखकर सभी को सन्तोष होगा। उनमें सुरक्षा की भावना पैदा होगी।

आदमख़ोरनी के प्रदर्शन से परिहार क्यों गुरेज़ कर रहे थे, उसका कारण था। जबलपुर की एक बस्ती रतनगढ़ में 1953 में एक गुलदार आ गया था। जंगल वहां से दूर था। यह हिंसक जानवर शहर में कैसे आया और क्यों आया ? वह कहना कठिन है। पड़ोसिन के पास बैठी एक लड़की ने उसे अपने मकान के अन्दर घुसते देखा। उसकी मां मकान के ऊपरले तल में गई हुई थी। लड़की ने बाहर से दरवाज़े की कुण्डी बन्द कर दी। उत्तर में दूसरा दरवाज़ा था, उसकी कुण्डी भी लगा दी। उसने खिड़की की सलाखों में झांका तो गुलदार कोने की चारपाई के नीचे दुबका हुआ था।

उन दिनों जंगल से लौरियों में सोख़्ते का ढुलान हो रहा था। ठेकेदार के लोग शाम को लौरियों को लादकर तैयार कर देते थे। ब्राह्ममुहूर्त्त में जंगल से लौरियां रवाना हो जाती थीं। धूप में गरमी आने से पहले शहर में पहुंच जाती थीं।

लदी हुई लौरियां रात को जंगल में खड़ी थीं और कामगार झोंपड़ियों में सो रहे थे। इस गुलदार को उस इलाके के बड़े गुलदार ने खदेड़ दिया था। वह लौरी के

चित्र 40 गुलदार

सोख़्ते में एक खोखले तने के अन्दर छिप गया था। शहर पहुंचते-पहुंचते सूरज उग आया। चहल-पहल और शोर सुनकर धीमी गति से सरकती हुई लौरी से गुलदार कूद गया। वहां एक कोल्ड स्टोर के बगीचे का बड़ा कम्पाउण्ड था। सैंकड़ों झाड़ियों

और पेड़ों वाले इस मिनि जंगल में वह कुन्द के झुरमुट के नीचे बैठ गया। सवेरे काम पर आने वाले लोगों को देखकर वह नज़दीक के इस मकान में शरण लेने चला गया।

वन-विभाग के औफ़िसरों ने गुलदार को बेहोश करके पकड़ने का कार्यक्रम बनाया। बेहोश करने की बन्दूक और कारतूस मण्डला के औफ़िस में थे। वहां के अधिकारियों को तुरन्त ज़बलपुर आकर कार्यवाही करने का सन्देश भेजा।

मकान में बन्द गुलदार की ख़बर शहर में तेज़ी से फैल गई। गली-मुहल्लों से निकलकर बुरके वाली औरतें भी दर्शकों की भीड़ में शामिल हो गई थीं। भीड़ इतनी बढ़ गई कि मुख्य सड़क पर ट्रैफ़िक जाम हो गया। लाठीधारी पुलिस भी उसे नियन्त्रित नहीं कर सकी। क़ानून और व्यवस्था बनाये रखने के उद्देश्य से गुलदार को शूट कर देना पड़ा।

## जुलूस में हज़ारों आदमी

परिहार का ख़याल था कि जीप पर शेरनी को खुला प्रदर्शित करेंगे तो भीड़ को नियन्त्रित करना मुश्किल हो जाएगा। बैनर्जी ने क़ानून और व्यवस्था बनाये रखने की ज़िम्मेदारी अपने ऊपर ले ली।

चित्र 41 जुलूस में हज़ारों आदमी

देवालय के लाऊड स्पीकर से शेरनी को मारने का शुभ समाचार प्रसारित किया जाने लगा। जनता को बताया गया कि सुबह दस बजे मझोली थाने के बाहर

आम जनता को शेरनी के दर्शन कराये जाएंगे। सुबह भी यह घोषणा बार-बार दोहराई गई जिससे लोग खामखाह फ़ौरेस्ट कैम्प की तरफ़ न भागें।

शेरनी को देखने के लिए लोग अधीर थे। घने काले बादलों की मोटी तह के पार प्रभाती सूर्य की किरणें रास्ता नहीं बना पाई थीं। ख़राब मौसम के बावजूद भी लोग कैम्प की तरफ़ भाग रहे थे। मझोली से कैम्प तक सड़क खचाखच भर गई थी। जीप के बोनट पर शेरनी को रखकर साढ़े ग्यारह बजे कैम्प से रवाना हुए। पीछे हज़ारों आदमी जुलूस में शामिल हो गए थे। यात्री-बसों को भीड़ में से निकलने का रास्ता नहीं मिलता था। शेरनी को देखने के लिए बस में ये यात्री उतर जाते थे। वे कहते थे 'इसमें साक्षात् दुर्गा का वास था। ज़िन्दा के दर्शन करना हमारे नसीब में कहां, मरे हुए के दर्शन ही सही!'

जुलूस की अगवानी बैनर्जी ख़ुद कर रहे थे। मझोली के जीवन में यह अतिशय महत्त्व का जुलूस था। शेरनी वाली जीप के आगे मोटर साइकिल पर सवार बैनर्जी भीड़ से सड़क खाली करने का अनुरोध कर रहे थे।

## गलमूंछों और नाख़ूनों की निगरानी

शेरनी को देखने के लिए थाने के कम्पाउण्ड में मझोली की आधी आबादी तो जमा हो गई थी। थाने की इमारत के पास एक दोमंज़िली इमारत के ऊपर इतनी भीड़ थी कि इमारत का छज्जा बैठ जाने का अन्देशा हो गया था। ऊपर जाकर बैनर्जी ने लोगों को नीचे उतारा। व्यवस्था बनाए रखने में बैनर्जी एक चुस्त और सूझबूझ वाले औफ़िसर साबित हुए।

शेरनी से लोगों को दूर रखने के लिए पुलिस को लाठियों से पीछे धकेलना पड़ता था। दो फ़ौरेस्ट गार्डों को केवल इस काम के लिए तैनात किया हुआ था कि वे उन उचक्कों पर निगाह रखें जो शेर की गलमूंछ का बाल या नाख़ून उड़ाने की फ़िराक में थे। गलमूंछ का बाल ज़हरीला होता है। तांत्रिकों के लिए यह बड़े काम की चीज़ है। दुश्मन से बदला लेने के लिए और जादू-टोने के लिए इसका उपयोग किया जाता है। कैंची से बाल के बारीक क़तरे काट लेते हैं। कहा जाता है कि पान में या खाने में यह क़तरा खिला देने से कार्य सिद्ध हो जाता है। शेरनी की गलमूंछें या नाख़ून चोरी हो जाते तो ट्रौफ़ी ख़राब हो जाती।

पुलिस वाले, जंगल विभाग के कर्मचारी और सभी लोग शेरनी के साथ अपने फ़ोटो खिंचवाने को आतुर थे।

## फूल चढ़ाये और माथा रगड़ा

बैगा और कोल आदिवासियों की औरतें शेर को जेठ के समान मानती हैं। राजगोंड की औरतें उसे ममिया ससुर समझती हैं। उन्हें आभास हो जाए कि झाड़-खण्ड में शेर है तो वे मर्यादा का पालन करने के लिए घूंघट निकाल लेती हैं। वे नंगे सिर जंगल नहीं जातीं। सिर पर कपड़ा हो तो ज़रूरत पड़ने पर वे घूंघट निकाल सकती हैं। किसी कारण घूंघट न कर सकें तो मुंह फेर कर शेर से प्रार्थना कर लेती हैं कि 'आप दूर चले जाओ महाराज!'

आदिवासी औरतों की भावनाओं का फ़ौरेस्ट गार्ड आदर करते थे। भीड़ को चीरकर वे किसी तरह शेरनी के पास पहुंचना चाहती थीं। वे उसके माथे को

चित्र 42 शेरनी के सिर के पास पूनम, बड़ा भाई, चाचा, पिता (सिर पर कपड़ा लपेटे हुए) और माता जिनकी गोदी में पूनम का छोटा भाई है

अंगुलियों से स्पर्श कर आशीर्वाद लेती थीं और फिर उन अंगुलियों को अपने सिर, माथे और पलकों पर फेर कर धन्य होती थीं। उन्हें शेरनी का सिर छूने का मौक़ा न मिलता तो उसकी देह, टांग या किसी भी अंग को स्पर्श कर धन्य हो जातीं। एक बूढ़ी औरत फूल लेकर आई। उसने फूल चढ़ाकर अपना माथा शेरनी की देह पर रगड़ कर आशीर्वाद मांगा। हत्यारे को लोग नफ़रत की निगाह से देखते हैं। हैरानी थी कि इस शेरनी के आगे नतमस्तक हो रहे थे। रेंज औफ़िसर और

पुलिस सुपरिण्टेडेण्ट से दो बैगा आदिवासियों ने हाथ जोड़कर प्रार्थना की : 'साहब, इसको तो मार दिया, किसी और शेर को मत मारना। हमारा देवता है यह ! इसके कोप से भारी अनिष्ट हो जाएगा।'

सिहोरा से बहोरी बांध होकर कुड़न बांध जांय तो रास्ते में सुहार नदी के किनारे कुआ गांव पड़ता है। यहां वन-विभाग की पौधशाला है। सिहोरा से पन्द्रह किलोमीटर दूर कृषि पौधशाला है।

किटाह नाले के दोनों ओर आरक्षित वनों में पहाड़ियां उभरी हुई हैं। इनमें एक गुफा है और चुल है। चट्टानों के बीच में जो बड़ा प्राकृतिक जल-कुण्ड होता है उसे चुल कहते हैं। इसमें जंगल के जानवर पानी पीते हैं। शेर इसमें लोट लगाता है। गुफा और चुल वाली पहाड़ी को किटाही भटिया पहाड़ी कहते हैं। यहां एक बहुत बड़ा कद्दावर शेर रहता है। चलते समय उसका पेट ज़मीन से एक बिलांद ऊपर रहता होगा। इधर के गोंड, कोल और भूमिया आदिवासी इसे नरसिंह का अवतार मानते हैं। इस भले शेर से लोग बरसों से परिचित हैं। यह सड़क पर बैठा हुआ मिल जाता है। इसे देखकर ड्राइवर दूर से बस रोक देते हैं। बस में बैठे-बैठे यात्री इसके दर्शन कर लेते हैं। कई बार इसके बैठे रहने से दस-पन्द्रह मिनट सड़क रुकी रहती है।

कुआ गांव से दो किलोमीटर दूर भकवारा गोठ है। बहोरी बांध से निकली नहर यहां से गुज़रती है। शिकार के दौरे पर इधर आया हुआ नरसिंह इसकी पुलिया के पास एक पेड़ के नीचे सुस्ताता हुआ दिखाई दे जाता है।

1983 में पौधशाला के चारों ओर खाई खोदने का कार्य चल रहा था। चार सौ मज़दूर काम पर लगे थे। कुआ से चार किलोमीटर भरता गांव का जवाहर नामक एक कोल भी दिहाड़ी मज़दूरों में था। काम करते-करते उसके ऊपर देवी उतर आई। उसका शरीर पहले तो कांपने लगा, फिर वह झटकों में उछलने और कूदने लगा। वह चिल्लाने और चीख़ने लगा। काम छोड़कर मज़दूर उसके चारों ओर जमा हो गये। उन्होंने कहा कि देवी इसे खिला रही है।

जवाहर ज़ोर से चिल्लाया : 'मुझे रास्ता दो।'

टण्डेल ने पूछा : 'कौन हो तुम।'

शेर के समान गरजता हुआ जवाहर बोला : 'मैं नरसिंह बोल रहा हूं, इस जंगल का देवता। मुझे बहुत सताया जा रहा है। दिन में ग्यारह और दो बजे के बीच मुझे परेशान न किया जाए। इस समय मुझे पानी पीना होता है और आराम करना होता है'।

बहौरी बांध के रेंज ऑफ़िसर टी.पी. दुबे तक यह ख़बर पहुंची। उन्होंने देवता का आदेश पालन करते हुए ग्यारह से दो बजे तक मज़दूरों का अवकाश करा दिया। उस समय उन्हें नाले से दूर रहने की हिदायत दे दी। लगभग दो महीने तक वहां मज़दूरों का काम चलता रहा। इस अवधि में नरसिंह की इच्छा का परिपालन किया जाता रहा।

## भेंट-पूजा और बकरे की बली

इन जंगलों के आदिवासी बैगा, कोल, गोंड और राजगोंड छोटी-मोटी नौकरियां करने लगे हैं। मुन्ना नामक एक राजगोंड कैम्प में पानी भरने का काम करता था। तीन बहिनों का वह अकेला भाई था। उसके पास खेती की सवा एकड़ ज़मीन थी। एक रात उसने राजेश से कहा था: 'साहिब, आप तो बहुत दूर से इन जंगलों में आए हैं। दानव देवता की पूजा करनी होगी। तभी काम बनेगा। हमने पहले भी जंगल के अफ़सरों को बता दिया था। दानव देवता जंगल के जानवरों की रक्षा करते हैं। हसन साहिब और परिहार साहिब ने कई बार गोलियां दाग़ीं। हर बार दानव देवता ने बाबा (शेरनी) को बचा लिया। भेंट-पूजा से देवता को प्रसन्न करना होगा। तभी उसे गोली लगेगी। दस-पचास रुपये का ख़र्च ही तो है पूजा कराने में!'

राजगोंड आदिवासियों का देवता फ़ौरेस्ट कैम्प से दो किलोमीटर दूर दानव पहाड़ में पीपल के एक झाड़ के नीचे निवास करता था।

बैगा आदिवासी बागेश्वर देवता की पूजा करते हैं। इन्द्राना गांव से पहले बायें हाथ बागेश्वर देवता की प्रतिमा है। मनोकामना पूरी करने के लिए बैगा लोग अपने घरों में जब पूजा करते हैं तब आटा गूंथ कर शेर की प्रतिमा बना लेते हैं।

परम्परागत विश्वास के अनुसार मंगलू बैगा सोचता था कि शेरनी आख़िर है तो हमारी देवी। उसकी भेंट-पूजा करने से अमंगल दूर होंगे और निर्विघ्न काम हो जाएगा। उसने कैम्प में अपनी मान्यता से ऑफ़िसरों को अवगत करा दिया 'आप लोगों को पूजा करानी ही चाहिए; ऐसे शेरनी का बालबांका भी नहीं होगा'।

मुन्ना राजगोंड को पूजा का काम सौंपा गया। अपने घर पर ही उसने पूजा के पेचीदा कर्मकाण्ड को आयोजित किया।

सबसे पहले घी के दिये की जोत जलाई। धूप और अगरबत्ती को सुलगाया। बड़े देव—दानव बाबा—को सिमरण किया। इससे अस्सी कोस के घेरे में भूत, पिशाच भाग जाते हैं।

देवता को भेंट करने के लिए पीतल के थाल में दो नारियल, गुड़, घी और गेहूं के दाने रखे। देवता को बुलाने का मंत्र पढ़कर मुन्ना ने गेहूं के कुछ दाने पूजास्थली पर बिखेर दिये। बार–बार दाने फेंककर उसने सब देवताओं को बुला लिया। दानव बाबा (शेर) और दुर्गा (शेरनी) आ गई। फिर बिखरे हुए गेहूं के दानों को समेट कर देवी-देवताओं के समक्ष होम किया। धूप जलायी। इष्ट पूर्ति के लिये किये गये होम में गेहूं, घी, और गुड़ की आहुति दी। नारियल फोड़ कर उपस्थित लोगों को प्रसाद दिया। दानव बाबा को वचन दिया कि काम पूरा हो जाने पर बकरे की बलि दूंगा।

आदिवासियों की इस प्रकार की धारणाओं को आजकल का पढ़ा-लिखा आदमी अन्धविश्वास कहेगा। जंगल के औफ़िसर अन्धविश्वासों के माहौल में अजीब मनःस्थिति में कार्य कर रहे थे।

इस शेरनी के शिकार में संयोगवश घटना-चक्र ऐसा हुआ मानो मुन्ना राजगोंड की पूजा के फलस्वरूप शिकारियों को सफलता मिली थी। सात जनवरी की सुबह जब वह पूजा की तैयारी कर रहा था, शिकारियों को मारण पर शेरनी दिखाई दे गई। दोपहर को जब कैम्प में लौटे तो पूजा पूरी हो गई थी। उसी शाम शेरनी मारी गई। मुन्ना को अपनी पूजा के फल पर पूरा भरोसा था। इसीलिए शेरनी की लाश को देखकर उसके चेहरे पर कोई प्रतिक्रिया नहीं दिखाई दी। उसने इतना ही कहा कि मैं जानता था कि अब इसका काल आ गया है। मुन्ना को बलि का बकरा भेंट करने का औचित्य सिद्ध करने की अब गुंजाइश नहीं थी।

## शेरनी बिलकुल स्वस्थ थी

डेढ़ बजे शेरनी को जंगल के कैम्प में वापिस ले आये। उसके नाप-तोल लिये गये। उसका भार एक सौ अड़तालीस किलोग्राम था। ज़ख्मों से दो किलोग्राम ख़ून बह गया होगा। उसे मिला लिया जाय तो कुल भार डेढ़ सौ किलोग्राम था। उसे ज़मीन पर लिटाकर नाक के सिरे पर एक खूंटी गाड़ दी। मेरुदण्ड की सीध में पूंछ को लम्बा करके उसके सिरे पर एक खूंटी गाड़ दी। फिर लाश को हटाकर खूंटी से खूंटी की दूरी नापी गई। यह 2.60 मीटर थी। शिकारियों की बोलचाल में इसे खूंटियों के बीच की लम्बाई कहते हैं। 2.60 मीटर लम्बाई में एक मीटर पूंछ की लम्बाई भी शामिल थी। शेरनी की कन्धे तक ऊंचाई एक मीटर थी। उसकी अगली प्रत्येक कलाई का घेरा अट्ठाईस सेण्टीमीटर और पिछली का चौबीस सेण्टीमीटर

था। अगला पंजा ग्यारह सेण्टीमीटर लम्बा और नौ सेण्टीमीटर चौड़ा था। पिछला पंजा दस सेण्टीमीटर लम्बा और आठ सेण्टीमीटर चौड़ा था। अगले और पिछले तलवे की गद्दी छह-छह सेण्टीमीटर लम्बी थी। अगले और पिछले दोनों पंजों में बड़ी अंगुली चार सेण्टीमीटर लम्बी थी। उसके किल्ले तथा अन्य दांत और सब

**चित्र** 43 शेरनी के शरीर की परीक्षा करने पर उसे बिलकुल स्वस्थ पाया गया। बीच में परिहार खड़े हैं, शेरनी के पीछे राजाराम है और सिर पर गमछा लपेटे मंगलू खड़ा है

नाख़ून ठीक-ठाक थे। उसकी उम्र सात साल रही होगी। मध्य प्रदेश के जंगलों में पाये जाने वाले शेरों के जो औसत नाप-तोल होते हैं यह शेरनी उस स्टैण्डर्ड से बिलकुल स्वस्थ थी। यह बात बिलकुल स्पष्ट थी कि किसी क़िस्म की शारीरिक कमी ने उसे इन्सान की हत्याएं करने के लिए प्रेरित नहीं किया था। तेज़ भागने वाले वन्य जीवों का शिकार करने के लिए ज़रूरी हथियारों से वह पूरी तरह लैस थी।

नन्हीं-नन्हीं बूंदें गिरने लगी थीं। महुए के पेड़ के नीचे तिरपाल तानकर सवा तीन बजे खलियाना शुरू किया। इसमें सवा दो घण्टे लग गये। शव की चीर-फाड़ से पता चला कि गोलियों की मार से शेरनी के फेफड़ों की धज्जियां हो गई थीं। हृदय से सम्बद्ध महाधमनी (aorta) फट गई थी। इन प्राणाधार अंगों के नष्ट हो जाने के कारण ही शेरनी हिल तक न सकी और जहां-की-तहां गिर गई थी। महाधमनी के फटने से गुहाएं ख़ून से भर गई थीं। दाग़ी गई चारों गोलियां मिल गई थीं। दो गोलियां कन्धों की मांसपेशियों के अन्दर धंसी हुई थीं।

## ख़ौफ़नाक माहौल से छुटकारा मिल गया

म्यूज़ियम के लिए शेरनी का अस्थिपंजर बनाना था। इसलिए हड्डियों से मांस अलग करने का काम सावधानी से करना पड़ा। दोनों कन्धों के नीचे से दोनों लकी बोन निकाल लीं। कुछ सेण्टीमीटर लम्बी पतली-सी यह हड्डी सौभाग्यशाली मानी जाती है। इसलिए शिकारी इसे सम्हाल कर रख लेते हैं। ब्रिटिश राज में सम्भ्रान्त लोग इसे अपने हैट में लगाया करते थे। पूंछ के सिरे तक की छोटी हड्डियां रख लीं। सिर को पानी में उबाल लिया गया। निचले छिद्र में से चाकू डालकर दिमाग़ को खुरच कर निकाल दिया। महावतों ने चरबी निकाल ली। शेरनी जिन दिनों बच्चों को दूध पिला रही होती है उन दिनों उसके अवयवों में संचित चरबी ख़र्च हो रही होती है। इस शेरनी के अन्दर से कम मात्रा में चरबी निकली थी जिससे अन्दाज़ होता था कि उसके बच्चे पर्याप्त बड़े हो गये हैं।

हड्डियां साफ़ करने के थका देने वाले काम में मंगलू को रात के साढ़े आठ बज गये। गोश्त फेंक दिया गया। दूसरे जंगलों में मैंने देखा है कि गोश्त खाया जाता है। उसे सुखाकर भी रख लेते हैं जो कुछ रोगों की उपयोगी दवा समझा जाता है।

कितने ही तान्त्रिक अनुष्ठान और पूजा-पाठ करने के साथ आधुनिक मारक हथियारों से लैस दक्ष शिकारियों के दल ने दर्जनों खोजियों द्वारा जंगल के दिन-रात अवगाहन के बाद कई महीने की निरन्तर कोशिशों से जिस शेरनी को मारने में सफलता प्राप्त की वह वास्तव में आदमख़ोर बन चुकी थी या नहीं, इस बारे में दो राय हो सकती हैं। पर, उसे मारकर जंगल के औफ़िसरों ने मझोली इलाक़े के हज़ारों नर-नारियों को एक ख़ौफ़नाक वातावरण की त्रासदी से मुक्त कर दिया, इसमें शक नहीं।

मझोली के तीन सौ बीस वर्ग किलोमीटर क्षेत्र में तीन वयस्क शेर और तीन गुलदार रहते हैं। वे गांव वालों के सौ मवेशी तो हर साल मार ही डालते हैं।

पांच

# विलायती शेरनी ने बाईस को मार दिया

दीवाली के अगले दिन परुआ की बात है। दीवाली की रात को लोग देर से सोये थे। सुबह देर से नींद खुली। दुधवा नेशनल पार्क के साल के ऊंचे घने काले जंगलों में उजाला उतर आया था। सात बज गये होंगे। शुभराती और उसकी पत्नी गंगाजली ने अपने क्वार्टर के सामने लगे नलके से टीन के डिब्बे में पानी भरा और जंगल में निपटने चल दिये।

## नारी सुलभ मर्यादा की मूर्ति

दुधवा रेस्ट हाउस के दक्षिण-पूर्व में कर्मचारियों के क्वार्टरों की दुहरी पंक्ति चली गई है। कुल आठ क्वार्टर हैं। जिनमें से चार का पूरब की तरफ़ मुंह है और उनके पीछे वाले चार का पश्चिम की तरफ़। रेस्ट हाउस के परिसर के चारों ओर छाती तक ऊंची ईंट की पक्की दीवार चिनी हुई है। इसमें जगह-जगह दरवाज़े रख दिये गये हैं। पूरब वाली और दक्षिण वाली दीवारें जहां मिलती हैं वहीं पर पूरबी दीवार से दस क़दम के फ़ासले पर कर्मचारियों के क्वार्टर हैं। क्वार्टरों के सामने दो छोटे दरवाज़े हैं जिनमें से कर्मचारी जंगल में चले जाते हैं। क्वार्टरों के साथ ही दक्षिणी चारदीवारी के अन्दर साझा शौचालय है। इसका दुरुपयोग न हो इसलिए इसमें ताला लगा रहता है। चाबी शुभराती जमादार के पास रहती है।

शुभराती पार्क के सबसे पुराने तीन कर्मचारियों में है। बाक़ी दो हैं – घर भरन माली और मुन्ना बक्श महावत। ये तीनों एक बार रिटायर हो चुके थे, पर इनकी कर्त्तव्यपरायणता को देखकर अधिकारियों ने इन्हें फिर से सरकारी सेवा में रख लिया है।

शुभराती अंगूठा छाप है। अपनी उम्र नहीं बता सकता। 1976 में रिटायर हुआ था। सरकारी रिकौर्डों के अनुसार उसकी उम्र पैंसठ साल होगी। उसके जर्जरित शरीर की हालत को देखते हुए उसे सत्तर और पिचहत्तर के बीच में रखा जा सकता है। गंगाजली उससे पांच साल छोटी थी।

ग़रीबी और धार्मिक आस्था में जो अटूट रिश्ता है, गंगाजली उसका निर्वाह

करने वाली पवित्र विचारों की स्वच्छ औरत थी। उसका रहन-सहन, घर, कपड़े और बरतन सवर्णों से अधिक स्वच्छ रहते थे। उसके माथे के सामने से धोती की ओट कभी नहीं हटती थी। विनम्रता, लज्जा और नारी सुलभ मर्यादा की वह मूर्ति थी। उसके सद्व्यवहार का हरएक क़ायल था। गंगाजल के समान शुभ उस औरत को सभी चाची कहकर पुकारते थे। साझे शौचालय में यद्यपि फ़्लश के द्वारा सफ़ाई की व्यवस्था है फिर भी गंगाजली जंगल में निवृत्त होने जाया करती थी। शुभराती उसके साथ चला जाता था।

## चार रुपये महीने तनख़्वाह

अंग्रेज़ों के ज़माने में शुभराती ने दुधवा रेस्ट हाउस में नौकरी करनी शुरू की थी। तब उसे चार रुपये महीने तनख़्वाह मिलती थी। जैसे-तैसे पेट तो भर जाता था, पर भोजन में पोषक पदार्थों का सदा अभाव बना रहता था। असन्तुलित आहार और कुपोषण से पति-पत्नी दोनों के शरीर समय से पहले कमज़ोर हो गये थे। आंखों से कम दिखाई देने लगा था। वे मोटे शीशे वाली ऐनकें पहनकर गुज़ारा करते थे। शुभराती तो सुनता भी ऊंचा था।

क्वार्टरों के सामने पूरबी दरवाज़े से निकलकर गंगाजली चारदीवारी से कोई बीस क़दम के फ़ासले पर बैठ गई। शुभराती दो सौ क़दम आगे चला गया। यहां सागौन का जंगल है। पेड़ छितरे उगे हैं। उनके नीचे झाड़-झंखाड़ नहीं है, साफ़ ज़मीन पर दूर तक निगाह चली जाती है। दस मिनट बाद शुभराती लौट आया। उसने देखा कि गंगाजली वहां नहीं है। अपने पड़ोसी बिरजू धोबी से उसने पूछा… 'चाची कहां है ? हमारी चाय का क्या हुआ ?'

क्वार्टरों के थोड़े-से कर्मचारियों में भाई-चारा है। इनमें ब्राह्मण भी रहते हैं, हरिजन भी और मुसलमान भी। बुज़ुर्ग होने के नाते सभी कर्मचारी शुभराती को दाऊ और गंगाजली को चाची कहते हैं। ताऊ शब्द बिगड़ कर दाऊ बन गया है।

मुंह-हाथ धोने के बाद चाची चूल्हा फूंक लिया करती थी। चाय का गिलास पीकर दाऊ रेस्ट हाउस को बुहारने चला जाया करता था।

सुबह दाऊ और चाची जब जंगल गये थे तभी चारदीवारी के दक्खिनी दरवाज़े से निकलकर एक मज़दूर जंगल गया था। सागौन के तने की ओट में जहां वह निवृत्त होने बैठा था वह जगह चाची की जगह से सौ मीटर दूर होगी। उसे नहीं मालूम था कि चारदीवारी के पूरब वाली सागौन-भोजी में दाऊ और चाची गये हुए हैं।

## शेर चीतल ले जा रहा था

मज़दूर का नाम शौकत था। उम्र सत्रह साल होगी। वह रफ़ाकत अली ट्रैक्टर-ड्राइवर का भतीजा था। अपने चाचा के साथ शुभराती के क्वार्टर के पीछे वाले क्वार्टर में रहता था।

शुभराती की शादीशुदा लड़की माया उन दिनों दुधवा आई हुई थी। उसकी उम्र तीस साल होगी। उसमें या उसके पति में कोई ऐसी कमी थी जिससे अब तक कभी उसकी गोद नहीं भरी थी। उसके खालीपन के अभाव को दूर करने के लिए मां-बाप उसे अधिक प्यार करते थे। उसका पति रामभजन सिंह मायके में उसके अधिक दिन रहने की परवाह नहीं करता था।

माया ने और शुभराती ने पास-पड़ोस में पूछना शुरू किया। रेस्ट हाउस के रूम एटेण्डेण्ट श्याम स्वरूप तिवारी की पत्नी मुन्नी शौचालय की चाबी लेने शुभराती के पास जा रही थी। उसे वह रास्ते में ही मिल गया। उसने मुन्नी से भी पूछा — 'बहू ! चाची को इधर तो नहीं देखा ?'

दाऊ और माया को चिन्तित देखकर मुन्नी भी चाची की तलाश में लग गई। चारदीवारी के साथ खड़े होकर उन्होंने सागौन-भोजी के छितरे पेड़ों के अन्दर दूर तक निगाह दौड़ाई। आवाज़ें दीं, 'चाची... चाची... चाची... ओ...।'

क्वार्टरों में चाची कहीं नहीं मिली। लोगों के चिन्ताग्रस्त मन पर तरह-तरह की शंकाएं हावी हो रही थीं। तभी शौकत जंगल से लौट आया। अपने घर में घुसते ही उसने बताया, 'एक शेर को मैंने सागौन-भोजी में से चीतल को घसीट कर खाले में ले जाते देखा है। वह मुझसे कुल तीस क़दम के फ़ासले पर जा रहा था।'

शेर यहां रोज़ ही चीतलों का शिकार करते हैं। इसलिए यह कोई नयी बात नहीं थी। लेकिन उसी समय गंगाजली के अचानक लापता हो जाने के कारण शौकत की बात में वज़न आ गया था।

## हमसफ़र का दिल बैठ गया

कुछ लोग इकट्ठे होकर उधर गये। शुभराती जिस सागौन की ओट में गई थी, वहां पानी का डिब्बा लुढ़का पड़ा था। दक्षिण से उत्तर की तरफ़ पानी बिखर गया था। दो क़दम आगे दाहिने पैर की जूती पड़ी थी। ज़मीन पर एक लम्बी घसीट पड़ी थी जो दक्षिण की तरफ़ बढ़ती जा रही थी। उसके साथ शेर के पैर के निशान

पड़े थे । गंगाजली के लापता होने की कहानी का पहला पन्ना खुला ही था कि उसके हमसफ़र शुभराती का दिल बैठ गया ।

डिब्बा नीचे रखने के लिए गंगाजली झुकी ही थी, तभी शेर ने पीछे से उस अबला को दबोच लिया था । दुधवा नेशनल पार्क की सीमा पर रहने वाले बिली अर्जुन सिंह की तारा कुछ दिनों से टूरिस्ट कौम्प्लेक्स में चक्कर लगा रही थी । छोटे, बड़े सबने उसे कई बार देखा था । इसलिए पार्कवासियों ने समझा कि हो-न-हो गंगाजली को ले जाने वाली तारा ही थी । साठ बरस की बूढ़ी, कमज़ोर निगाह वाली, निहत्थी गंगाजली के मुक़ाबले ढाई बरस की जवान तारा लम्बे नोकीले दांतों और पैने नाख़ूनों से लैस थी, फिर भी उसने कपटता से हमला किया था, दिलेरी से नहीं ।

## गरदन से पकड़ कर घसीट ले गई

घटना की छानबीन करने के लिए मैंने शुभराती से पूछताछ की । उसके पड़ोसियों से पूछा । उस जंगल का मुआयना किया । मुझे पता चला कि डिब्बा ज़मीन पर रखते समय गंगाजली का मुख दक्षिण की तरफ़ था । तारा पीछे से – उत्तर से—झपटी । आगे गिरता हुआ पानी अगली तरफ़ बिखर गया । सागौन-भोजी में वह लाश को पूरब से दक्षिण में एक वक्र रेखा में घसीटती हुई ले गई । मैंने क़दमों से यह दूरी नापी – साठ क़दम थी, लगभग साठ मीटर । उसके आगे ढलान आ गया । ढलान के चालीस क़दमों में मैं लुढ़कता जा रहा था । लाश को नीचे ले जाने में तारा को ज़ोर नहीं लगाना पड़ा । ढलान से उतरकर जामुन-भोजी के समतल में उसने पचास क़दम घसीटा । यहां तक लाश घसीटने में उसे कठिनाई नहीं हुई । ज़मीन साफ़ थी । उसमें झाड़-झंखाड़ों, लकड़ियों या पत्थरों की बाधा नहीं थी । इस डेढ़ सौ मीटर के आगे खाले में ऊंची रातव घास उगी थी । उसके अन्दर दक्षिण-पश्चिम में तीन सौ मीटर तक लाश को घसीटकर ले जाने में उसे बहुत कोशिश करनी पड़ी । लाश को वह गरदन से पकड़कर घसीटती थी । ओस से तर खाले में घसीटन अधिक साफ़ दिखाई देती थी । बीच-बीच में दम लेने के लिए वह रुक जाती थी । गरदन घुमाकर पीछे देख लेती थी कि कोई ख़तरा तो नहीं है !

घटना के तुरन्त बाद खोज करने के लिए निकले लोग खाले तक आकर रुक गये । रातव में कहीं भी तारा छिपी हो सकती थी और वह लाश को बचाने के लिए हमला कर सकती थी ।

दो हथिनियों पर हौदे कसवाये गये। एक हथिनी पर सहायक पार्क औफ़िसर वीरेन्द्र सिंह बन्दूक लेकर बैठे और चार बन्दूकधारी दूसरी पर बैठे। उन्होंने रातव के फाण्टे के किनारे-किनारे हथिनियां बढ़ाईं। लाश घसीटने से दबी हुई रातव लेटी पड़ी थी, जिससे एक सकरी गली बन गई थी। उसके साथ चलते हुए वे लाश तक पहुंच गये। हाथियों को देखकर और शोर-शराबे को सुनकर तारा ने लाश छोड़ दी। वह दूर नहीं गई। घास की हिलती हुई फुनगियों से पता चलता था कि वह बीस क़दम दूर रातव में छिपी बैठी है।

## बहुत निडर और ढीठ थी

लाश का मुंह आसमान की तरफ़ था। लम्बी दूरी तक घसीटने में कपड़े फट कर उतर गये थे। केवल चोली गरदन में अटकी रह गई थी। खोजी दल इतनी जल्दी यहां पहुंच गया था कि भूखी तारा को मामूली-सी लाश ही खाने का समय मिला था। वह दाहिनी बांह और हाथ खा पाई थी। उसके अलावा उसने एक लुक़मे में नाक और उसके साथ मुंह का कुछ मांस खा लिया था। छाती खरोंचों से भरी थी।

लाश को उठाकर ले जाने के लिए चारपाई की ज़रूरत थी। एक हथिनी के

चित्र 44 तारा जामुन-भोजी में जा बैठी

सवार चारपाई लेने क्वार्टरों में चले गये। दूसरी हथिनी को लाश की निगरानी के लिए वहीं रोके रखा। पालतू हथिनियों की चहल-पहल को देखकर तारा दो सौ क़दम

दूर, जामुन-भोजी में जा बैठी। उसने इलाक़ा छोड़ा नहीं। इन्सान से तो वह डरती ही नहीं थी। मैंने गिर के सिंहो को जैसे निडर और बेधड़क देखा है, वैसी ही तारा बन गई थी।

चारपाई पर लाश उठा लाये। नज़दीकी रिश्तेदारों के आने की प्रतीक्षा करके शाम चार बजे सुहेली नदी के किनारे उसका अन्तिम संस्कार कर दिया।

गंगाजली को खाकर तारा का पेट नहीं भरा था। जानवरों के शिकार के लिए उसका रुझान नहीं था। अगले मानव शिकार के लिए रेस्ट हाउस परिसर की बस्ती के गिर्द ही टोह लेती रही। कैण्टीन में काम करने वाले श्याम स्वरूप ने उसे इधर जाते देखा भी था। लोग जान गये कि यह बहुत निडर और ढीठ है। सारी बस्ती डरी हुई थी।

## चाराकट को ले गई

परिसर के एक ओर पार्क की आठ पालतू हथिनियां बंधी थीं। साथ ही महावतों की झोंपड़ियों की क़तार चली गई थी। गंगाजली का संस्कार कर के महावत सुहेली के तट से अभी लौटे थे। उस नेक औरत की मौत के मातमी साये में डूबे महावतों ने हुक्के का दामन थाम रखा था। ख़ामोश झोंपड़ियों में उनकी हलकी गुफ़्तगू और हुक्के की गुड़गुड़ाहट सुनाई दे जाती थी। बाहर बच्चों के खेलने की चहल-पहल का नामोनिशान नहीं था। पूरा सन्नाटा था।

पीलख़ाने के साथ सूखा नाला है। दुधवा की ज़ोरदार बारिशों में यह सक्रिय हो जाता है और आसपास के ढलानों से समूचा पानी खींचकर सुहेली में उलींच देता है। महावतख़ाने के ठीक पीछे तंग खाला है, तीस मीटर चौड़ा और चार मीटर गहरा होगा। दोनों तट सीधी खड़ी दीवारों जैसे हैं। बाईं तरफ़ की ढांग पर महावतख़ाना बसा है।

महावतख़ाने से असगर नामक चाराकट निवृत्त होने निकला। बुज़ुर्ग महावत ने उसे आदमख़ोरनी के ख़तरे से आगाह कर दिया और जंगल में दूर न जाने की हिदायत भी दी।

सुरक्षा के लिए असगर ने लम्बे बांस वाला बल्लम उठा लिया। दूसरे हाथ में गुसल के लिए पानी भरा लोटा ले लिया। असगर तगड़ा और हिम्मतवाला आदमी था। उसे भरोसा था कि विपत्ति में वह बल्लम के सहारे आततायी से निपट लेगा।

पीलख़ाने के ढलान से असगर नाले में उतरा और महावतख़ाने के पीछे पहुंच गया। सब मिलाकर उसने डेढ़ सौ डग भरे होंगे। बल्लम गाड़ कर लोटा नीचे रखने झुका ही था कि खाले के दाहिने तट से भूखी तारा लपकी और उसे उठा ले गई। बल्लम गड़ा रह गया।

## इन्सान का शिकार करने की टेकनीक में माहिर थी

इन्सान का शिकार करने की टेकनीक में तारा माहिर थी। इस जानलेवा कार्यवाही को उसने पलक झपकते ही बख़ूबी अंजाम दे दिया। ज़रा खटका नहीं हुआ। ऊपर बैठे महावतों को भनक नहीं लगी। तगड़े नौजवान को जूझने का मौक़ा नहीं दिया। महावतों ने उसकी चीख़ नहीं सुनी।

देर तक असगर लौटा नहीं तो महावतख़ाने में चिन्ता फैल गई। अनिष्ट की आशंका से असगर की बीवी व्याकुल हो उठी। उसे झोंपड़ी में छोड़कर महावत असगर को खोजने निकले। नाले और खाने के संगम पर ही उन्हें नरहत्यारी की कार्यवाही के सबूत मिल गये। शिकार को घसीटकर ले जाने के निशान वहां पड़े हुए थे। कुछ दूर जाकर ऊंचे झाड़झंखाड़ में निशानों का पता नहीं चला।

महावतख़ाने में चीख़-पुकार मच गई। उसे सुनकर बाघ संरक्षण योजना के स्थानीय डायरेक्टर रामलखन सिंह तत्काल वहां पहुंच गये। वे हाथी पर सवार थे। उन्होंने दो घण्टे तक जंगल में खोज की। घनी झाड़ियों के अन्दर न तारा का कुछ पता चला न लाश का।

अगली सुबह वे फिर दो हाथियों के साथ असगर को खोजने निकले। पांच-सात मीटर ऊंची घास के अन्दर अधखायी लाश मिल गई। यह जगह रेस्ट हाउस से अधिक दूर नहीं थी। लाश को उठाकर दुधवा परिसर में ले गये। वहां असगर की विधवा, बच्चे, बिरादरी के लोग और पार्क के कर्मचारी जमा हो गये। इतने सारे लोगों की मौजूदगी में आदमख़ोरनी वहां प्रकट हो गई। वह अपना अधखाया शिकार लेने आई थी।

## उसके साथ दो बच्चे भी थे

असगर की लाश को खाने वाली तारा अकेली नहीं थी, उसके दो बच्चे भी थे। जो क़रीब दो साल के पट्ठे थे, क़द-काठी में मां के समान ही नज़र आते थे। तीन जीवों के इस परिवार की आहार सम्बन्धी आवश्यकता बहुत अधिक थी। उसे

पूरी करने के लिए वह ऐसी बेधड़क बन गई थी।

चित्र 45 तारा के बच्चे भी थे जो झाड़ियों में छिपे हुए थे

उसे देखते ही भगदड़ मच गई। जान बचाने के लिए लोग इधर-उधर भाग गये। लाश से कुल पांच-सात क़दम दूर शेरनी खड़ी थी और गुर्रा रही थी जिससे उसके पास आने की कोई हिम्मत न करे।

परिसर के बीच में दिन के दस बजे का यह दृश्य था। कैसी अजीब बात थी।

उसे खदेड़ने के लिए लोगों ने दूर से ही शोर मचाया। इसका असर हुआ। अपना शिकार छोड़कर जंगल में अदृश्य हो गई। रामलखन का चिन्तित होना स्वाभाविक था। उन्होंने हत्यारी शेरनी का अन्त करने का निश्चय कर लिया। अगले दिन वह नहीं मिली। तीसरे दिन (10 नवम्बर, 1980) दोपहर बाद डेढ़ बजे उसे खोज लिया। बच्चे भी वहां मौजूद थे।

## मार देना पड़ा

रामलखन हाथी पर सवार थे। सात-आठ क़दम दूर तारा अगले पंजों को टेककर उकड़ूं बैठी थी। उसका सीना सिंह के सामने था। उन्होंने राइफ़ल से इस मर्मस्थल पर गोली दाग़ दी। गोली लगते ही वह उछलकर चुपचाप झाड़ियों में ग़ायब हो गई। सात-आठ क़दम दूर उसकी लाश मिल गई। उसकी लाश को रेस्ट हाउस के लौन में उठा लाये। उसके साथ शुभराती के फ़ोटो भी खींचे गये। दूसरे लोगों ने भी फ़ोटो खिंचवाये।

पोस्टमार्टम के लिए तारा के शव को लखीमपुर ले गये। उसके पेट में से चांदी की अंगूठी निकली जो गंगाजली ने पहन रखी थी। सोने की वह लौंग भी पेट में

चित्र 46 तारा को मार देना पड़ा

मिली जो गंगाजली ने नाक में पहनी हुई थी। उसके तन पर यही मामूली-से गहने थे। तारा को सबसे पहले इन्हीं की चमक ने आकृष्ट किया था। इसलिए उसने पहले गहने वाले अंगों को खाया था।

शुभराती जब कंचा खेलने वाला बारह साल का बच्चा था तब उसकी शादी हुई थी। गंगाजली तब कुल सात साल की मासूम बच्ची थी। शुभराती ने जब होश सम्हाला और नौकरी करनी शुरू की तो महीने भर की कमाई चार रुपये गंगाजली को सौंप देता था। वह घर-गिरस्ती का ख़र्च चलाती थी। थोड़े-बहुत पैसे जोड़कर उसने ये गहने लखीमपुर से ख़रीदे थे। तब वह अठारह-बीस बरस की जवान हो गई थी।

## उसकी भस्मी सहधर्मिणी के साथ मिल जायगी

दाऊ से सहानुभति प्रकट करने और सान्त्वना देने रिश्तेदार आते-जाते रहे। दस-पन्द्रह दिन बाद चाची की दूसरी जूती एक रिश्तेदार को खाले में पड़ी मिली।

दुधवा के जंगलों के आदमख़ोरों की कहानी लिखने मैं तड़के ही रेस्ट हाउस के बरामदे में बैठ जाता था। बूढ़ा दौऊ नित्य नियम से भोर होते ही आ जाता था। नाक पर मोटे शीशे का चश्मा चढ़ाये, सिर पर अंगोछा डाले और हाथ में लम्बे डंडे वाली झाड़ू लिये वह लौन में गिरे आम के पके पत्तों को बुहारने लगता था। निर्लेप और निर्विकार दाऊ प्रकृति के शाश्वत नियम को समझता था, वह भी एक दिन आम के इन पत्तों के समान झड़ जायेगा। उसे भी सुहेली के तट पर वहीं ले जाया जायगा जहां गंगाजली का अन्तिम संस्कार किया था। फिर सुहेली में उसकी भस्मी गंगाजली की भस्मी के साथ मिल जायगी।

× × ×

## अनेक नस्लों की वर्णसंकर सन्तान

तारा इंग्लैण्ड के ट्रायक्रौस चिड़ियाघर में पैदा हुई थी। यह साइबेरियन और सुमात्रन समेत अनेक नस्लों की वर्णसंकर सन्तान थी। चिड़ियाघर में इसका नाम जेन था।

बिली अर्जुन सिंह दुधवा नेशनल पार्क के अवैतनिक वार्डन थे। दुधवा से क़रीब तीन किलोमीटर दूर उनका फ़ार्म हाउस था जिसका नाम टाइगर हैवन (शेरों का स्वर्ग) रखा था। उन्होंने 'एग्लिया सर्वाइवल' फ़िल्म कम्पनी के साथ मिलकर शेर के जीवन पर फ़िल्म बनाने की योजना बनायी।

इस योजना के अधीन 1976 में जेन को भारत लाया गया। उसकी उम्र कुल तीन महीने थी। टाइगर हैवन में बिली ने उसका भारतीय नाम तारा रखा। बिली की पालतू कुतिया ईली और मादा तेंदुआ हैरिएट के साथ वह खेलती थी और उनके साथ ही खाती थी।

उम्र बढ़ने के साथ-साथ उसके बाल-सुलभ स्वभाव में बदलाव आने लगा। सरलता और कोमलता की जगह उग्रता आने लगी। जून 1977 में कनाडा के एक टूरिस्ट डेविडलेह डगलस दुधवा में ठहरे हुए थे। घूमते हुए टाइगर हैवन पर चले गये। तारा ने उन पर हमला कर दिया, वे गम्भीर रूप से ज़ख़्मी होकर दुधवा लौटे।

पार्क में आने वाले विदेशी टूरिस्टों के लिए बिली ने फ़ार्म हाउस को महंगे टूरिस्ट लौज के रूप में व्यवस्थित कर दिया था। टाइगर हैवन में ठहरने और खाने का प्रति व्यक्ति प्रतिदिन सत्तर डौलर चार्ज करते थे। बिली के भाई बलराम सिंह टूरिस्ट लौज का संचालन करते थे।

## जीवनसंगी बनाने के लिए बेताब

अक्टूबर 1977 में 'एंग्लिआ सर्वाइवल' तारा पर फ़िल्म बनाने आए थे। वे टाइगर हैवन पर ठहरे थे। फ़िल्म की हीरोइन तारा को शूटिंग के दौरान खुला छोड़ा जाता था। शूटिंग का कार्यक्रम ख़त्म होने पर गोश्त का लालच देकर पिंजरे में बन्द कर दिया जाता था। किशोरावस्था को पार कर तारा एक स्वस्थ, सुन्दर, बाघ-कन्या के रूप में सयानी हो गई थी।

'एंग्लिआ सर्वाइवल' की फ़िल्म के लिए अभिनय करने में उसकी दिलचस्पी नहीं थी। वह अपना जीवनसंगी बनाने के लिए बेताब थी। सोलह जनवरी, 1978 को रात के अंधेरे में वह पार्क के पचास शेरों में से किसी के साथ जंगल में चली गई। उसकी उम्र थी — एक साल आठ महीने और ग्यारह दिन; क़रीब पौने दो साल।

फ़रार तारा के बारे में उसके पोषक-पिता बिली सोचते थे कि शिकार का अनुभव न होने के कारण भूख लगने पर वह टाइगर हैवन लौटेगी। उन्होंने वहां पड्डा बांधना शुरू किया। ख़याल था कि उसका साथी प्राकृतिक शिकार कर लेता था और दोनों पेट भर लेते थे।

लगभग डेढ़ महीने बाद, दो मार्च, 1978 को शाम पांच बजे पार्क के जंगल के बीच न्योरा नाले पर बने कलवा घटिया पुल के पास एक आदमी को एक धारीदार जानवर ने मार लिया। हत्यारे की ठीक-ठीक पहिचान नहीं सकी। सरसरी तौर पर मान लिया गया कि यह तारा थी और उसका पहला मानव शिकार था। जंगल जीवन का अध्ययन करने वाले कुछ लोग मानते हैं कि उसके जोड़ीदार दीर्घपाद ने उसे मारा था, लेकिन अगले घटनाक्रम से तो तारा का ही यह काम मालूम होता है। अभागे का नाम अकबर था और मजदूरी करके पेट पालता था। बीस-बाईस मज़दूरों को देखकर भी तारा ने उसकी गर्दन नहीं छोड़ी। उसे छुड़ाने दो सौ आदमी आ गये। तब वह लाश को छोड़ गई। वह भूखी रह गई। रात को वन-विभाग के डेरे में बंधे बैल को मारकर उसने पेट भर लिया।

## एप्रिल में तीन इन्सान मारे

मानव हत्या की घटना लोग भूले नहीं थे कि क़रीब एक महीने बाद, तीन एप्रिल 1978 को, तारा ने न्योरा नाले के तट पर धर्मदत्त पण्डित की जान ले ली।

एप्रिल का महीना तारा के लिए वरदान रहा लेकिन इन्सान के लिए मनहूस।

एप्रिल में उसने तीन इन्सान मारे — तीन, छह और सत्ताईस एप्रिल को। छह और सत्ताईस को मारे गये लोगों के नाम थे — पदम बहादुर और बिरजा। दोनों की लाशें तारा खा गई थी।

पार्क के डायरेक्टर के अनुसार कड़ी चौकसी बरतने पर तारा ने अपना इलाक़ा बदल लिया। वह पार्क के साथ लगे गन्ने के खेतों में चली गई। गन्ने की ऊंची फ़सल में छुपना सुरक्षित था।

पार्क की लगभग दो सौ किलोमीटर लम्बी बाहरी सीमा पर घेरबाड़ नहीं है। पार्क के जानवर बेरोक-टोक गन्ने के खेतों में आते-जाते हैं। इन खेतों में जंगली सूअर, नीलगाय और हिरण आसानी से मिल जाते हैं। इस प्राकृतिक शिकार को मारने में तारा का रुझान नहीं था। उसके मुंह में इन्सान का ख़ून लगा था।

क़रीब डेढ़ महीने बाद नौ जून 1978 को तारा की पांचवीं मानव हत्या का समाचार मिला। शाम तीन बजे ढोरों को खिलाने के लिए गन्ने का अगोला काटने दस-पन्द्रह मज़दूर खेत में गये थे। उनमें एक सुन्दरलाल था। उसे मारकर तारा घने खेत के अन्दर ले गई। खोज करने पर उसका सिर और हाथ ही मिला। बाक़ी शरीर को वह खा गई थी।

बिली अनुभव करते थे कि हाथ से खिलाये गोश्त पर पली तारा जंगली जानवरों का शिकार नहीं कर सकती। इसलिए वे इसके खाने के लिए टाइगर हैवन पर भैंस

चित्र 47 टाइगरहैवन पर बिली द्वारा दिये गये पड्डे को खाती हुई तारा और उसका साथी

का चारा भी बांधते थे। पिछले डेढ़ महीने में इन्सान को मारने के समाचार नहीं मिले थे। ख़याल था कि उन दिनों वह भैंस के चारे को खाती रही थी।

## मानव हत्या करने के लिए वरदान मिला हुआ था

तारा को मानव हत्या करने के लिए मानो वरदान मिला हुआ था। पार्क के अधिकारियों और गन्ना खेतों के मालिकों द्वारा चौकसी बरतने पर भी वह इन्सान को अपने पैने पंजों और खञ्जर जैसे तीखे दांतों से चीरकर उसका गरम लहू चाटती रही और ताज़े गोश्त से पेट भरती रही।

पांचवी मानव हत्या के बाद तारा ने जो हत्याएं कीं उनका विवरण इस प्रकार है :

- छठा शिकार। एक अगस्त, 1978, सुबह आठ बजे। रामलखन यादव नामक मज़दूर। गन्ने के खेत में चारा काटने गया था। तारा ने मार डाला। अधखाई लाश हाथ आई।
- सातवां शिकार। सात अगस्त, 1978, शाम चार बजे। लाभ सिंह, गुरुद्वारे में पाठ करने वाला ग्रन्थी। गन्ने के खेत में अधखाई लाश मिली। दरअसल इसे तारा ने नहीं, उसके जोड़ीदार शेर ने मारा था। लेकिन तारा ने भी लाश खाई थी।
- आठवां शिकार। नौ नवम्बर, 1978, राम औतार, किसान। गन्ने के खेत में तारा ने लाश को खा लिया।
- नौवां शिकार। छह दिसम्बर, 1978, दोपहर बाद चार बजे। गन्ने के खेत में चारा काटने के लिए गई करतार कौर की लाश मिली।
- दसवां शिकार। तेरह जनवरी, 1979, दोपहर एक बजे। रामलाल को गन्ने के खेत में खा गई। उसके हाथ, पैर, पसलियों और कूल्हे की हड्डियां ही मिलीं।
- ग्यारहवां शिकार। सात फ़रवरी, 1979, दिन में। श्रीराम को खा गई। उसके कपड़ों के चीथड़े और कुछ हड्डियां ही मिलीं।
- बारहवां शिकार। अट्ठाईस फ़रवरी, 1979, इतवारी गन्ना मज़दूर। दूसरे मज़दरों के साथ खेत के किनारे बैठा था। दिन दहाड़े तारा ने उसे दबोच लिया। मज़दूरों ने शोर मचाकर उसे छुड़ा तो लिया पर वह मर चुका था।
- तेरहवां शिकार। छह सितम्बर, 1979, शाम चार बजे। गन्ने के खेत में तीस वर्षीय रूगदी की अधखाई लाश मिली। वह जानवरों के लिए चारा काटने गई थी।

- चौदहवां शिकार। इक्कीस दिसम्बर, 1979, नज़दीक के गांव से पार्क में लकड़ी बीनने आया रघुनाथ, उसकी अधखाई लाश मिली।
- पन्द्रहवां शिकार। तेरह जनवरी, 1980, शाम। पार्क में सड़क की मरम्मत पर कार्यरत मज़दूर बच्चा। तारा ने इसे मार तो दिया पर लोगों ने लाश को खाने नहीं दिया।
- सोलहवां शिकार। सोलह एप्रिल, 1980, दोपहर बाद तीन बजे। ग्रामवासी रामचरण को तारा ने ज़ख़्मी कर दिया। सत्रह एप्रिल को वह मर गया।
- सत्रहवां शिकार। बीस अगस्त, 1980, सवेरे। टाइगर हैवन में अपने पालक लल्लू को मारकर खा गई।
- अठारहवां शिकार। पन्द्रह सितम्बर, 1980, शाम पांच बजे। गन्ने के खेत में रामकिशन, उम्र पन्द्रह साल, मारा गया। लाश नहीं खा सकी।
- उन्नीसवा शिकार। तीन अक्टूबर, 1980, शाम साढ़े पांच बजे। मकई के खेत में, गुरुमेल सिंह, उम्र पच्चीस साल, मारा गया।
- बीसवां शिकार। बाईस अक्टूबर, 1980, दोपहर दो बजे। गन्ने के खेत में रामसूरत की अधखाई लाश मिली।

तारा ने इक्कीसवें और बाईसवें मानव शिकार में शेर बचाओ योजना के स्थानीय सूत्रधार की कुटिया की बग़ल में एक ही दिन एक बूढ़ी औरत गंगाजली और पार्क के एक जवान चाराकट असगर को मार दिया।

## सुधारा नहीं जा सका

दो मार्च, 1978 को तारा ने पहला इन्सान मारा। ढाई बरस तक दुधवा नेशनल पार्क के जंगलों में और पड़ोस के गन्ने के खेतों में बाईस इन्सानों की हत्या कर डाली।

एक-के-बाद-एक इन्सान की हत्या करने वाली मानवभक्षी तारा को मौत की सज़ा देने में देरी क्यों की गई ?

इसका मुख्य कारण है कि बिली उसके बचाव की पैरवी करते रहे। जब शेर द्वारा इन्सान को मारने की वारदात होती तब बिली कहते कि यह उसकी तारा का काम नहीं है, किसी दूसरे शेर ने मारा है। इसके विपरीत आम आदमी की उंगली तारा की तरफ़ उठती।

चित्र 1 : जंगल में घुसने से पहले वनदेवी और उसके भाई की पूजा की जाती है।
(पृष्ठ 151 देखिए छाया : राजेश बेदी

चित्र 2 : मारी गई आदमखोरनी को उठाकर ला रहे हैं। (पृष्ठ 28 देखिए) छाया : राजेश बेदी

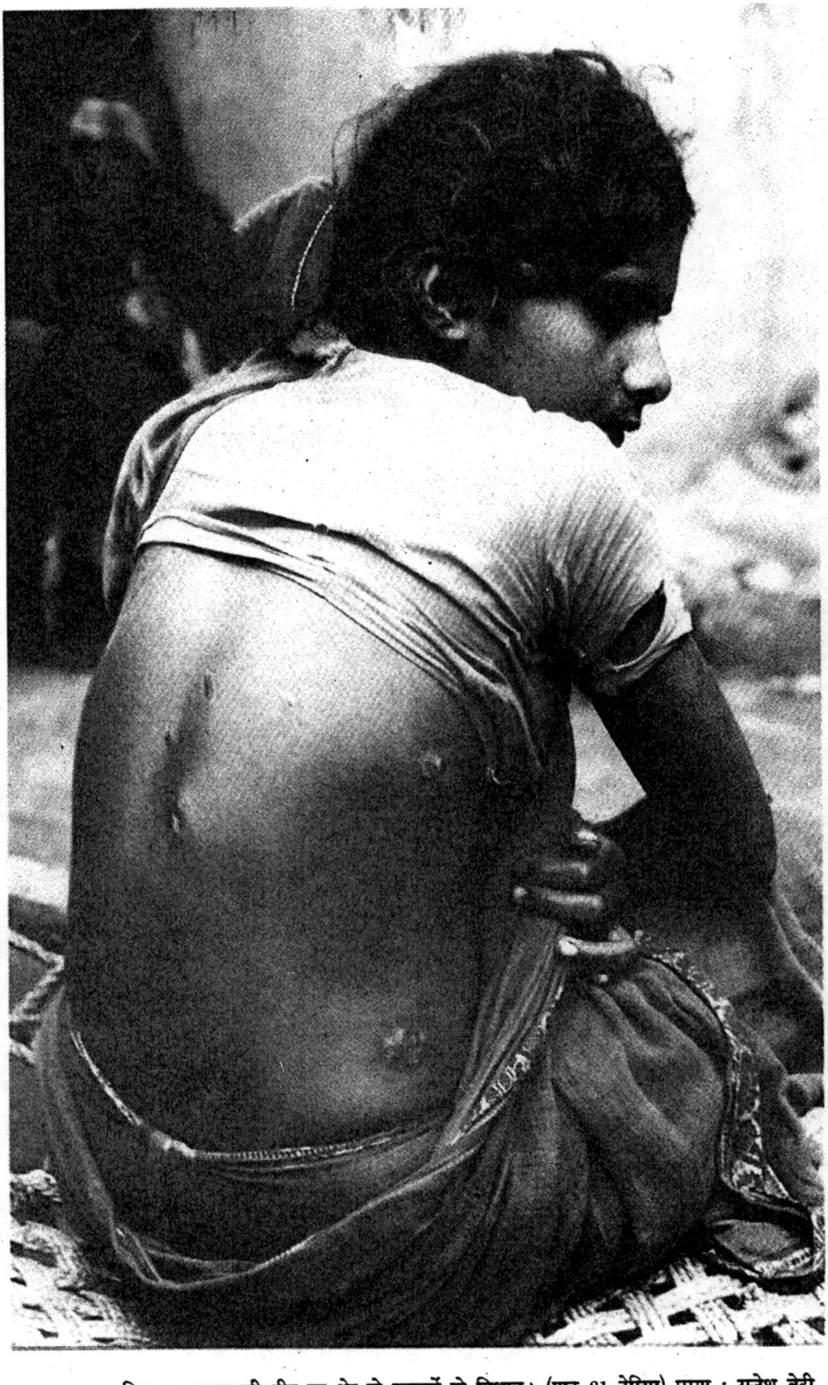

चित्र 3 : पूनम की पीठ पर शेर के नाखूनों के निशान। (पृष्ठ 81 देखिए) छाया : राजेश बेदी

चित्र 4 : हण्ट की लाश को हाथी पर ला रहे हैं। (पृष्ठ 67 देखिए) चित्र : बेदी फिल्म्स के सौजन्य से

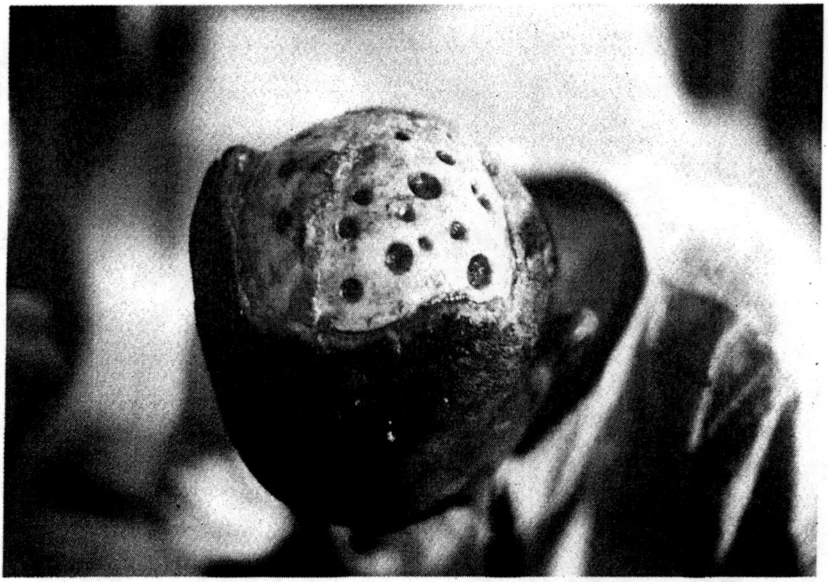

चित्र 5 : खोपड़ी में बत्तीस सुराख किए गए। (पृष्ठ 50 देखिए) छाया : नरेश बेदी

चित्र 6 : फौरेस्ट गार्ड ने हेल्मेट पहन रखा है। (पृष्ठ 162 देखिए) छाया : राजेश बेदी

चित्र 7 : मगर पर सवार वन देवता। (पृष्ठ 163 देखिए) छाया : राजेश बेदी

चित्र 8 : हाथी दांत पर उकेरा हुआ आदमख़ोर और उसका मानव शिकार। छाया : राजेश बेदी

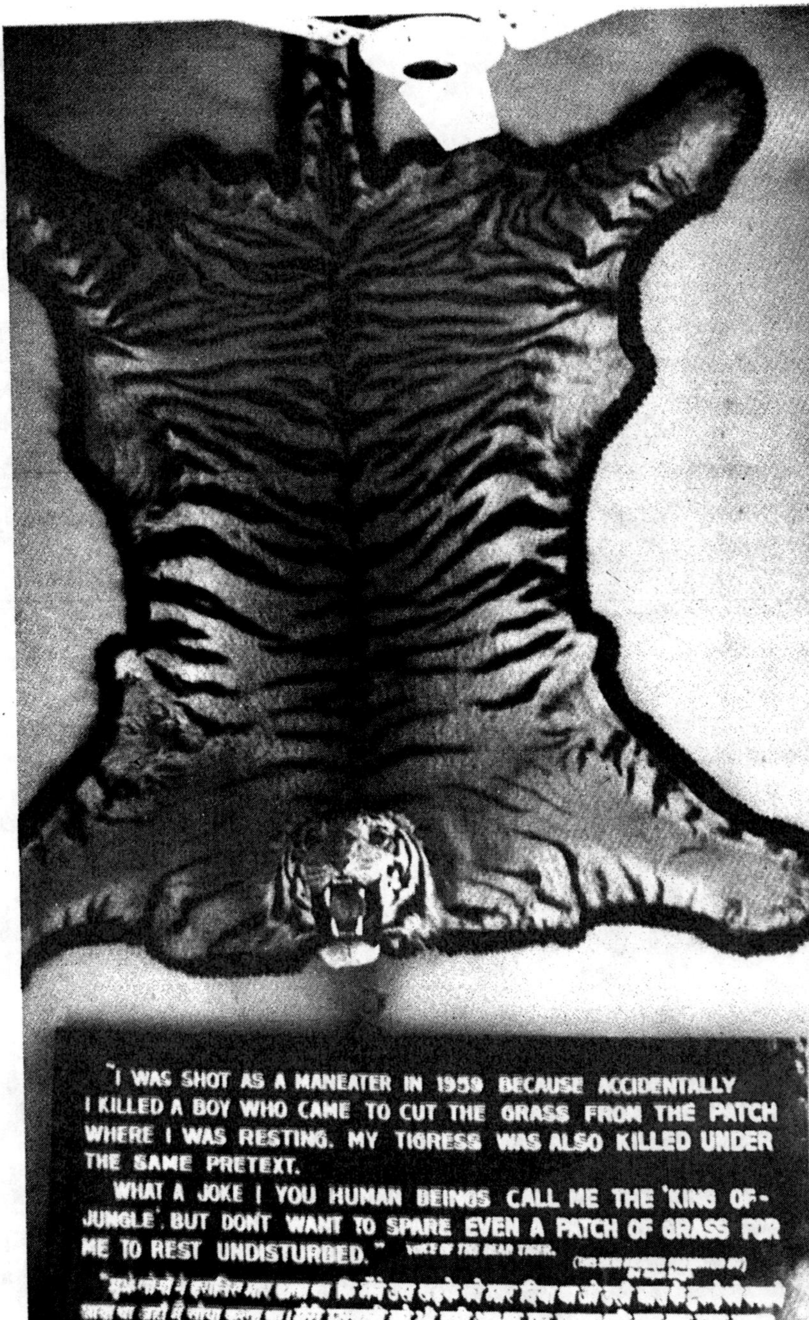


चित्र 9 : बेकसूर शेरों को क्यों मारा जाए ! छाया : राजेश बेदी

दूसरी बात यह थी कि शेर के संरक्षण की हिमायत करने वाले जंगलात के औफ़िसर आदमख़ोर शेरों को सुधारने की कोशिश कर रहे थे। बिली को विश्वास

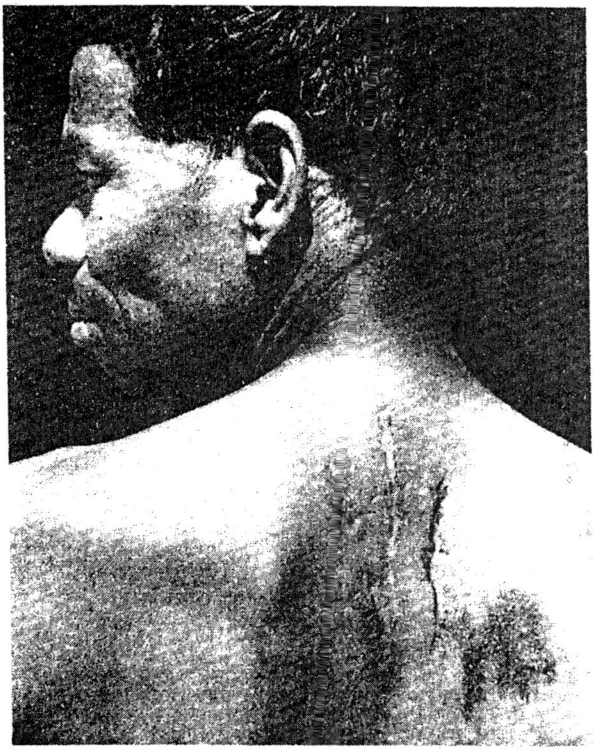

चित्र 48 दुधवा नेशनल पार्क में शेर के नाख़ूनों से ज़ख़्मी आदमी

था कि वे मानव हत्यारी तारा को पड्डे खिलाकर सुधार लेंगे। इस उम्मीद में उसे मारने का मामला लटका रहा। बिली की कोशिशें असफल रहीं। दोगली विलायती शेरनी को सुधारा नहीं जा सका।

छह

# सुन्दरवन के कुख्यात आदमख़ोर

**सबसे बड़ा सागरसंगमीय वन :** 1985 के साल की शुरूआत मेरे लिए बहुत शुभ हुई। नये साल के पहले दिन गरमजोशी से लोग आपस में मिलते हैं। इस दिन मैं सुन्दरवन में था जो घने सुन्दर जंगलों और नदियों का इलाक़ा है। साथ ही ख़तरनाक आदमख़ोर शेरों के लिए कुख्यात भी है।

इस इलाक़े में मैं आठ दिन घूमा। इसके अलग-अलग भागों में मैंने वन-विभाग के मोटर लौंच पर चार सौ किलोमीटर यात्रा की। वन-विभाग के लौंचों के नाम हैं – वन बाला, वन शोभा, वन रानी, वन लक्ष्मी, वन श्री, और वन हंसी।

दिन-रात के चौबीस घण्टों में मेरा अधिकांश समय वन शोभा पर गुज़रता था। चांदनी रातों में और पूनम की भली रात में मैंने घण्टों विशाल नदियों में सफ़र करने का आनन्द लिया।

सुन्दरवन जाने के लिए मोटर लौंच द्वारा विशाल नदियों में ही सफ़र करना पड़ता है। नदियों को ही सड़कें समझना चाहिए।

सुन्दरवन में मुझे सैंकड़ों आदमी ऐसे मिले जो न कभी बस में बैठे थे, न रेलगाड़ी में। उनकी ज़िन्दगी पानी पर ही गुज़र जाती है।

नदी शब्द से हमें सामान्यतया हिमालय की उछलती-कूदती शोर मचाकर बहती नदियों का ध्यान आता है। यहां ऐसी बात नहीं। इनमें नदियों सरीखा जोश-ख़रोश या समुद्र की लहरों जैसी उच्छ्रंखलता नहीं है। ये शान्त गम्भीर भाव से चुपचाप बहती चली जा रही हैं। इनका पानी पीने लायक नहीं है।

हमारे वन शोभा मोटर लौंच में पिचानवे हौर्स पावर का डीज़ल इंजिन लगा था। इसकी क़ीमत सात लाख रुपये होगी। यह बीस-पच्चीस साल तक चलता होगा। पूरे लौंच का 1,200 से 1,500 रुपये प्रतिदिन किराया होता है। लौंच की टंकी में एक हज़ार लीटर डीज़ल भरवा लेते हैं। एक घण्टा लौंच चले तो पन्द्रह-सोलह लीटर डीज़ल ख़र्च हो जाता है। इसकी गति दस किलोमीटर प्रति घण्टा होगी।

सुन्दरवन में प्रायः सब जगह खारा पानी है जो पीने के काम नहीं आ सकता। हमारे लौंच में पीने के सादे पानी की चार टंकियां रखी थीं। विध्या (विद्या, Vidda Watering Station) से हम इनमें पानी भरवा लेते थे। किफ़ायत से बरतने पर यह तीन दिन चल जाता था। सुन्दरवन में रोजी-रोटी कमाने के लिए जाने वाले लोग अपनी किश्तियों में मीठे पानी का बड़ा घड़ा रख लेते हैं। इसमें सौ लीटर पानी आ जाता है।

अपने खाने के लिए हमें डोंगियों वाले मछुआरों से जिन्दा चिंगड़ी (prawn) तथा अनेक प्रकार की मछलियां और केंकड़े मिल जाते थे। किनारे के गांवों से मुर्ग़े मिल जाते थे। अच्छे मुर्ग़े की क़ीमत तीस रुपये थी।

नारायण तला नदी में मछियारों ने पांच सौ बड़े केंकड़े पकड़ लिये थे। इन्हें किश्ती के अन्दर टहनियां डालकर रखा हुआ था। ये केंकड़े शार्क के मांस के चारे पर पकड़े जाते हैं। ये खाए जाते हैं। कलकत्ता में बेचे जाते हैं। यहां के लोग इसे नोना कांकड़ा कहते हैं, जिसका अर्थ नमकीन पानी का केंकड़ा है। जीवशास्त्र में इसे स्किल्ला सेर्राता फ़ोर्स्कल (**Scylla serrata** Forskal) कहते हैं। भारत के सबसे बड़े ताक़तवर केंकड़ों में इसकी शुमार है। बंगाल की खाड़ी में यह बीस सेण्टीमीटर चौड़ा और चिलका लेक में अड़तीस से पैंतालीस सेण्टीमीटर तक का मिलता है।

सुन्दरवन कलकत्ता से लगभग सौ किलोमीटर की दूरी पर है। यह कुल दस हज़ार वर्ग किलोमीटर इलाक़े में फैला है। देश का बटवारा होने पर इसका साठ प्रतिशत हिस्सा (छह हज़ार वर्ग किलोमीटर) बांग्लादेश में चला गया, चालीस प्रतिशत हिस्सा (चार हज़ार वर्ग किलोमीटर) पश्चिम बंगाल में बचा है।

पश्चिम बंगाल में गाङ्गेय प्रदेश के निचले सिरे पर गंगा, ब्रह्मपुत्र और मेघना नदियों से घिरा यह विश्व का सबसे बड़ा मुहाना (delta) है।

सुन्दरवन की दस हज़ार वर्ग किलोमीटर भूमि के सत्तर प्रतिशत इलाक़े में खारा पानी है। इससे वहां आदमी का रहना बहुत कठिन है। इस इलाक़े में खारे दलदल की विस्तृत भूमियां हैं। जिसमें दलदली भूमि में उगने वाले पेड़ों के जंगल हैं जिन्हें वायुशिफ वन (mangrove forests) कहते हैं। यह विश्व का सबसे बड़ा सागरसंगमीय वन (estuarine forest) है।

आसपास के लगभग पचास हज़ार परिवार अपनी आजीविका के लिए सुन्दरवन पर निर्भर करते हैं।

इस प्रदेश में चौवन छोटे द्वीप हैं जिनमें गङ्गा की बहुसंख्य सहायक नदियां आड़ी-तिरछी बहती हैं। गङ्गा और ब्रह्मपुत्र नदियों के मार्ग में बहुत बड़े परिमाण में परिवर्तन हो गए हैं। बंगाल का मुहाना धीरे-धीरे पूर्व की ओर झुक रहा है। इसके परिणामस्वरूप लगभग बारहवीं शताब्दी से गङ्गा के बहुत-से पानी की दिशा बदल गई और वह पूर्व की ओर पद्मा में जाने लगा। पद्मा अधिक वेगवती बन गई। सोलहवीं शताब्दी में गङ्गा के पानी का उन्मोचन (discharge) मुख्य रूप से पद्मा के द्वारा होता था जिससे सुन्दरवन में मीठे पानी का प्रदाय बेहद कम हो गया। लेकिन पिछले छह सौ सालों की अवधि में सहायक नदियों के रुख़ भी पूर्व की तरफ़ हो गए और मुख्य नदी अपना मार्ग बदलकर वर्तमान हुगली (गङ्गा) तथा मातला (विद्याधरी) नदियों के मार्गों के बीच में बहने लगी। इस परिवर्तन से उस काल से पहले वाले अखण्ड प्रदेश के निवास-स्थान धाराओं के जाल से पट गए हैं।

सुन्दरवन पहले खुलना जिले में था। बांग्लादेश और भारत के सुन्दरवन के बीच राय मंगल नदी बहती है।

दो जनवरी 1985 की सुबह पांच बजे अन्धेरे में हमारा मोटर लौंच वन शोभा गोसावा के लिए चल दिया। हम मातला में सफ़र कर रहे थे। यहां मातला के दोनों ओर बांध बंधा है, इससे ज्वार का पानी गांव में नहीं जाता। केनिंग में मातला डेढ़ किलोमीटर चौड़ी होगी। ज्यों-ज्यों हम आगे बढ़े इसका पाट चौड़ा होता गया, दो किलोमीटर चौड़ा हो गया। केनिंग से समुद्र तक पहुंचने में सौ किलोमीटर रास्ता तय करते-करते मातला चार किलोमीटर चौड़ी हो जाती है।

हमारा मोटर लौंच दाहिने तट के साथ जा रहा था। दो घण्टे बाद बायीं तरफ़ आ गया। केनिंग से सोना खली और वहां से बासन्ती गांव आते हैं। मातला को छोड़कर हम बासन्ती खाल में दाख़िल हुए। वहां से पठान खाली और फिर गोसावा पहुंचे।

हमारे रास्ते में कई नदियों का संगम होता रहा। दोनों तरफ़ गांव थे। मछुआरे डोंगियों में मछली पकड़ने निकल रहे थे। मौसम मछली पकड़ने के अनुकूल नहीं था। पिछली दोनों रात दो बार बारिश हुई थी। सुबह जब हम चले तो बारिश रुक गई थी। बादल बने हुए थे। धुंध छाई हुई थी। धूप नहीं निकली थी। मामूली ठण्ड थी।

## सब शेर आदमख़ोर नहीं

सुन्दरवन में प्रवेश के लिए एक स्थान केनिंग है। यह पूर्वी रेलवे के पोर्ट केनिंग स्टेशन के साथ कलकत्ता के दक्षिण-पूर्व में चौवन किलोमीटर दूर है। केनिंग से सुन्दरवन अड़तालीस किलोमीटर दूर हैं और कलकत्ता के दमदम हवाई अड्डे से एक सौ बारह किलोमीटर के फ़ासले पर है। वहां जाने के लिए उपयुक्त समय सितम्बर से मई तक है। 1858 में केनिंग को वैकल्पिक बन्दरगाह के रूप में बनाया गया था। यहां मछली पकड़ने का छोटा-सा बेड़ा है और यहां निजू किश्तियां किराये पर मिल जाती हैं।

केनिंग से गोसावा हम तीन घण्टे में 8-30 बजे पहुंचे। यहां छोटा-सा म्यूज़ियम है जिसमें खाड़ी मगर और सुन्दरवन के शेर की खोपड़ियां, तिमि (whale) का जबड़ा और हड्डियां रखी हैं।

म्यूज़ियम में मिट्टी के बने आदमी का एक पुतला खड़ा था। यह नीति धूपानी में खड़ा किया गया था। इसके चारों ओर लपेटी तार में बिजली की धारा का प्रवाह होता था। आदमख़ोर शेर ने इसे जंगल में काम करने वाला लकड़हारा समझा और इस पर हमला कर दिया। उसके पंजे की चोट से पुतला ज़ख़्मी होकर गिर पड़ा। बिजली का झटका लगने से शेर गरजा और जंगल में भाग गया।

गोसावा की स्थापना सर डेविड हेमिल्टन ने की थी। भारत में सहकारी आन्दोलन के ये मार्गदर्शक थे। छह दिसम्बर 1860 में ये पैदा हुए और छह दिसम्बर 1939 में दिवंगत हुए।

सवा नौ पर हम गोसावा से जेट वोट में दुर्गा दुआनी खाल में चले। यह गोमती खाल में मिल गया है। यह अपेक्षाकृत चौड़ा खाल है। दुर्गा दुआनी अपेक्षाकृत कम चौड़ा था।

सुन्दरवन में टाइगर रिज़र्व (Tiger Reserve) का क्षेत्रफल 2,585 वर्ग किलोमीटर है। भारत के किसी भी टाइगर रिज़र्व से यहां शेरों की संख्या अधिक है। संख्या लगभग दो सौ उनहत्तर है। यहां शेर की ख़ौफ़नाक मौजूदगी महसूस तो होती है पर वह दीखता नहीं।

उनके पैरों के निशान ज़मीन पर जहां-तहां दिखाई दे जाते हैं। लोग कहते हैं कि शेर तक़दीर से दिखाई देता है। प्रोजेक्ट टाइगर के फ़ील्ड डायरेक्टर प्रणव सेन सान्याल ने चार सालों के तीन सौ दौरों में केवल आठ बार शेर देखा था।

सुन्दरवन के अधिकतर शेर अपना इलाक़ा बनाकर नहीं रहते। तीन साल तक पैरों के निशानों के अध्ययन से पता चला कि वे एक इलाक़े में सात दिन से लेकर एक महीने तक रहते हैं। उसके बाद उस इलाक़े को छोड़ जाते हैं। कुछ नर शेरों की आदत के बारे में बताया जाता है कि वे दो प्रकार के होते हैं। एक, अधिवासी शेर (resident tiger) जो अक्सर किसी निश्चित क्षेत्र में मिल जाता है। दूसरा, परिव्राजी शेर (trasient tiger) जो जोड़ा बनाने की ऋतु में दूसरे क्षेत्र में परिव्रजन कर जाता है।

सांस लेने वाली जड़े (श्वसन मूल, breathing roots) तीन प्रकार की होती हैं :

1 धागे के समान पतली श्वसन मूल। काला बाइन (*Avicennia marina* Vierh.) में ऐसी जड़ें होती हैं।
2 स्थूल रन्ध्री श्वसन मूल (stout porous breathing roots)। बाईन (*Avicennia officinalis* Linn.) और केवड़ा (*Sonneratia apetala* Buch.-Ham.) में ऐसी जड़ें होती हैं।
3 स्थूल अरन्ध्री श्वसन मूल (stout non porous breathing roots)। सुन्दरी (*Heritiera minor* Lam.) में ऐसी जड़ें होती हैं।

## वसुधैव कुटुम्बकम्

सुन्दरवन का शेर उभयचर (amphilbious) जीवन गुज़ारता है। यह अच्छा तैराक है। एक द्वीप से दूसरे द्वीप, कई-कई किलोमीटर आसानी से तैर जाता है। इसके लिए ज़मीन और पानी में कोई फ़र्क नहीं होता। बड़ी नदियों को तैर जाने की इसमें अद्भुत क्षमता है। कुछ मांझी बताते हैं कि यह नदी का दो किलोमीटर से चौड़ा पाट भी तैर जाता है। ज्वार-भाटे के समयबद्ध परिवर्तन (tidal rhythm), लवण-जल पीने की लाचारी और जंगल की सतह का शूलाओं से पटा रहना – शेर के निवास के लिए ये विपरीत अवस्थाएं हैं। इसमें शेर ने अपने आप को आश्चर्यजनक तरीक़े से अनुकूल बना लिया है।

हमारे मोटर लौंच के ड्राइवर के अनुसार शेर नौ किलोमीटर प्रति घण्टा की गति से तैर लेता है। वह भाटे में नदी पार करता है जिससे कम पाट में तैरना पड़े। कुछ मछियारों ने मुझे बताया कि शेर अठारह किलोमीटर की रफ़्तार से तैर लेता है। यह अतिशयोक्ति है।

देश का विभाजन होने पर भारतीय सुन्दरवन और बांग्लादेशीय सुन्दरवन की सीमाएं निर्धारित कर दी गई थीं। शेर इन सीमाओं की परवाह नहीं करते। वे सारी वसुन्धरा को अपना कुटुम्ब समझते हैं। बांग्लादेश और भारत के शेर समुद्र को पार कर (लगभग सात किलोमीटर) इधर-उधर चले जाते हैं। भारतीय क्षेत्र में एक शेर था और बांग्लादेश में शेरनी थी। शेरनी गरमी में आई हुई थी। उसने जोड़ा बनाने के लिए शेर को पुकारा। बाघ परियोजना के लोगों ने उसकी आवाज़ सुनी। वह राय मंगल नदी पार कर भारत आ गई और यहीं रह गई। उसने यहां बच्चे दिए। यह सितम्बर 1984 की घटना है। मातला नदी को पार कर माया द्वीप में जाते हुए एक शेर का *कल्याण चक्रवती* ने 1978 में उल्लेख किया गया था।

## आहार की खोज में गांव की ओर

सुन्दरवन में पर्याप्त भोजन न मिलने के कारण यहां के शेर आसपास के गांवों में भोजन की तलाश में निकल जाते हैं। चौदह जुलाई 1977 को एक शेर सुन्दरवन से निकलकर दयापुर गांव में घुस गया। उसने गांव की एक गाय को मार गिराया। पेट भरकर वह एक देहाती की रसोई में सोने चला गया। शेर परियोजना के संचालकों को सुन्दरवन में इसकी ख़बर भेजी गई। मौक़े पर पहुंचकर उन्होंने शेर को क़ाबू करने की योजना बनाई। बन्दूक में ऐसा कारतूस डाला जिसमें घातक गोली की बजाय शामक दवा भरी थी। यह कारतूस इंजेक्शन देने की पिचकारी थी जिसके अगले सिरे पर खोखली सुई लगी थी। रसोई की खिड़की में से शेर पर बन्दूक दाग़ी गई। उसके बदन में सुई के ज़रिये दवा चली गई। शेर एक बार तो दहाड़ा, फिर कुछ ही देर में सो गया, और उसकी नींद बेहोशी में बदल गई।

उसी हालत में दो सौ सत्तर सेण्टीमीटर लम्बे बंगाली शेर को कलकत्ता के अलीपुर चिड़ियाघर में ले जाया गया। पचास किलोमीटर की यात्रा उसने पिंजरे में सोते हुए सकुशल पूरी कर ली। शेर शान्त पड़ा रहा। चिड़ियाघर में काफ़ी देर बाद वह ज़रा होश में आया। ऊंघे-ऊंघे उसने थोड़ा गोश्त खा लिया। यह सुन्दर शेर सुन्दरवन के जंगल का रहने वाला था, इसलिए चिड़ियाघर में इसका नाम सुन्दरलाल रखा गया।

1986 में एक उत्पाती शेर को बेहोशी का कारतूस दाग़ कर पकड़ा गया और चिड़ियाघर भेज दिया गया। उसे सुन्दरवन का खारा पानी इतना पसन्द था कि उसने नल के मीठे पानी को पिया ही नहीं। इस विशिष्ट मेहमान के लिए

सुन्दरवन का खारा पानी सप्लाई किया जाता रहा। कोई तीन महीने तक यह सिल-सिला ज़ारी रहा और तब उसने कलकत्ता महानगर का पानी पीना शुरू कर दिया।

इस प्रकार की एक और दिलचस्प घटना वहां घटी। बीस महीने की उम्र का शेर का एक बच्चा सुन्दरवन के जंगल से निकलकर देहाती इलाक़े में घुस गया। उसने पहले एक नाला पार किया, फिर बाढ़ से उफनती नदी पार की और अट्ठाईस जुलाई 1974 को झारखली गांव में चला गया। बच्चा दुबला-पतला था। उसकी क्षीण देह से पता चलता था कि उसे भरपेट भोजन नहीं मिलता रहा। वह चार सप्ताह गांव में भटकता रहा। इस अर्से में उसने पांच गायें, कुछ कुत्ते और एक मुर्ग़ी मार ली। एक बूढ़ी औरत पर उसने पंजे से हमला किया, वह तत्काल मर गई।

इन मौतों से विस्थापितों की बस्ती में आतंक फैल गया। शेर के हमले से बचने के लिए अन्धेरा होने से पहले लोग गांव को छोड़कर उथले नाले के पार जाकर रात बिताने लगे।

शेर को नरभक्षी मानकर कलकत्ता के सचिवालय ने उसे मारने का फ़ैसला कर लिया। वन्य जीवों के प्रेमियों ने मौक़े पर जाकर छानबीन की। उन्हें पता चला कि शेर ने जिस बुढ़िया को मारा था, उसे खाया नहीं था। यदि वह नरभक्षी होता तो लाश को खाए बगैर नहीं छोड़ता। हालात बताते थे कि गांव में भटकते हुए शेर से औरत का अचानक टाकरा हो गया था।

स्मिथ सोनियन इंस्टिट्यूट, वाशिंगटन के अमेरिकन प्राणिशास्त्री सीडेनस्टिकर उन दिनों नेपाल आए हुए थे। शेर को मानवीय निवास से निकालकर उसके प्राकृतिक निवास में पहुंचाने की ग़रज़ से वे कलकत्ता आ गए।

सोलह अगस्त से उन्होंने शेर पर निगरानी रखनी शुरू की। रात को वे मचान पर बैठ जाया करते थे। शेर ने अपना रास्ता बदल लिया। तब सीडेनस्टिकर एक टीले पर बैठकर उस पर निगाह रखने लगे। उसे लुभाने के लिए उन्होंने एक जगह बैल बांधा। इक्कीस अगस्त की रात को शेर बैल पर आ गया। जब वह उसे खाने में मगन था तब बेहोशी की दवा से भरा कारतूस उस पर दाग़ा जा सकता था। इसमें ख़तरा यह था कि कारतूस लगते ही शेर भागेगा और साथ के नाले में गिर पड़ेगा।-इस बीच दवा का असर शुरू हो जाएगा और बेहोशी में पानी में डूबकर मर जाएगा।

सीडेनस्टिकर ने तब एक कठघरे के अन्दर मोर्चा बनाया। चारे से कुल आठ मीटर दूर वे छिपकर बैठ गए। पच्चीस अगस्त को आधी रात के बाद अनुकूल अवसर आ गया। उन्होंने बेहोशी की गोली दाग़ी जो शेर के दाहिने पुट्ठे में घुस गई। शेर ने भागने की कोशिश की और ज़रा दूर जाकर ढलान पर गिर गया। वन्य जीवों के औफ़िसर लाहिरी ने उसका मुआयना किया। उसके सब दांत और पंजे स्वस्थ थे। नरभक्षियों के दांत कभी-कभी टूटे हुए और पंजे ज़ख़्मी पाए जाते हैं। हां, यह दुबला-पतला शेर मरियल ज़रूर था जिसमें मांस तो बचा ही नहीं था।

एक सौ छत्तीस किलोग्राम वज़नी शेर के बच्चे को पिंजरे के अन्दर डाला गया। नदी में एक लौंच उसे ले जाने के लिए खड़ा था। सोमवार को तड़के ही वह गोसावा शेर-अभयवन की यात्रा पर चल पड़ा। वहां घने जंगल में उसे छोड़ दिया गया भोजन के लिए संघर्ष करते हुए सुखी जीवन बिताने के लिए।

## तुच्छ जीवों को भी खा जाते हैं

1997 में सुन्दरवन टाइगर रिज़र्व में प्राणियों की आनुमानिक संख्या इस प्रकार थी :

| | |
|---|---:|
| शेर | 298 |
| वन बिलाव (jungle cat) | 10 |
| मछियारी बिल्ली (fishing cat) | 100 |
| चीतल | 31,000 |
| जंगली सूअर | 12,000 |
| बन्दर (rhesus macaque) | 38,000 |
| खाड़ी मगर | 251 |
| जल गोह (water monitor) | 11,000 |

इनमें शेर के भोज्य पशु चीतल और जंगली सूअर हैं जिनकी संख्या तेंतालीस हज़ार है। टाइगर रिज़र्व के दो सौ अठानवे शेरों में से प्रत्येक के हिस्से में एक सौ चवालीस भोज्य पशु आते हैं। एक शेर यदि एक पशु को खाकर दो दिन गुज़ारा कर ले तो उसे साल के तीन सौ साठ दिनों के लिए एक सौ अस्सी पशुओं की ज़रूरत होगी। विशेषज्ञों की राय में शेरों के लिए इतना आहार पर्याप्त नहीं है। कमी को पूरा करने के लिए वे मनुष्यों को मारते हैं। बड़े जानवरों के अभाव

में बन्दर जैसे तुच्छ जीवों को खा जाते हैं। वे गोह, केंकड़े और मछली जैसे तुच्छ जीवों तथा पक्षियों को खाकर गुज़ारा करना सीख गए हैं। सुन्दरवन में खारे पानी में रहने वाले मगर पाए जाते हैं। दाव लगने पर शेर इन्हें भी खा लेते हैं। तट पर अण्डे देते हुए समुद्री कछुए को एक शेर छिपकर देखता रहा। जब वह वापिस जाने लगा तब शेर ने उसे पलट दिया और खा गया। यह काठा कछुआ था, लगभग पैंतीस किलो भारी। छोटी खाली (creek) में जब ज्वार का पानी जाता है, उसके साथ बड़ी मछलियां चली जाती हैं। शेर पंजे से झपटकर मछली को पानी से बाहर फेंक देता है, फिर खा लेता है। मैन्ग्रोव में एक जगह गाय की लाश अटकी पड़ी थी। यह कई दिन पुरानी थी। ज्वार में बह आई थी। भाटे में यहां अटक गई थी। वनकर्मियों ने मुझे बताया था कि शेर सड़े-गले मांस को नहीं खाता। इसीलिए यह यहां बची रह गई। शेर ताज़े गरम मांस को खाना पसन्द करता है।

यहां की दलदली भूमि में सूखी भूमि के जानवर नहीं पनप पाते। शेर को वह भोजन नहीं मिलता जो उत्तर प्रदेश और दूसरी जगहों पर मिल जाता है। यहां शेर को खारे पानी पर गुज़ारा करना पड़ता है। इसमें सन्देह नहीं कि शेर मीठा पानी पीने वाला जानवर है। सुन्दरवन शेरों का अन्तिम शरण स्थल है। यहां की अत्यन्त विकट परिस्थितियों में वह मौत और ज़िन्दगी से निरन्तर जूझता आ रहा है।

अंग्रेज़ी में शेर को रौयल बंगाल टाइगर कहते हैं। इसका अर्थ बंगाल का शाही शेर (Royal Bengal Tiger) है। बंगाल के शेर के साथ शाही विशेषण जोड़ना कुछ अटपटा-सा लगता है। यह विशेषण हिमालय के जंगलों के शेरों के साथ लगाया जा सकता है, क्योंकि वे अपेक्षाकृत अधिक डीलडौल वाले और सुन्दर होते हैं। उनकी खाल अधिक चमकीली और उजली होती है। पर्याप्त पोषक आहार न मिलने के कारण सुन्दरवन के शेर दुबले रहते हैं।

मीठे पानी पर रहने वाले दूसरे जानवरों का भी यहां पूरी तरह शारीरिक विकास नहीं हो पाता। चीतल के सींग अधिक बड़े नहीं हो पाते। इनकी आपसी दूरी कम होती है। मैदान के चीतल के सींगों की दूरी अधिक होती है। मई-जून में चीतल जोड़ा बनाते हैं। उसके बाद सींग गिरने लगते हैं। यहां के जटा वाले पेड़ों के जंगल का लाभ चीतल को तो है, शेर को नहीं। श्वसन मूलों के शूलों से पटी भूमि में चीतल आसानी से दौड़ जाता है। शेर के पंजे चौड़े, मांसल और भारी होते हैं, जिसके कारण वह सुगमता से चीतल का पीछा नहीं कर पाता।

सुन्दरवन के नरभक्षी सामान्यतया अपने जंगल के इलाक़े में ही आदमी को मारते हैं। गांव में जाकर उत्पात नहीं मचाते, जैसा कि उत्तर भारत के नरभक्षी

चित्र 49 शूलाओं से पटी भूमि

किया करते हैं। सरसरीतौर पर सोचने से अन्दाज़ होता है कि जंगल से अपनी भोजन सम्बन्धी ज़रूरत पूरी न होने के कारण वे आदमी को मारते होंगे । इस विचार के विपरीत यह देखा गया है कि जिन क्षेत्रों में हिरणों की संख्या अधिक है और शेरों के भोजन की बहुतायत है, वहां भी आदमी को खाने की प्रवृत्ति में कमी नहीं आती। बाईस दिसम्बर 1977 के एक समाचार में बताया गया था कि सुन्दरवन के गोसावा क्षेत्र में पिछले एक सप्ताह में चौदह लोगों को शेर खा गए थे।

सवाल उठता है कि आख़िर सुन्दरवन के शेर आदमी को क्यों खाते हैं।

एक जर्मन वैज्ञानिक डौक्टर हर्बर्ट हेण्ड्रिक्स इस विषय पर अनुसन्धान कर रहे थे। सुन्दरवन में शूट किए गए सभी नरभक्षी शेरों के भीतरी अवयवों की उन्होंने परीक्षा की थी। प्राथमिक अध्ययन से पता चला था कि दलदली भूमि

में मीठे पानी के स्रोतों की कमी शेरों को ज्वार के पानी से भरी नदियों का पानी पीने के लिए बाध्य करती है जिससे उनके अन्दर बड़ी मात्रा में नमक जाता रहता है; शेरों के जिगर और गुरदों को यह ख़राब कर देता है। सम्भवतः इससे उनमें मनुष्य को खाने का रुझान हो जाता है।

शेर के गुरदे कुछ फ़ालतू नमक को छानकर कुछ परिमाण में निकाल भी देते हैं। चीतल की आंख की कोर में उत्सर्जक ग्रन्थि (excretory gland) से कुछ नमक निकल जाता है। ऐसी अवस्था इन प्राणियों को यहां रहने के लिए अनुकूलता प्रदान करती है।

## एक प्रतिशत शेर ही नरभक्षी

नरमांस खाने का रुझान सबसे अधिक सुन्दरवन के शेरों में देखा गया है। 1660 से यहां नरभक्षी शेरों का उल्लेख मिलता है। मनुष्यों को खाने का सिलसिला तभी शुरू हो गया था जब शेर के शिकार बारासिंगा, गौर और गेण्डे शिकारियों ने मारकर ख़त्म कर दिए थे।

आदमख़ोर शेर सबसे ज़्यादा सुन्दरवन में हैं। पहले यह मान्यता थी कि वहां हर शेर आदमख़ोर है। यह धारणा पूर्ण रूप से सत्य नहीं है। सूक्ष्म अध्ययन से यह मान्यता अब बदल गई है और समझा जाता है कि वहां केवल पच्चीस प्रतिशत शेरों में इन्सान को खाने की प्रवृत्ति पाई जाती है। जंगल में चौकन्ने रहें तो कुछ हद तक इनके हमलों से बचा जा सकता है।

1970 में जर्मन जीव विज्ञानी डौक्टर हर्बर्ट हेण्ड्रिक्स ने सुन्दरवन के शेरों का वैज्ञानिक पद्धति से अध्ययन किया था। उनका अनुमान था कि यहां के लगभग एक प्रतिशत शेर ही पूर्ण रूप से नरभक्षी हैं। ये केवल नरमांस को खाना पसन्द करते हैं। लगभग एक-तिहाई अत्यधिक आक्रामक हैं और कभी भी आहार के लिए मनुष्य पर हमला कर सकते हैं। बाक़ी शेर मनुष्य से डरने वाले सामान्य शेर हैं।

सुन्दरवन में हर रोज़ दो बार ज्वार आता है; दिन में दो बार समुद्र का पानी पांच से आठ मीटर ऊंचा उठ जाता है और फिर बिलकुल उतर जाता है। ज्वार का पानी अधिकांश भूमि को पंकिल बना देता है। यहां सूखी भूमि का वास्तविक क्षेत्रफल कुल बीस या पच्चीस प्रतिशत है। शेरों और वन्य प्राणियों को बहुत ही छोटी-सी जगह पर सीमित रहना पड़ता है। एक शेर लगभग ढाई वर्ग मील भूमि पर गुज़ारा करता है।

## शेर आदमख़ोर कैसे बनता है !

कई बार परिस्थितियों वश शेर आदमी को मार देता है। अपने बच्चों के लिए ख़तरा समझे तो उनकी तथा अपने इलाके की रक्षा के लिए हमला कर सकता है। इसमें आदमी की मृत्यु हो सकती है। उसे वह खा भी सकता है। यह पहली स्थिति है आदमख़ोर बनने की। पूरी लाश को इतमीनान से खाकर सन्तुष्ट होने का उसे मौक़ा मिल जाए तो उसकी मनुष्य के मांस में रुचि पैदा हो सकती है। फिर वह पीछा करके मनुष्य का शिकार करने लगता है। सुन्दरवन में अधिकतर ऐसे आदमख़ोर हैं जो खाने के लिए योजनापूर्वक आदमी का शिकार करते हैं।

सुन्दरवन में शेर आदमी के पीछे रहता है। वह सदा हमारे ऊपर निगाहें जमाए रहता है। हम उसे नहीं देख रहे होते, उसका आभास तक नहीं होता, वह हमला कर देता है। मनुष्य यदि बहादुर है और बच गया, उसने शेर पर प्रत्याक्रमण करने की हिम्मत कर तो दी, पर उसका कुछ न बिगड़ा तो शेर का मनोबल बढ़ जाता है। वह समझने लगता है कि आदमी उसके सामने क्या चीज़ है ! वह बहादुरी से हमला कर आदमी को मारने लगता है।

सुन्दरवन में आजीविका के लिए कार्य करने वाले बताते हैं कि शेर गरदन के पीछे से आदमी की दाहिनी तरफ़ दांत से पकड़ता है या वहां पंजा मारता है। क्योंकि, इधर गलशिरा (jugular vein) होती हैं, बायीं तरफ़ रोहिणी (jugular artery) होती है। गलशिरा के कटने पर ख़ून अधिक परिमाण में निकलता है और मौत अपेक्षाकृत जल्दी होती है। बायीं तरफ़ की रोहिणी के कटने से ख़ून धीरे-धीरे और कम परिमाण में निकलता है, इसलिए मौत देर से होती है। शेर को सहजबुद्धि से इसका ज्ञान है। सिंह और तेंदुए की तकनीक इससे भिन्न है। वे गला घोटकर मारते हैं।

यह ठीक है कि शेर अधिकतर मनुष्य के पीठ-पीछे से हमला करता है। आदमी की तरह शेर का भी दायां बाज़ू अधिक क्रियाशील और ताक़तवर है। मारने के लिए हमला करते समय वह दायें पंजे से चोट करता है या मुंह से गरदन पकड़ता है तो दायीं तरफ़ से ही आदमी की गदरन पकड़ में आएगी।

कुछ लाशों में देखा गया है कि शेर के दांतों की पकड़ में आदमी की खोपड़ी का कुछ भाग भी शेर के मुंह के अन्दर आ गया था। बाघ के पैरों की तलाश में जाने वाले बन्दूकधारी लोगों के अलावा दूसरे लोगों के लिए आवश्यक है कि

वे अपने दायें कन्धे पर बन्दूक की लम्बाई की लाठी रखकर चलें। शेर गरदन पर ही हमला करता है। उसके हमले से गरदन बच जाएगी। लाश को घसीटकर जंगल में ले जाने के लिए गरदन से पकड़कर घसीटने में शेर को सुविधा रहती है। इस तरह घसीटी जाती हुई लाश की बांह और टांगें लट्ठे के समान सीधी शरीर की लम्बाई के रुख़ सिमटी रहती हैं। रास्ते के पत्थरों, ठूंठों और झाड़ियों में ये लम्बे अंग अटककर लाश को कहीं अटकने नहीं देते। खींचने में शेर को कम ज़ोर लगाना पड़ता है। सिर और गरदन के अलावा वह किसी अन्य जगह से पकड़कर खींचना चाहेगा तो बांह और टांगें वृक्ष की शाखाओं के समान फैल जाएंगी और जगह-जगह अटकेंगी।

अधिकतर लाशों में देखा गया है कि शेर ने आदमी की पिण्डली पहले खाई थी, फिर जांघ, पेट, बाज़ू, सीना और गरदन। लाश को खाने का पर्याप्त समय मिल जाए तो वह खोपड़ी को भी खा जाता है। कुछ उदाहरणों में शेर से लाश छुड़वा ली गई। खाने के लिए दो-तीन घण्टे का समय मिला था। इस बीच उसने दो-तीन किलोग्राम गोश्त खाया होगा। हड्डियां नहीं खाईं। खाल को फ़ाड़ने, मांस नोचने और मांस के टुकड़े कर निगलने में उसकी रफ़्तार एक किलोग्राम प्रति घण्टा रही होगी। चिड़ियाघरों में रखे शेरों को प्रति दिन दस किलोग्राम गोश्त दिया जाता है जिसमें हड्डियां भी शामिल होती हैं। इसे वे इतमीनान से खाते रहते हैं। जंगल में शेर को रोज़ भोजन नहीं मिलता। इसलिए उसे जब मिलता है तो ठूंस-ठूंस कर पेट भर लेता है। पाचन-क्रिया बहुत तेज़ी से होती है। खाने के लिए अड़तालीस घण्टे मिल जाएं तो वह खोपड़ी और छोटी हड्डियों समेत आदमी की समूची लाश को खा जाता है। टांगों और बांहों की मोटी हड्डियां ही बचती हैं। सामान्य आदमी का वज़न चौंसठ किलोग्राम मान लिया जाए तो अड़तालीस घण्टे में वह अड़तालीस किलोग्राम लाश खा जाएगा और सोलह किलोग्राम हड्डियां बची रहेंगी।

सुन्दरवन के शेर सामान्यतया अपने जंगल के क्षेत्र के आदमी को मारते हैं। गांव में जाकर उत्पात नहीं मचाते, जैसा कि उत्तर भारत के नरभक्षी करते हैं। आदमी इनके निवास में घुसता है तभी मारते हैं। सरसरीतौर पर सोचने से अन्दाज़ होता है कि जंगल से अपनी भोजन सम्बन्धी ज़रूरत पूरी न होने के कारण वे आदमी को मारते होंगे। इस विचार के विपरीत यह देखा गया है कि जिन क्षेत्रों में हिरणों की संख्या अधिक है और शेरों के भोजन की बहुतायत है, वहां भी आदमी को खाने की प्रवृत्ति में कमी नहीं आती। बाईस दिसम्बर 1977 के समाचार

में बताया गया था कि सुन्दरवन के गोसावा क्षेत्र में पिछले एक सप्ताह में चौदह लोगों को शेर खा गए थे।

## पूजा-पाठ, मन्त्र-तन्त्र

मछलियां पकड़ने के लिए घर से निकलने से पहले मछियारे पूजा करते हैं। पूजा में चार देवी-देवताओं की मूर्तियां रहती हैं। वन बीवी, शाह जंगली, दुखीराम, और दक्खिन राय। दक्खिन राय व्याघ्र देवता (tiger god) है। साठ से नब्बे सेण्टीमीटर ऊंची ये मूर्तियां चिकनी मिट्टी से बनाई जाती हैं। आकार के अनुसार मूर्ति की क़ीमत सौ-डेढ़ सौ रुपये होती है। मूर्ति बनाने वाले पाल जाति के लोग हैं। पूजा करने से मछियारों का आत्मबल बढ़ता है। यद्यपि आदमख़ोर शेर पर इसका कोई असर नहीं होता।

मछियारों की पूजा में चार मूर्तियां वेदी पर रखी थीं — एक स्त्री, एक पुरुष, एक बालक और एक शेर। स्त्री वनदेवी की प्रतिमा है। सोने के आभूषणों से उसका अलंकार किया गया है। उसके सिर पर मुकुट, माथे पर टिक्का, नाक में नथ और गले में कण्ठहार पहनाया गया है। यह जंगल की अधिष्ठातृ देवी है। स्थानीय लोग इसे बोनो बीवी कहते हैं। यह माता के समान वनवासियों की रक्षा करती है, उसके दुःख-दर्दों को दूर करती है। उसके मातृ रूप को उजागर करने के लिए उसे मां बोनो बीवी कहते हैं। बांग्ला भाषा में इसका अर्थ वन की देवी है।

## जंगल का बादशाह : पुर्तगाली वीर या मुस्लिम पीर

वनदेवी के बायीं तरफ़ स्थापित मूर्ति के बारे में मुझे बताया गया था कि यह वनदेवी का भाई सा जंगली है। सा जंगली नाम शाह जंगली का बांग्ला रूपान्तर है। शाह का अर्थ बादशाह है। सा जंगली जंगल का बादशाह है।

वेशभूषा से यह बंगवासी नहीं जान पड़ता। इसके सिर पर तुर्की टोपी जैसी लाल टोपी है। इसने लाल कमीज़ और हलके रंग का पाजामा पहना है। ये वस्त्र इसके अंगों के साथ सटे हुए हैं। इसके हुलिये को देखते हुए इसे भारतीय नारी वनदेवी का भाई तो नहीं माना जा सकता। यह विदेशी पुरुष है जिसने अपना विदेशी पहनावा धारण करने में ही यहां गौरव समझा। स्थानीय लोगों में उसकी प्रतिष्ठा थी। सुन्दरवन में किसी ज़माने में पुर्तगाली और अराकानी समुद्री लुटेरों का आतंक था। हो सकता है कि मूर्तिकार ने इस पुरुष को पुर्तगाली आदमी के अनुरूप बनाया हो।

स्थानीय लोग पुर्तगाली जलदस्युओं की शक्ति का लोहा मानते थे। वे पुर्तगालियों को ऐसा वीर पुरुष मानते थे जो अपनी विलक्षण चमत्कारी शक्ति से हत्यारे शेरों को वश में कर लेता है।

पूजा में रखी मूर्तियों में इस पराक्रमी पुरुष को शेर का दाहिना कान पकड़े

चित्र 50 व्याघ्र वशीकरण

हुए दिखाया गया है। बायें पैर से उसने शेर की पीठ को दबोच रखा है। उसने शेर को पूर्णतया वश में कर लिया है। शेर का चेहरा दयनीय बन गया है।

इस शेर ने गांव में खेलते हुए इस बालक को पकड़ लिया था जो उसके सामने खड़ा है। वीर पुरुष ने उसे छुड़ा लिया था। आततायी की गिरफ़्त से छूटा बालक वशवर्ती शेर के सामने नाच रहा है। मां वनदेवी ने उसकी बांह थामी हुई है। बालक का नाम दुखी राम है। इसे दुखो भी कहते हैं।

शेरों का दमन करने वाले इस साहसी वीर के बारे में लोगों ने मुझे बताया कि यह पीर गाज़ी है — एक मुस्लिम सन्त। इस मान्यता को स्वीकार करने में कठिनाई यह है कि पीरों या मुस्लिम सन्तों से इसका लिबास मेल नहीं खाता।

## मौत से जूझता मांझी

सुन्दरवन झींगा और चवालीस जातियों की मछलियों के प्रजनन के लिए आदर्श स्थान है। सुन्दरवन में हर साल क़रीब पन्द्रह मीट्रिक टन मछलियां झींगा पकड़ी जाती हैं। इन्हें कलकत्ता तथा अन्य जगह निर्यात किया जाता है।

जंगल के भीतर मछुआरे किसी उपनदी (creek) में जब मछलियां पकड़ने जाते हैं तब उन्हें हर पल आदमख़ोर का ख़तरा बना रहता है। एक ने आदमख़ोर की दास्तां सुनाई, 'हम लोग उपनदी में जाल डाल रहे थे तभी शेर बाज की तरह झपटा और हमारे एक साथी को ले गया। उस समय हम कुल चौदह लोग थे। काठ के निर्जीव पुतलों के समान ताकते रह गए।'

वनस्पतियों के गहन जाल में अपने धन्धों में फंसे किसी देहाती को शेरों के लिए मारना आसान होता है। शेर इतने निडर और साहसी बन गए हैं कि डोंगियों में बेख़बर सोए हुए लोगों में से किसी को उठाने में संकोच नहीं करते। हर मछियारा ऐसी वारदातें इस सहज भाव से सुनाता है जैसे ये कोई अचम्भे की बातें न हों। एक बार एक दिलेर शेर दिन-दहाड़े तैरकर वन-विभाग के एक बड़े मोटर लौंच तक पहुंच गया। चप्पू मारकर उसे खदेड़ना पड़ा। यहां के शेर अर्द्ध जलचर बन गए हैं।

जनवरी 1982 की घटना है। पखिराला गांव के चार मछियारे सजनाखली से पंचमखानी गये थे। रास्ते में उन्हें तीन घण्टे लग गए थे। उन्होंने सुबह ज्वार के समय जाल ताना था। शाम को भाटे के समय पानी उतर गया था। घुटनों से कम गहरे पानी में खड़े तीन मछियारे जाल खींच रहे थे। क़रीब पन्द्रह किलोग्राम मछलियां फंसी थीं। किनारे बांधी किश्ती के तल से भाटा का पानी उतर गया था। उसे दलदली ज़मीन से धकेलकर पानी में ले जाने का काम सत्ताईस साल

का सुभद्रा मण्डल कर रहा था। शाम के तीन बजे थे। मछियारों के दल को उसी दिन घर लौटना था।

जंगल से शेर लपका और सुभद्रा को खींच ले गया। उसके तीनों साथी ख़ाली हाथ थे। किश्ती नज़दीक होती तो उसके चप्पुओं से शेर पर वार कर अपने साथी को छुड़ाने की कोशिश कर सकते थे। सुभद्रा क्योंकि पार्क के अभ्यन्तर क्षेत्र (core area) में मारा गया था इसलिए उसकी पत्नी को मुआवज़ा नहीं दिया गया। अभ्यन्तर में जाना अपराध है, ये लोग चोरी-छिपे मछली पकड़ रहे थे। आदमख़ोरों द्वारा की गई कार्यवाही के परिणामस्वरूप बनी विधवाओं में सुन्दरवन के पखिराला गांव में एक जवान विधवा की वृद्धि हो गई।

सुन्दरवन में मेरे आने से पन्द्रह दिन पहले की घटना है। दन्तपसर नदी की खाली (creek) में मछुओं ने जाल लगाया था। अगले दिन विमल और विनय मछली भरा जाल खींच रहे थे। ज्वार का पानी उतर जाने से ज़मीन चिकनी दलदल से पटी थी जिसमें मछुओं के पैर गहरे धंस जाते थे। बायें तट के जंगल से शेर निकला, पानी और चिकनी मिट्टी में फिसलता हुआ किनारे वाले मछुए तक पहुंच गया और उसे खींच ले गया। उसके साथी स्तब्ध देखते रहे। ओझल हो जाने पर उनका दिमाग़ सोचने लगा : 'यह क्या हो गया।'

सुसखली की झीला नदी में पचास वर्षीय फूलचन्द सरदार और उसके दो साथी मछली पकड़ने गए थे। बरसात का मौसम था। रात को ये अपनी डोंगी में सो रहे थे। फूलचन्द तट की ओर था। डोंगी तट से तीन मीटर दूर पानी में खड़ी थी। दस-ग्यारह बजे होंगे। फूलचन्द को पकड़ने के लिए शेर डोंगी पर कूदा। उसकी बायीं बाजू पर शेर का पंजा लगा। शेर के भार से डोंगी टेढ़ी हो गई। दूसरे साथी जाग गए। उन्होंने शोर मचाकर शेर को भगा दिया। शेर के हमले से उसकी अग्रबाहु की दोनों हड्डियां टूट गईं। ज़ख़्मों से ख़ून बहने लगा। साथियों ने बांह पर गमछा बांध दिया। दहशत से वह बेहोश हो गया। इसके साथी सोचते थे कि यह बचेगा भी कि नहीं। मोल्ला खली हौस्पिटल में दो महीने उसका इलाज किया जाता रहा। दोनों हड्डियां टेढ़ी जुड़ गईं। काली का उपासक फूलचन्द गोसावा थाने के अन्तर्गत सातगेलिया गांव में रहता था। शेर के हमले से वह इतना अधिक भयभीत हो गया था कि दस साल तक जंगल में घुसने की हिम्मत नहीं जुटा सका।

पन्द्रह दिसम्बर, 1984 की बात है। दत्तपशु खाली (creek) में चार मछियारे मछलियां पकड़ने गए। खाली में दो सौ क़दम अन्दर जाकर डोंगी खड़ी कर दी। खाली के आर-पार जाल बांधना शुरू किया। दाहिने तट वाले मछियारे को शेर उठा ले गया। जहां से उठाया था वहां जंगल में वन-विभाग ने एक किश्ती रख दी जिसके ऊपर घुमावदार छत थी। इसके अन्दर एक औरत का पुतला बैठा दिया और बिजली का तीन सौ वोल्ट करंट का तार लपेट दिया। इस प्रक्रिया को बेदी फ़िल्म्स की मैन ईटिंग टाइगर्स (आदमख़ोर शेर) के लिए नरेश बेदी फ़िल्मा रहे थे। घने जंगल में पानी से पचास क़दम दूर रखी किश्ती में रखे पुतले के क्लोज़-अप लेने के लिए हमें घुटनों तक दलदल में जाना पड़ा। चिकनी, गाढ़ी दलदल में धंसी टांगों को निकालकर आगे बढ़ना कठिन था। हम बहुत धीरे-धीरे बढ़ रहे थे। साढ़े तीन-चार बज गए थे। आकाश में बादल आ जाने से लगता था कि शाम हो गई है।

पार्क के सहायक डायरेक्टर सेन हमारे साथ थे। वे हमें बार-बार कह रहे थे कि शिकार करने के लिए शेर के निकलने का समय हो गया है। जंगल छोड़कर वापिस चलो। हमारी सुरक्षा के लिए सेन ने दो गनमैन तैनात कर रखे थे। वे जंगल की तरफ़ मुंह करके बन्दूक ताने खड़े रहे।

## पानी के अन्दर भी शेर पीछा करता रहा

जुलाई 1982 में सहायक फ़ील्ड डायरेक्टर शंकर घोष मोटर लौंच पर रुटीन दौरे पर निकले थे। पंचमखानी ब्लौक में उन्होंने एक जगह लंगर डाला। लौंच के साथ बंधी किश्ती पर घोष के अलावा पांच और लोग सवार हुए। हरिनन्दन दाश मांझी, एक फ़ौरेस्टर, दो सहायक और घोष की आठ-दस साल की लड़की। फ़िशिंग बोटों को चेक करने के उद्देश्य से घोष देवज़ी भरानी खाल के अन्दर जा रहे थे।

तट से किश्ती अधिक दूर नहीं थी। जंगल से शेर कूदा। किश्ती के पास ही वह पानी में धड़ाम से गिरा। हरिनन्दन ने पूरी ताक़त से चप्पू चलाने शुरू किए जिससे शेर से दूर निकल जाए। तैरता हुआ शेर किश्ती तक पंहुच गया। किश्ती के किनारे पंजा रखकर उसने चढ़ने की कोशिश की। हरिनन्दन ने उसके हाथ पर चप्पू जड़ दिया। एक बार तो उसने किश्ती छोड़ दी, पर भूख से लाचार शेर ने अपना इरादा नहीं बदला। उसका लक्ष्य हरिनन्दन था। हरिनन्दन बाल-बाल बच गया। बचने की कोशिश में वह पानी के अन्दर गिर गया। किश्ती के एक तरफ़ शेर और दूसरी तरफ़ मांझी। शेर उसकी तरफ़ बढ़ने लगा। उससे बचने

के लिए वह डुबकी लगाकर दूसरी तरफ़ जाने लगा। वह अजीब शशोपंज में था। किनारे पर जा लगे तब भी शेर मार डालेगा। शेर अच्छा तैराक था। वह मांझी

चित्र 51 बायीं ओर घड़ी पहने हरिनन्दन मांझी। पानी के अन्दर भी आदमख़ोर इसका पीछा करता रहा

तक पहुंच गया और उसने अपना पंजा मारा। नाख़ूनों से उसका कूल्हा ज़ख़्मी हो गया।

मांझी के बगैर मंझधार में डोलती हुई किश्ती का चप्पू दूसरे आदमी ने थाम लिया। उसने हमलावर को कसकर चप्पू जड़ने शुरू किए। चप्पुओं की मार के सामने वह टिक न सका।

फ़ौरेस्टर के हाथ में बन्दूक थी, पर वह चला नहीं सका। हतप्रभ बैठा रहा। दिन के बारह बजे किए गए आतंकवादी के हमले को मोटर लौंच का सारा क्रू डेक के रेलिंग के सहारे खड़े हुए देखता रहा।

हरिनन्दन पैंतालीस साल का मामूली गठन का आदमी था। नरेश बेदी की मैन ईटिंग टाइगर्स (आदमख़ोर शेर) फ़िल्म के लिए मैंने इसका इण्टरव्यू लिया था। मौत से चार-पांच मिनट तक जूझने की इस लोमहर्षक घटना को वह सहज भाव से सुनाता रहा। फ़िल्म में शेर को पानी में कूदते हुए जब दर्शक देखते हैं तब स्तब्ध हो जाते हैं।

लहूलुहान हरिनन्दन को इलाज के लिए मोल्ला खली हौस्पिटल में ले गये। बिना किसी प्राथमिक उपचार के उसे साढ़े तीन घण्टे किश्ती में सफ़र करना पड़ा।

## विधवा ग्राम

**पटाख़े का धमाका, दावत का निमन्त्रण :** जंगल में जाने वाले लकड़-हारों, मछियारों और शहद इकट्ठा करने वालों को वन-विभाग मुफ़्त में पटाख़े देता है। जंगल में घुसते समय शेर को डराने के लिए वे पटाख़े छोड़ते हैं। शेर को दूर रखने के लिए इसका कुछ असर तो होता ही है, पर एक बार एक धूर्त्त शेर ने पटाख़ों के धमाकों को दावत पर आने का निमन्त्रण मान लिया। वह चुपके से आया और उसी आदमी को उठा ले गया जो पटाख़े छोड़कर उसकी नींद हराम कर रहा था। सुन्दरवन की विधवाओं में एक बिलखती विधवा बढ़ गई।

### हर साल पचास विधवा

हर साल पचास आदमियों को शेर खा लेता है। परिणामतः हर साल पचास औरतें विधवा हो जाती हैं। 1952 से 1982 तक तीस बरसों में 1,500 औरतें विधवा हो गई थीं।

औसत पच्चीस साल की उम्र में विधवा बन जाती है। पहले तो ये दुबारा शादी नहीं करती थी, अब करने लगी हैं।

मैं कुछ विधवाओं के घर गया। उनकी वास्तविक स्थिति जानने के लिए उनसे पूछा। उनकी हालत बहुत दयनीय है। वे दुखी हैं। पेट पालने के लिए दूसरों

चित्र 52 सुन्दरवन की विधवाएं। इनके पति शेरों द्वारा मारे गये थे

के घर में काम करती हैं। वे इन्हें भात खिला देते हैं। मज़दूरी के रूप में एक पैसा नहीं देते। लाज छिपाने के लिए केवल एक धोती उनके पास होती है जिसे वे नीचे बांध लेती हैं और ऊपर लपेट लेती हैं।

एक विधवा बहुत शर्मीली थी और कुछ भी बोलने से संकोच करती थी। दूसरी विधवा गीता रानी बड़े गुस्से में बोली। उसने कहा कि सरकार ने विधवाओं की भलाई के लिए कुछ नहीं किया। उन्हें कोई नौकरी मिल जाती तो अपने बच्चों को पाल लेती और माता-पिता पर बोझ नहीं रहतीं। पखिराला गांव में रहने वाली गीता रानी की उम्र पैंतीस साल है। अपने तीन लड़के और एक लड़की के साथ माता-पिता के घर में रहती है। छह साल पहले (1976) उसके पति शिवपद मण्डल को शेर खा गया था। गीता रानी को मुआवज़ा मिल गया था।

सुभद्रा मण्डल की दास्तां बड़ी कारुणिक थी, 'मेरा पति रोज़ी-रोटी कमाने जंगल में जाता था तो डर लगता था। मैं मना भी करती थी। लेकिन वह सोचता हम लोग कैसे खाएंगे। ज़मीन-जायदाद कुछ नहीं है। बच्चों को तो पालकर बड़ा

करना ही है। हम लोग उसे रोकते, मेरे मां-बाप उसे मना करते। गांव वाले भी उसे रोका करते।'

'वह सवेरे जंगल में गया। रात तक उसकी कोई ख़बर नहीं आई। मैं अपनी दुधमुंही बच्ची को छाती से लगाए टिमटिमाते दीये की फीकी रोशनी में उसकी बाट जोहती रही। अगली सुबह ख़बर मिली शेर उसे खा गया। उसकी लाश भी नहीं मिली।'

सुभद्रा मण्डल का पति जब शेर द्वारा मारा गया तब उसकी छोटी बच्ची पन्द्रह दिन की थी। उसका बड़ा भाई तीन साल का था। सुभद्रा के पिता कई साल पहले मर गए थे। मां ग़रीब है, भीख मांगकर पेट पालती है। उसके साथ रहने का कोई सवाल पैदा नहीं होता। वह अपने रिश्तेदारों के साथ रहती है। दूसरों के घर में काम करने जाती है। घर वाले उसे केवल भात खिला देते हैं।

## विधवा ग्राम

सुन्दरवन में शेरों के उत्पीड़न के बारे में कहा जाता था कि वहां बड़ी संख्या में आदमियों के मारे जाने से विधवाओं के अलग गांव बन गए हैं जिन्हें विधवा पल्ली या विधवा ग्राम (widow village) कहते हैं। वास्तव में ऐसा कोई गांव नहीं हैं जिसमें केवल विधवाएं रहती हैं। जिस गांव में कोई ऐसी विधवा रहती है जिसके पति को आदमख़ोर शेर या मगरमच्छ ने मारा हो उसे विधवा पल्ली अर्थात् विधवा वाला गांव कह देते हैं।

सुन्दरवन की सीमा पर बसे कुछ ऐसे गांव हैं जिनमें रहने वाले ज़्यादातर मछियारों के पास मछली पकड़ने के परमिट हैं। क्योंकि अधिकतर यही लोग शेरों का शिकार बनते हैं, इसलिए इन गांवों में विधवा स्त्रियों की संख्या अपेक्षाकृत अधिक होती है। ऐसे गांवों को विधवा गांव (विधवा पल्ली) कहते हैं। ऐसा नहीं होता कि जो औरत विधवा हो जाए उसे अपने गांव से निकाल दिया जाए और वह अलग उस गांव में रहने लगे जहां और भी विधवाएं रहती हों। गोसावा के नज़दीक तथा सातगेलिया के पास गांवों में ऐसी विधवाएं हैं जिनके पतियों को आदमख़ोरों ने मार दिया था। मोला खली में आदमख़ोर से प्रभावित औरतें हैं। यहां एक मुहल्ले में कुछ विधवा औरतें हैं।

## शेर के हाथों मरना भला

गांवों के लोग ग़रीब हैं। उनके लिए जीवन का मूल्य कुछ नहीं है। वे कहते हैं, घर में मरने की बजाय जंगल में जाकर शेर के हाथों मरना अच्छा है। घर में भूख से होने वाली मौत को टाला नहीं जा सकता पर हत्यारे शेरों से बच निकलने के अवसर सदा रहते हैं। तभी हम नरभक्षियों के जंगल में रोटी कमाने जाते हैं।

सुन्दरवन के लोगों का भाग्य विधाता यहां के शेर हैं। यहां के लोग जब पन्द्रह-बीस दिन या अधिक समय के लिए खाड़ी के जंगलों में काम करने जाते हैं तब उनकी औरतें टेम्परेरी वैधव्य अपना लेती हैं। बालों में तेल नहीं लगातीं, सिन्दूर से मांग नहीं भरतीं, शृंगार नहीं करतीं; विधवाओं या सन्यासिनों जैसा सादा जीवन गुज़ारती हैं। एक ही धोती को धो-सुखाकर पहनती हैं। फ़ाके में दिन गुजारती हैं, चूल्हा भी नहीं फूंकती, झाड़ू बुहारू नहीं करतीं। सूरज डूबने के बाद पकाती हैं और खाती हैं। पति के लौटने पर सधवा के समान रहने लगती हैं। एक साल तक पति नहीं लौटता तो औरत दूसरी शादी कर सकती है।

## बन्दूकधारी गार्ड को खींच ले गया

पिछे खाली के साथ-साथ जंगल में लकड़ी काटने का काम चल रहा था। दस से पन्द्रह किलोमीटर के क्षेत्र में क़रीब आठ सौ आदमी काम कर रहे थे। दो जनवरी 1985 को वहां एक सौ इकानवे किश्तियां और एक सौ पचास डोंगियां गई थीं।

सोलह नवम्बर से मार्च तक जंगल में लकड़ी काटने और निकालने का काम चलता है। एप्रिल में शहद इकट्ठा किया जाता है। जून से अक्तूबर तक ख़राब मौसम होता है, दक्षिणी प्रचण्ड हवाएं चलती हैं।

खटुआ जूरी ब्लौक में पेड़ों की कटाई का काम चल रहा था। कम्पार्टमेंट नम्बर दो में डोंगी में चार-पांच लकड़हारे बैठे थे। वे कुल्हाड़ियों और दाव से लैस थे। बेहद चौकन्ने थे। आदमख़ोर शेर को उन्होंने डोंगी की तरफ़ आते देखा। दुपहर का वक़्त था। शेर उनसे आठ-दस क़दम के फ़ासले तक पहुंच गया। यहां से एक छलांग में वह लकड़हारों के ऊपर कूद सकता था। शेर को भगाने के लिए उन्होंने शोर मचाया, वह लौट गया।

खटुंआ जूरी ब्लौक के पातनांश क्षेत्र (coupe area) में पच्चीस शेर रहते

हैं। जंगल काटने वाले बेहद चौकन्ने रहते हैं, तभी बचे रहते हैं। ज़रा भी असावधान हुए तो आदमख़ोर दाव लगा लेता है।

## बन्दूक की धज्जियां उड़ा दीं

सुन्दरवन में जंगल से लकड़ी निकालने का काम अन्य जगहों से भिन्न है। यहां पेड़ों का छपान नहीं होता। जंगल में पेड़ों की कटाई शुरू करने से पहले कटाई की सीमाओं का अंकन करना होता है। इसके लिए पांच-दस मीटर चौड़ी लम्बी पट्टी में से पेड़ों को काटकर जगह साफ़ कर देते हैं।

उसके अन्दर के पेड़ों को काटने का लाइसेन्स दिया जाता है। ढुलान और परिवहन नौकाओं पर किया जाता है। काटी गई लकड़ी को तोला नहीं जाता,

चित्र 53 लकड़ी का ढुलान और परिवहन नौकाओं पर किया जाता है

भार नापा जाता है। नौका पर उसकी भार ढोने की क्षमता का निशान लगा रहता है। एक सौ से चार सौ क्विन्टल तक लकड़ी नौका में लादी जा सकती है। लाइसेन्सधारी को एक ही जाति के पेड़ काटने की अनुमति होती है।

1988 की सरदियों में चामटा ब्लौक में सीमा-पट्टी के पेड़ों के कटान में पच्चीस मज़दूर लगे थे। उनकी रक्षा के लिए कार्यरत मज़दूरों की पंक्ति के दोनों

सिरों पर एक-एक बन्दूकधारी फ़ौरेस्ट गार्ड तैनात था। दस और साढ़े दस के बीच का समय था। काम अभी शुरू हुआ था। मज़दूर ताज़ा थे और पूरे ज़ोर-शोर से पेड़ों के तनों पर कुल्हाड़ियां बरसा रहे थे। उस समय तो आदमख़ोर शेर भी वहां आ जाता तो तेज़ धार वाली कुल्हाड़ी से वे उसकी गरदन को क़लम करने से न चूकते। चामटा के आदमख़ोर को उनकी संहारक शक्ति का अन्दाज़ था। इसलिए उसने उन पर हमला करने की हिम्मत नहीं की। घने जंगल को चीरकर निगाह दस क़दम दूर नहीं देख पाती थी। आदमख़ोर वहीं कार्तिक चन्द्र बोस फ़ौरेस्ट गार्ड के नज़दीक दुबककर चुपचाप मौके की तलाश में लेटा रहा। चालीस वर्षीय बोस की सेहत अच्छी थी और जिस्म भारी था।

बन्दूक उठाए हुए बोस की बाहें थक गई थीं। उन्हें ज़रा आराम देने के लिए उसने बन्दूक कन्धे पर टिका ली। पास वाले मज़दूर से बतियाने ही लगा था कि अचानक आदमख़ोर कूदा और उसे घसीट ले गया। बिजली के कौंधने के समान यह सब कुछ क्षणों में ही हो गया। मज़दूरों में खलबली मच गई। वे जंगल से निकलने के लिए बेतहाशा भागे। ड्यूटी पर तैनात दूसरा बन्दूकधारी फ़ौरेस्ट गार्ड कालीपद मण्डल था। उसके द्वारा फ़ायर करने और पटाख़े छोड़ने से पहले शेर उसे पचास मीटर दूर घसीट ले जा चुका था। शोर मचाकर फिर मज़दूरों को वापिस बुलाया।

कालीपद ने देखा कि बोस जहां खड़ा था वहां उसकी सरकारी बन्दूक के बैरल का सिरा ज़मीन में धंसा हुआ है। मानो बोस की जगह खड़ी बन्दूक अब कार्यरत मज़दूरों की जीवन-रक्षा के लिए तैनात थी और सुरक्षा की व्यवस्था का उपहास कर रही थी। बाद में मैंने इस बन्दूक को वन-विभाग के केनिंग औफ़िस में देखा था। उसकी पड़ताल से मैं इस परिणाम पर पहुंचा था कि बन्दूक दोनों कन्धों के आर-पार रखी थी। दो सौ किलोग्राम भारी शेर के दोनों पंजे कन्धों के दोनों ओर पूरी ताक़त से टकराए थे। झटके में कुन्दा टूट गया था। घोड़े के पास बैरल टुकड़े-टुकड़े हो गया था। बन्दूक मरम्मत करने लायक नहीं रही थी। जंगल के एकछत्र राजा की विलक्षण शक्ति का परिचय देने वाले इस दुर्लभ नमूने को केनिंग में स्टील अलमारी के अन्दर बन्द रखने की बजाय किसी केन्द्रीय म्यूज़ियम में प्रदर्शित करना अधिक लाभदायक होगा।

कार्तिक चन्द्र बोस की लाश में गरदन की दायीं तरफ़ शेर के दांत गाड़ने के छिद्र बने हुए थे।

# सिद्ध तान्त्रिकों की भी ख़ैर नहीं

सुन्दरवन के जंगलों से शहद इकट्ठा करने वालों की टोली में सात-आठ आदमी होते हैं। इनमें एक नेता होता है जिसे बाउली कहते हैं। बाउली मन्त्र-तन्त्र में सिद्धहस्त होता है। वह कर्मकाण्ड में निष्णात ब्राह्मण जैसा पुजारी होता है। तान्त्रिक शक्ति से अपने साथियों को शेर के हमले से बचाता है। विलक्षण चमत्कारों से युक्त इस व्यक्ति के प्रति गांव वाले सम्मान रखते हैं।

आदमख़ोरों से व्याप्त जंगल में शहद इकट्ठा करने की प्रक्रिया को फ़िल्माने हम इस टोली के साथ गए।

डोंगी से उतरकर टोली ने घुटनों तक गहरी दलदल को पार किया। जंगल के छोर पर जलरहित भूमि के टुकड़े पर पहुंचकर इन लोगों ने पूजा के निमित्त मन्दिर बनाने के लिए लकड़ियां काटीं। आदमी जितना ऊंचा मंच बनाया। उसके ऊपर बाउली ने दो मूर्तियां स्थापित कीं। यह पवित्र मन्दिर बन गया। एक मूर्ति शेर पर सवार वनदेवी की थी जिसे ये बोनी बीवी कहते हैं। चिकनी मिट्टी से बनाई एक हाथ ऊंची इस रंग-बिरंगी आकर्षक प्रतिमा के साथ वनदेवी के भाई सा जंगली (जंगल का बादशाह) की मूर्ति स्थापित की। दोनों मूर्तियां साठ रुपये में बनवाई गई थीं। बाउली इन्हें गांव से अपने साथ लाया था। मंच पर प्रतिष्ठित कर उसने इनका शृंगार किया। किसी कारण गांव से मूर्तियां न आई हों तो वह गीली मिट्टी उठाकर तत्काल बना लेता है।

मंच के दायीं तरफ़ ज़मीन पर खाड़ी मगर की एक मीटर लम्बी प्रतिमा बनाई गई। गीली मिट्टी से बनाई प्रतिमा में गरन के झड़े हुए पत्ते खोंसकर मगर के शल्क (scale) बना दिए। मंच पर स्थापित मूर्तियों के आगे क़रीब सौ आदमी गीली धरती पर हाथ जोड़े खड़े थे। उनकी किश्तियां तट के साथ-साथ दूर तक बांधी हुई थीं।

जंगल के बादशाह और मां वनदेवी की उपासना में तन्मय मेहनतकश वनपुत्रों की आदमख़ोर से रक्षा के लिए बन्दूकधारी फ़ौरेस्ट गार्ड अविराम गश्त कर रहे थे।

वनदेवी की स्तुति में बाउली ने बोनी बीवी जहूरनामा नामक मुद्रित पुस्तिका से कुछ मन्त्र पढ़े। पुस्तिका की लिपि बंगाली थी और भाषा उर्दूमय हिन्दी।

स्तुति के मन्त्रों में सलाम शब्द मुझे बार-बार सुनाई दे रहा था। ज़ाहिर है कि वनदेवी और खाड़ी मगर को नमस्कार किया जा रहा था। हिन्दू-मुस्लिम संस्कृति

का यह अद्भुत संगम था। शेर ने हिन्दू और मुस्लिम को मिला दिया था। पूजा करने के बाद देवी को और मगर को प्रसाद भेंट किया गया। फिर सबको बांट दिया। पूजा में पांच-छह घण्टे लग जाते हैं।

हिंताल के पत्ते काटकर टोली जंगल में घुसती है। जंगल में जाते हुए बाउली सबसे आगे रहता है और वापसी पर सबसे पीछे। शेर को कीलने का मन्त्र पढ़ता

**चित्र 54** शहद इकट्ठा करने वालों की टोली। सामने हिन्ताल का ढेर है। एक आदमी के हाथ में टोकरी है जिसमें मधुमक्खी का छत्ता काटकर रखा जाएगा

जाता है। उसके साथी आश्वस्त होते हैं कि उसकी मन्त्रशक्ति के चमत्कार से शेर उनके पास नहीं फटकेगा।

पेड़ों के तने पतले हैं। व्यास में एक बिलांद भर। बिलकुल पास-पास उगे हैं। उनके बीच में पैर रखने की जगह भी मुश्किल से मिल पाती है। घने जंगल में पांच-सात क़दम आगे दृष्टि नहीं जाती। पता नहीं कहां इन्सान के लहू का चटूरा आदमख़ोर घात लगाए बैठा है। वह इस टोली के हर आदमी की हर चेष्टा को ग़ौर कर रहा है।

हिन्ताल का हरा पत्ता भी जल जाता है। ताज़े काटे हुए पत्तों में आग सुलगाकर बाउली छत्ते पर धूनी देता है। टोली के लोग छत्ता काटकर टोकरी में रख लेते

हैं और क्रीक के किनारे बंधी अपनी डोंगी की तरफ़ चल पड़ते हैं। डोंगी से प्रायः दो-ढाई सौ क़दम दूर उन्हें छत्ता मिल जाता है।

निर्विघ्न काम पूरा हो जाने पर जंगल से बाहर निकलकर वे फिर पूजा करते हैं। इस बार गीली मिट्टी से मधुमक्खी का छत्ता बनाकर मंच पर रखते हैं। उसे हिन्ताल के पत्तों से ढक देते हैं। जंगल, वनदेवी और मधुमक्खी के प्रति कृतज्ञता प्रकट करता हुआ बाउली मन्त्र पढ़ता है।

शहद मिल जाने से वापसी यात्रा में लोग प्रसन्न और सन्तुष्ट होते हैं। शेर के ख़तरे के कारण पैदा हुआ मानसिक तनाव कुछ क़दर कम हो गया होता है।

तभी शेर झपटता है। क़तार के सबसे पिछले आदमी को गिरा लेता है। गरदन को मुंह में कसके पकड़कर घसीट ले जाता है। शहद इकट्ठा करने वालों के परम्परागत विधान में क़तार में सबसे पीछे बाउली रहता है, इसलिए अधिकतर वही शेर का शिकार बनता है। टोली के लोगों को शेर से संरक्षण करने का दावा करने वाले का यह दुर्भाग्यपूर्ण अन्त देखकर भी बाउली की तान्त्रिक शक्ति पर लोगों की आस्था अडिग रहती है। बाउली सम्प्रदाय के दूसरे अनुयायी दुखद घटना का विश्लेषण करते हुए लोगों को समझाते हैं कि मन्त्र पाठ में, पूजा में, तान्त्रिक कर्मकाण्ड में कुछ त्रुटि रह जाने से ही शेर ने उसे मार लिया, वरना वह उसका बाल भी बांका नहीं कर सकता था।

एक बार शहद इकट्ठा करने वाली टोली ने खाल (creek) के तट पर पूजा की, वनदेवी को भेंट किया प्रसाद खाया और शहद के छत्तों की तलाश में वन में घुस गए।

तट पर गश्त लगाते हुए फ़ौरेस्ट गार्ड गोविन्द चक्रवर्ती ने वन में ज़रा चहल-पहल देखी। शहद वालों की हलचल को उसने समझा कि यह शेर की हलचल है। शहद वालों को सावधान करने के लिए वन में घुसा ही था कि शेर ने झपट्टा मारा। उसकी चीख़ सुनकर तट पर काम करने वाले सभी लोग दौड़े। शोर मचाकर और पटाख़े छोड़कर शेर को भगा दिया। लहूलुहान फ़ौरेस्ट गार्ड की लाश पड़ी थी। 1997 में शहद के मौसम में यह घटना हुई थी।

सुन्दरवन के साहसी और ढीठ शेरों का कभी-कभी निहत्थे लोग भी मुक़ाबला करने की हिम्मत कर लेते हैं। एक बार बाउली को शेर खींचे ले जा रहा था। उसका भाई भी शहद इकट्ठा करने वालों की टोली में शामिल था। उसने शेर को

ललकारा और भाई को छुड़ाने की कोशिश की। हो-हल्ले से डरकर भागने की बजाय शेर ने पहले शिकार को छोड़ा और इस पर लपक पड़ा।

1988 में शहद इकट्ठा करने के मौसम में शेरों ने छह आदमियों को मार दिया था। इनमें से चार बाउली थे। शहद इकट्ठा करने वाले को यहां मौली कहते हैं। शहद इकट्ठा करने के लिए दो सौ पर्मिट ज़ारी किए जाते हैं। प्रत्येक पर्मिट पर छह आदमी जा सकते हैं। संग्रह करने के मौसम (एप्रिल-मई) में क़रीब एक हज़ार मौली जंगल में काम कर रहे होते हैं। छह आदमियों की पार्टी प्रतिदिन पिचहत्तर किलोग्राम शहद संग्रह कर लेती है। 1984 में कुल पांच सौ टन संग्रह किया गया था। प्रत्येक आदमी ने एक मौसम में पचपन किलोग्राम संग्रह किया था। जंगल-विभाग मौली से नौ रुपये किलोग्राम की दर से शहद ख़रीद लेता है। दो महीने में उसे 55 x 9 = 495 रुपये मिलते हैं। शहद के अलावा मधुमक्खी के छत्तों से मोम मिल जाती है। मौली से ग्यारह रुपये प्रति किलोग्राम की दर से मोम ख़रीद ली जाती है। एक मौसम में मोम से प्रति व्यक्ति को तैंतीस रुपये मिल जाते हैं।

सबसे बढ़िया शहद खलशी (*Agiceras carniculatum* Blanco) के फूलों का होता है। यह सफ़ेद होता है और नारियल के तेल जैसा होता है। गेंवा, केवड़ा, हिंताल, सुन्द्री, बाइन, गर्जन आदि के फूलों से मधुमक्खियां मकरन्द संचित करती हैं।

नवम्बर, 1963 में हसन मण्डल (उम्र अठावन साल) अपने घर को छतने के लिए गोलपत्ता ताड़ के पत्ते काट रहा था। सुबह के दस बजे थे। उसके पास वैध अनुमति-पत्र था। वह अकेला था, उसके तीनों साथी दूर थे। अपने से कुल दस मीटर दूर उसने अचानक एक शेर देखा। वह हतप्रभ हो गया। सोच ही नहीं सका कि क्या करू। उसके हाथ का शस्त्र धरा-का-धरा रह गया। काली के उपासक, खत्रिआ जाति के धर्मभीरु हसन ने गले में तुलसी के बारीक काठ की माला पहन रखी थी। शेर से बचने के लिए उसने वनदेवी से प्रार्थना की। शेर दाहिने तरफ़ से आया। उसका पंजा लगते ही हसन लुढ़क गया। उसकी दाहिनी पसली टूट गई, कन्धा ज़ख़्मी हो गया। गरदन बच गई। ज़्यादा ख़ून नहीं निकला। इसके साथी इसे डोंगी में मलाह खाली ले गए। हौस्पिटल में रहकर तीन महीने इलाज कराना पड़ा।

## हत्यारे शेर से बचने के उपाय

**मीठे पानी के तालाब खोदे गए :** प्राथमिक खोजों में वैज्ञानिकों का ख़याल बना था कि सदा खारा पानी पीने से शेर का स्वभाव चिड़चिड़ा बन जाता है और उसका मनुष्य को खाने का रुझान हो जाता है। बाघ परियोजना के अधिकारियों ने सोचा कि यदि यह धारणा ठीक मान ली जाए तो उसे मीठा पानी क्यों न उपलब्ध कराया जाए ! विभिन्न टापुओं में जंगल में छह तालाब खोदे और उनमें बरसात का मीठा पानी जमा कर दिया। ये तालाब आठ-दस मीटर लम्बे और इतने ही चौड़े तथा तीन-चार मीटर गहरे हैं। इनमें जमा किया गया पानी लगभग सालभर चल जाता है। तालाब अधिक गहरे नहीं खोदे जाते। गहरा खोदने से खारा पानी आने लगता है। सजनाखली में 1983 में तालाब बनाया गया था। जंगली जानवरों को उसका पता चल जाए और वे उसका पानी पीने लगें, इस उद्देश्य से उसके किनारे काले चने बिखेरने शुरू किए।

चीतल और बन्दर वहां आकर तालाब का मीठा पानी पीने लगे और चने खाने लगे। तीन जनवरी 1985 को दुपहर ढाई बजे वहां पच्चीस बन्दर और चार चीतल देखे गए। उन्होंने पहले पानी पिया, फिर चने खाने लगे।

पन्द्रह मिनट बाद और चने बिखेरने लौटे तो वे झट लौट आए। उन्हें मालूम है कि आदमी उन्हें देख रहे हैं, फिर भी वे परवाह नहीं करते। उनकी झिझक धीरे-धीरे कम हो रही थी। चीतल तो बीस मिनट बाद जंगल चले गए, बन्दर चुगते रहे। जंगली सूअरों और शेरों ने भी मीठे पानी के तालाबों का पानी पीना शुरू कर दिया है। तालाब के पानी की लवणता एक-दो प्रतिशत होगी और साथ बहने वाली नदी के पानी की लवणता इक्कीस प्रतिशत है।

नीति धूपानी के तालाब में शेर, जंगली सूअर, चीतल, जलगोधा आदि पानी पीने आते हैं। तालाब के किनारे इनके पैरों के ख़ूब निशान दिखाई दे जाते हैं। पैरों के निशानों से पता चला कि नर और मादा शेर के साथ उनका बड़ा बच्चा भी पानी पीने आता था।

धान जब तक हरा रहता है, शेर उसके अन्दर नहीं जाता। धान पक रहा हो, उसका रंग पीला पड़ रहा हो तो शेर के रंग से मिल जाता है। उसके अन्दर छिपा हुआ शेर दिखाई नहीं देता। खेत के बाहर कहीं शेर के पंजों के निशान किसानों को दिखाई पड़ जाए तो उन्हें पता चल जाता है कि शेर धान में छिपा

बैठा है। वे नज़दीक के प्रोजेक्ट टाइगर के अधिकारियों को सूचना देते हैं। उनके कर्मी पटाख़े, बन्दूकें और मशालें लेकर पहुंच जाते हैं। पंजों के निशानों के साथ-साथ पटाख़े छोड़ते हुए, और मशाल जलाते हुए खेत के अन्दर घुसते हैं। पैर

चित्र 55 शेर को भगाने के लिए मशाल जलाते हैं

के निशान खेत के बाहर जाकर जहां अदृश्य हो जाते हैं वहां तक वे प्रदर्शन करते हैं। गांव के लोग भी इस प्रदर्शन में शामिल होते हैं। इससे वह गांव और इलाक़ा शेर के ख़तरे से मुक्त हो जाता है।

## पंजे की प्यालियां

शेर के आने की ख़बर सुनकर गांव वाले उसके पदचिह्नों की तलाश में निकल पड़ते हैं। गीली चिकनी ज़मीन पर पैर की गद्दी की छाप से बना गड्ढा उथले प्याले जैसा बन जाता है और अंगुलियों की छाप के छोटे गड्ढों से उथली प्यालियां। सूख जाने पर इनका यह रूप बना रहता है। चारों ओर से खोदकर इसे गांव वाले घर ले जाते हैं। अच्छी तरह सुखाकर आग में पका लेते हैं।

इसमें कुत्ते को खाना खिलाते हैं। विश्वास किया जाता है कि इससे कुत्ता शेर के समान ताक़तवर बनता है। इसी प्रकार की धारणा से शिशुओं को इस प्याले में पानी पिलाते हैं। सुन्दरवन में एक रेंज औफ़िसर ने मुझे बताया कि एक

बार एक मिनिस्टर अपनी पत्नी के साथ यहां आए हुए थे। इन लोगों ने जंगल में कभी शेर नहीं देखा था। रेंजर उन्हें घुमाने ले गए। एक जगह शेर के पंजे के निशान दिखाई दे गए। जीप रोककर रेंजर ने उन्हें निशान दिखाए और बताया कि स्थानीय लोग उनका कैसे उपयोग करते हैं।

मिनिस्टर की पत्नी ने पदचिह्नों का प्याला अपने लिए बनवा देने के लिए कहा। वे उसे अपने घर में सुरक्षित रखना चाहती थीं। वे मानती थीं कि घर में उसकी मौजूदगी शुभ तो है ही, उनके बच्चों में वीरता की भावना भी पैदा होगी।

जहां शेर द्वारा आदमी मारा जाता है वहां उसके साथी एक डण्डे के साथ कोई कपड़ा बांधकर झण्डे के समान गाड़ देते हैं। पहनी हुई बनियान उतारकर,

चित्र 56 जहां शेर द्वारा आदमी मारा जाता है वहां उसके साथी एक डण्डे के साथ कोई कपड़ा बांधकर झण्डे के समान गाड़ देते हैं

अंगोछा, धोती का टुकड़ा — किसी भी पहने हुए कपड़े का झण्डा बना लेते हैं। दूसरे मछियारों को सावधान करने का यह तरीक़ा है।

मानवीय निवासों के साथ आदमख़ोर द्वारा इन्सान को मारने की वारदात होने पर वहां शेर के लिए जंगल में सूअर छोड़ते हैं। बीस वर्ग किलोमीटर के इलाक़े में हर साल बीस सूअर छोड़े जाते हैं।

## सिर के पीछे दो आंखें

1986 के मध्य में एक नई विधा का सुन्दरवन में विकास हुआ। एक केन्द्र में कुछ वन-अधिकारी बैठे शेरों द्वारा मारे गए लोगों का लेखा-जोखा तैयार कर रहे थे। घटनाओं की छानबीन करते हुए पाया गया कि शेर ने सदा मनुष्य के पीठ-पीछे से हमला किया था। शेर सामने से हमला नहीं करता। उसके अन्तर्मन में यह बात बैठ गई है कि इन्सान के चेहरे पर लगी दो आंखें उसे हर वक़्त देख रही हैं। एक अधिकारी ने मज़ाक में कहा कि जंगलों में जाने वाले लकड़हारे और मछियारे सिर के पीछे मुखौटा बांध लें तो उनके दोनों तरफ़ आंखें बन जाएंगी; शेर को दोनों तरफ़ आंखों का भय दिखाई देगा; वह हमला नहीं करेगा। मज़ाक में उपजे इस विचार को व्यावहारिक रूप देने के लिए कुछ वनचरों ने चेहरे के पीछे मुखौटे पहन लिए। उन्होंने अनुभव किया कि सचमुच वे शेर के हमले से सुरक्षित हो गए हैं। इस अवधि में यद्यपि नर हत्याएं हुई थीं पर शेरों ने उन्हीं लोगों को मारा था जिन्होंने मुखौटा नहीं पहना था।

## बिजली के झटके का प्रयोग

आदमी का मांस खाने वाले शेरों की समस्या का समाधान बिजली का झटका देने से विकसित किया गया है।

शेर वाले इलाक़े में लकड़ी काटने वाले या मछियारे का पुतला रख दिया जाता है। उसके चारों ओर बिजली की तार लपेट देते हैं। इसमें बिजली छोड़ी जाती है। 1983 में पुतला रखने की शुरुआत हुई थी।

बारह वोल्ट की कार बैटरी का एक ट्रान्सफ़ौर्मर के साथ सम्बन्ध किया जाता है जो बिजली पैदा कर सकता है। इससे आदमी के पुतले के चारों ओर वाली तार में बिजली चलती रहती है। करेण्ट बहुत मद्धम (001 amperes) रखा जाता है जिससे उसे छूने पर शेर या आदमी बिजली का झटका लगने से मर न जाए। ऐसा प्रबन्ध होता है कि तारों को छूने से झट फ़्यूज़ उड़ जाता है। देखा गया है कि जिस इलाक़े में किसी शेर को यह झटका लग जाए तो वह पचास किलोमीटर के क्षेत्र में इन्सान को नहीं मारता।

पुतले को जो कपड़े पहनाए जाते हैं उनमें इन्सान की गन्ध आनी चाहिए। तभी शेर उसे सचमुच का आदमी समझकर हमला करता है। इन्सान की गन्ध

न हो तो वह जान जाता है कि यह नकली है, पुतले को नहीं छूता। मछियारे के पुराने कपड़े उतरवा कर पुतले को पहिनाते हैं। मछियारे को वन-विभाग नए कपड़े दे देता है। पुराने कपड़ों में एक सप्ताह तक ही इन्सान की गन्ध आती रहती है। इसलिए हर सप्ताह पुतले के कपड़े बदल देते हैं।

पुतले तीन प्रकार के बनाकर रखे जाते हैं। पहला शहद इकट्ठा करने वाले का, जिसमें आदमी को ज़रा टेढ़ा होकर ऊपर पेड़ों में छत्तों की तलाश करते दिखाया जाता है। दूसरे प्रकार का पुतला लकड़ी लाने वाले का है जिसमें कुल्हाड़ा लेकर सीधा खड़ा आदमी बनाया जाता है। तीसरा पुतला मछियारे का है। इसमें छती हुई किश्ती पर औरत या आदमी बैठा हुआ या हुक्का पीता हुआ दिखाया जाता है।

एक बार सुधन्न खाली में मछियारे की डोंगी में इन्सान का पुतला रखा गया। शेर उसे मारने के लिए आ गया। उसे छूते ही शेर को बिजली का झटका लगा। इसके बाद डोंगी में बैठे पुतले पर शेर ने हमला नहीं किया। फिर पुतले को ज़मीन पर बिठाने लगे।

नीति धूपानी वाच टावर से सौ मीटर के फ़ासले पर आदमी का पुतला खड़ा किया गया था। साथ वाले पेड़ के ऊपर बैटरी रख दी थी। पुतले के चारों ओर गेल्वनाइज़ तार बांध दी जिसमें तीन सौ वोल्ट बिजली का प्रवाह था। एक सप्ताह बाद छह जून 1983 में शेर ने अपनी सामान्य शैली में उस पर हमला किया। पुतले की गरदन के दाहिने बाजू में किल्ले गाड़े, बायें कूल्हे पर नाख़ून मारे। इस प्रक्रिया में उसे बिजली का झटका लगा। वह धड़ाम से गिर पड़ा और उसके साथ पुतला भी गिर गया। मिट्टी के पुतले की गरदन पर किल्ले और कूल्हे पर नाख़ून गाड़ने के निशान पड़े थे। बिजली के सब कनेक्शन अस्त-व्यस्त हो गए थे।

पड़ौस में किश्ती पर तैनात स्थानीय वनकर्मियों ने बिजली का झटका खाए शेर की गरज सुनी। अगली सुबह मुआयने के लिए वहां गए तो जंगल के धरातल पर लेटा हुआ पुतला देखा। उसे ले जाकर उन्होने गोसावा म्यूज़ियम में रख दिया।

शेर के कुछ हिमायतियों ने बिजली वाले पुतलों के प्रयोग पर आपत्ति की। उनकी दलील थी कि हमें शेर को उसके अपने ही इलाके में भयभीत नहीं करना चाहिए। इसलिए रिज़र्व के अन्दर बिजली वाले पुतले रखना कमोबेश बन्द कर दिया है। इस कारण 1995 से 1999 तक के पांच सालों में शेरों ने पुतलों पर कुल तीन हमले किए थे।

बन्दूकधारी वनकर्मी यहां किश्ती में तैनात रहते हैं। उनके साथ डोंगी भी होती है। रात को हाउस बोट में सो जाते हैं। डोंगी को साथ में बांध देते हैं।

चित्र 57 किश्ती पर गश्त करते हुए फ़ौरेस्ट गार्ड

बाईस दिसम्बर की रात को किनारे से तैरकर शेर डोंगी तक पहुंच गया। डोंगी के किनारे पंजा रखकर वह ऊपर चढ़ने की कोशिश कर रहा था। उसका इरादा हाउस बोट में सोए आदमी को ले जाना था। शेर के क्रिया-कलाप से डोंगी हाउस बोट से टकराई। लोग जाग गए। उन्होंने शोर मचाकर साहसी शेर को भगाया। भूखा शेर डोंगी से पानी में कूदा और तैरकर वापिस चला गया।

शेर गांव में न घुसे इसलिए सावधानी के रूप में बिजली के तार की बाड़ लगा देते हैं। झोंपड़ी के पास ऊंचे खंभे पर सौर ऊर्जा से चलित ट्यूब लाइट फ़िट कर देते हैं जो सारी रात जलती रहती है। रोशनी वाले इलाक़े में शेर नहीं आता।

शेर ने आदमी को मार दिया तो वह और लोगों की हत्या न करे इसलिए पुतले बनाकर बिजली के तार से घेरकर रखे जाते हैं।

1983 में पुतले रखने शुरू किए गए थे। 1985 में मुझे बताया गया कि

चित्र 58 सौर ऊर्जा से प्रकाश देने वाला टयूब लाइट

अब तक पुतलों पर शेरों ने तीन हमले किए हैं। तीनों हमले ज़मीन में पुतलों पर किए गए हैं।

## रक्षा कवच

जंगल में जाने वालों को लोहे की मज़बूत तार वाले प्लास्टिक हेलमेट दिए जाते हैं जो सिर और गरदन को ढक देते हैं। छाती और पीठ को ढकने के लिए आरक्षी कवच दिए जाते हैं। कवच के पीठ पर कांटे लगे रहते हैं। इसे पहने हुए आदमी पर शेर हमला कर भी दे तो कारगर नहीं होता।

सिर, छाती और पीठ पर पहने जाने वाले तीन आरक्षी कवचों का भार पांच किलोग्राम है। 1983 के सितम्बर-अक्तूबर में पचपन सेट मंगाए थे। इन्हें न तो वनकर्मियों, न लकड़ी काटने वालों और न शहद इकट्ठा करने वालों ने पहना। उनका अनुभव है कि ये भारी हैं, इन्हें पहनने से काम करने में असुविधा हो जाती है। वे कहते हैं कि केवल भगवान् का नाम शेर से रक्षा करता है।

जंगल में काम करने वालों का लीडर उनके आध्यात्मिक गुरु जैसा होता है। इसे गुनीन कहते हैं। शेर के हमले से बचने के लिए वह मन्त्र-शक्ति में विश्वास रखता है। इसके साथ यह भी सोचता है कि यदि वह रक्षक कवच पहनेगा तो लोगों का उसकी चमत्कारी शक्ति से विश्वास उठ जाएगा। इसलिए वह कवच नहीं पहनता, और अधिकतर मारा भी वही जाता है।

लकड़ी के धन्धे में लगे लोगों की सुरक्षा के लिए कुछ क़दम उठाए गए हैं। पहले 1,100 नौकाओं को कार्य करने के परमिट दिए जाते थे। ये कम करके नौ सौ कर दिए हैं। पहले एक नौका में दो-तीन आदमी चले जाते थे, अब नियमानुसार कम-से-कम सात आदमी तो जाने ही चाहिए। 1986 से यह नियम लागू किया गया था। मुझे बताया गया कि तब से नौका पर से शेर ने किसी आदमी को नहीं उठाया।

## आदमख़ोर मगर

सुन्दरवन में खारा पानी वाला मगर रहता है। इसे हिन्दी में खाड़ी मगर, संस्कृत में सागरसंगमीय मकर तथा कुम्भीर, अंग्रेज़ी में सौल्ट वाटर क्रोकोडाइल (salt water crocodile) तथा एस्टुएरीन क्रोकोडाइल (estuarine crocodile) और जीव-शास्त्र में **क्रोकोदीलुस पोरोसुस** श्नाइडर (**Crocodylus porosus** Schneider) कहते हैं। बंगाली में कुमीर तथा कुम्भीर कहते हैं।

ताज़े पानी के मगर से यह अधिक बड़ा, तगड़ा, दिलेर और ख़तरनाक होता

है। सुन्दरवन में सबसे बड़ा मगर सितम्बर 1983 में पाया गया था। यह साढ़े सात मीटर लम्बा था। मछुओं के जाल में भी कभी-कभी खाड़ी मगर फंस जाता है। पहले मछुए इसे खाल के लिए मार लिया करते थे। अब जाल में फंसे मगर को ज़िन्दा ही नज़दीक के प्रोजेक्ट टाइगर के औफ़िसरों को सौंप देते हैं। मगर के बच्चे गांव की नालियों में आ जाएं तो उन्हें पकड़कर भागवतपुर के क्रोकोडाइल फ़ार्म में भेज देते हैं।

भागवतपुर क्रोकोडाइल प्रोजेक्ट के अधीन यहां खांड़ी मगर के लिए अभयस्थली (sanctuary) बना दी गई है। मगर के अण्डों को सेकर उनसे बच्चे भी यहां पैदा किए जाते हैं। बड़ा हो जाने पर उन्हें नदियों में छोड़ देते हैं।

किसी आदमी या जानवर को मगर ने ख़ुद शिकार किया है तो उसके मांस को वह तब तक नहीं खा सकता जब तक सड़-गल न जाए। वह लाश को पानी के नीचे किन्हीं जड़ों के जाल में अटका देता है। मांस नरम तथा शिथिल हो जाने पर टुकड़े-टुकड़े छुड़ाकर खाता है। एक लाश कई दिन चल जाती है।

रणथम्भोर नेशनल पार्क के तालाबों में बड़ी संख्या में मगर रहते हैं। शिकार करने और शिकार को खाने की उनकी आदत खाड़ी मगर से भिन्न है। नरेश बेदी और राजेश बेदी पार्क में फ़िल्मिंग कर रहे थे। एक दिन उन्होंने तालाब के किनारे एक बड़ा चीतल मरा हुआ देखा। एक मगर उसे घसीटकर तालाब में ले गया। पानी में गिरते ही कई मगरों ने उस पर हमला कर दिया। टांग को मुंह में पकड़कर मगर सारे शरीर को भमीरी की तरह धुमाते थे और टांग को खींचकर धड़ से अलग छुड़ा लेते थे; तब निगल जाते थे। कुछ मिनटों में उन्होंने पूरा चीतल खा लिया।

सुन्दरवन का मगर नदी तट से ऊपर ऐसी ऊंची जगह अण्डे देने जाता है जहां ज्वार का पानी नहीं पहुंचता। अण्डे देने के लिए वह गड्ढा नहीं खोदता क्योंकि ज़मीन के नीचे नमी अधिक होती है और सेये जाने के लिए आवश्यक गरमी यहां नहीं मिलती।

हिन्ताल के झुण्ड के अन्दर खाड़ी मगर के अण्डे मिले हैं। हिन्ताल के पत्तों को दबाकर ज़मीन पर बिछा लेता है। उसके ऊपर मिट्टी की तह बिछाकर अण्डे देता है। फिर उसे पत्तों से ढक देता है। घोंसला क़रीब साठ सेण्टीमीटर ऊंचा होता है।

इन्सानों और जानवरों पर खाड़ी मगर के हमले की घटनाएं होती रहती हैं। सुन्दरवन के जंगल में फूलतुली गांव के पास एक आदमी कमर तक गहरे पानी में खड़ा कांटे पर मछली पकड़ रहा था। उसे मगर पकड़कर ले गया। तीस-पैंतीस साल की एक औरत कपड़े धो रही थी। उसे पानी में खींच ले गया।

1982 की गरमियों की बात है। खाली नदी के पास दत्तर गांव के बाहर बकरियां चर रही थीं। साढ़े चार मीटर लम्बा मगर नदी से निकला और बकरी को उठा ले गया। ज़िन्दा बकरी को मुंह से पकड़े हुए मगर ने पानी में डुबकी लगा ली। कुछ देर बाद उसने पानी के ऊपर थूंथनी निकाली। फिर डुबकी लगा ली। उसने चार-पांच बार ऐसा किया। थूंथनी जब ऊपर निकालता था तब हर बार तट से दूर बढ़ जाता था। लौंच पर जाते हुए रेंज औफ़िसर ने उसे पांच-छह मिनट देखा होगा। फिर वह ग़ायब हो गया। जनवरी 1983 में रंगा बेलिया गांव से साढ़े चार मीटर लम्बा खाड़ी मगर बकरी उठा ले गया था।

नदी में उतराती हुई किसी जानवर की या आदमी की लाश को खाड़ी मगर पकड़ लेता है। नदियों में मैंने गायों की कई लाशें बहती देखी थीं। मगर इन्हें भी पकड़ लेते हैं। बड़ी लाश को वह समूचा नहीं निगल सकता। उसके मुंह में काटने वाले दांत (incisors) नहीं होते। निगलने की सुविधा के लिए बड़ी लाश में से छोटे लुकमे नहीं काट सकता।

स्थानीय लोग बताते हैं कि लाश के अंग और मांस जब सड़कर नरम और शिथिल हो जाते हैं। तब वह किसी अवयव को दांतों में पकड़कर हाथों से देह को थामकर ज़ोर लगाकर खींचता है। मांस का जितना लोथड़ा अलग टूटता है उसे निगल जाता है।

सात

# घर में घुसकर उठा ले जाता था

1987 में मई के आख़िरी सप्ताह हम लोग मध्य प्रदेश के कान्हा नेशनल पार्क में फ़िल्मिंग के लिए जा रहे थे। नरेश और राजेश के बच्चों की गरमियों की लम्बी छुट्टियां थीं। उन्हें रज कर जंगल की सैर करानी थी। सेविंग दि टाइगर (शेर बचाओ) डौक्यूमेण्टरी के कुछ दृश्यों को फ़िल्माना था। एक नये टी. वी. सीरियल का मुहूर्त्त करना था। इसका नाम था 'जंगल की पुकार'। प्रोड्यूसर-डायरेक्टर नरेश बेदी इस सीरियल द्वारा छोटे बच्चों को जंगल, वन्य प्राणी तथा पर्यावरण से परिचय करा रहे थे।

इस बार की कान्हा ट्रिप हमारे लिए बहुत महत्त्व की थी। मेरे पोतों और पोती में बेहद एक्साइटमेण्ट थी। सबसे छोटा बच्चा आठ साल का था और पोती चौदह साल की थी।

जबलपुर तक हम रेलगाड़ी से गये। वहां हमारी जीप स्थायी रूप से रखी रहती थी। उसमें हम कान्हा जाने के लिए एक सौ सत्तर किलोमीटर के सफ़र के लिए चल पड़े। एक सौ सात किलोमीटर दूर मण्डला में हम जंगल के औफ़िसरों से मशवरा करने रुके। हम एक सीनियर औफ़िसर के घर पर खाना खा रहे थे।

## सुहाग की चूड़ियां तोड़ डालीं

कान्हा में उन दिनों जंगल के जानवरों की चहल-पहल की चर्चा हो रही थी। कान्हा के एक रेंज औफ़िसर भी सौभाग्यवश वहां मौजूद थे। चर्चा का रुख़ बदलते हुए वे बोले, सर, इस इलाक़े में इन दिनों एक आदमख़ोर तेंदुए ने क़हर ढा रखा है। जीना हराम कर दिया है। आग के पास सोये आदमी को उठा लेता है। वह आदिवासियों का इलाक़ा है। उनकी दिलेरी का तो क्या कहना!

'सर, एक लड़के ने जलती लकड़ी उसे कसकर दे मारी।'

'अपने पति को उसके मुंह से छुड़ाने के लिए एक औरत ने उसके सिर पर बाहें पटक-पटक कर अपने सुहाग की चूड़ियां तोड़ डालीं। उसने सोचा बुज़-

दिलों की तरह विधवा होने से तो यह अच्छा है !'

मेरे नन्हे पोतों को जंगल की दिलचस्प रोमांचक तस्वीर के ख़तरनाक पहलू का ज्ञान भी हो गया था।

अगले दिन, छब्बीस मई को, हमने कान्हा में पहुंचकर काम शुरू कर दिया। उसी दिन वायरलेस से ख़बर आई कि कलेगांव में एक बैगा औरत को तेंदुआ उठा ले गया है।

कान्हा में मेरे कैम्प से छह किलोमीटर दूर बड़ी चुहरी में एक शेरनी दो बच्चों के साथ रहती थी। पिछली रात ढलने पर उसने एक नर साम्भर मारा था। इस परिवार को मारण के साथ नरेश फ़िल्मा रहे थे। इस दुर्लभ दृश्य को मैं अपने पोतों और बहुओं को दिखाने ले जा रहा था। जंगल के इस दौरे में मेरे परिवार के छोटे-बड़े सभी सदस्य आये थे। जंगल की जीवन्त दुनिया से उन्हें परिचित कराने का अच्छा मौक़ा था। सौभाग्य से बच्चे वाली शेरनी बड़े शिकार पर मिल गई थी। शिकार को घसीटकर सुरक्षित स्थान पर ले जाना, गोश्त को नोचकर डटकर खाना, तीनों का जलकुण्ड में लोट लगाना—इन रोमांचकारी दृश्यों की उपेक्षा कर मैं कलेगांव के आदमख़ोर का पीछा करने नहीं जा सकता था। दो दिन बाद मैं वारदात की जगह पहुंच गया। आदिवासी बैगाओं से सम्पर्क करने के लिए मैंने कलेगांव के डिप्टी रेंजर वचन सिंह तोमर को साथ ले लिया।

## दारू की मस्ती में सराबोर ज़िन्दगी

कान्हा नेशनल पार्क की दक्षिणी सीमा से एक किलोमीटर दूर कलेगांव बसा है। बड़ा गांव है जो कई टोलों में बंटा है। एक टोले में बैगा आदिवासी रहते हैं। बैगा टोला पूर्व बहियर रेंज के साल जंगल के साथ लगता है। टोले में पचास घर होंगे। इसमें वयस्क आदमियों की संख्या सौ के लगभग होगी। मर्द, औरत और बच्चे सभी मज़दूरी करके अपनी आजीविका चलाते हैं। कुछ लोगों को नौ रुपये दिहाड़ी मिल जाती है। सामान्यतः ये ठेके पर काम करना पसन्द करते हैं। मिट्टी खोदने आदि के छोटे-मोटे ठेके ले लेते हैं। काम पूरा करने के लिए कड़ी मशक्क़त करते हैं। शाम तक थककर चूर हो जाते हैं। थकान उतारने के लिए सबसे सहज नुसख़ा दारू को समझते हैं। अपनी औरतों के साथ सभी मर्द रात को छककर महुए की शराब पीते हैं। जवान और बूढ़ी औरतों को एक समान पीने का शौक़ है। बच्चों को इस लत से दूर रखा जाता है। शादी के बाद बैगा औरत छाती पर कुछ नहीं पहनती।

बैगा आदिवासी मौसम में जंगल से महुए के फूल बीनते हैं। एक-डेढ़ रुपये किलोग्राम के भाव गांव के बनिये को बेच देते हैं फूलों का मौसम ख़त्म हो जाने पर, शराब बनाने के लिए फिर बनिये से तीन रुप्ये किलोग्राम के भाव से ख़रीदते हैं। फूलों को घर में जमा करके रख लें तो दुगने दाम देने की नौबत न आये। अज्ञान, ग़रीबी और अभाव से ग्रस्त होने के कारण उन्हें सस्ते में फूल बेचने पड़ते हैं। थोड़े-बहुत जितने भी पैसे मिलते हैं उनसे चावल, दाल, सब्ज़ी, नून, मिर्च का दैनिक ख़र्च मुश्किल से पूरा होता है। बीड़ी वे ख़ुद अपने घर पर बना लेते हैं।

किसी बैगा के पास छोटा-सा खेत भी है जो उसकी आर्थिक स्थिति सुधारने में नाममात्र का योगदान कर पाता है। गो-पालन उनके लिए लाभकारी धन्धा है। गोवंश के रख-रखाव पर एक पैसा ख़र्च नहीं होता। जंगल की घास-पत्ती मुफ़्त में खाकर गायें अपना पेट भर लेती हैं। बछड़े उनका दूध पीकर पुष्ट हो जाते हैं। बछड़ों को बेचकर बैगा कुछ आमदनी कर लेते हैं। दूध दुहने के लिए गाय नहीं पाली जाती।

बैगा लोगों का मनुष्य की शक्ल-सूरत वाला, कोई देवी-देवता नहीं है, जिसकी वे पूजा-उपासना करते हों। साज के पेड़ को वे बड़ा देव कहते हैं। जंगल में कहीं भी साज का पेड़ दिखाई दे जाय तो वे क्षणभर मौन खड़े होकर उसके प्रति सम्मान प्रकट करते हैं। बस्ती के पास वाले साज को वैशाख और जेठ में पूजा करते हैं। सारा गांव वहां इकट्ठा होता है। दावत के लिए हर घर से एक किलोग्राम चावल, एक मुर्गी और नमक-मिर्च लाया जाता है। घी या तेल के लिए तो पैसे ही नहीं होते। ऐसी बड़ी दावत की ख़ुशियां कभी-कभार नसीब होती हैं। रोज़मर्रा के जीवन में पौआ दारू से औरत और मर्द अपना गला तर करके दाल या भाजी के साथ डटकर भात खा लेते हैं। सारी रात बेसुध पड़े रहते हैं। कलेगांव के इर्द-गिर्द गांवों में गोंड, बैगा और दूसरे आदिवासियों की दारू की मस्ती में सराबोर ज़िन्दगी इसी ढर्रे पर चलती है।

## सोलह गांवों में आदमख़ोर का आतंक फैला था

कलेगांव का नरभक्षी तेंदुआ तीन महीने से इस इलाक़े में मार-काट कर रहा था। क़रीब तेंतीस वर्ग किलोमीटर में बसे पांच-छह गांव उसकी सीधी कार्यवाही के दायरे में आते थे। वैसे, कम-से-कम सोलह गांवों में उसका आतंक फैला था। ये गांव नेशनल पार्क के जंगलों की सीमा के बाहर बसे थे। दूसरी तरफ़ बंजर

नदी इनकी सीमा बनाती थी। इन गांवों के नाम थे : खापा, सैला, घाना, मालखेड़ी, मोह गांव, परीपुर, कलेगांव, कुमादेई, कांसमेरी, परशा टोला, भिलवानी, वरेगांव,

चित्र 59 कलेगांव का आदमख़ोर तीन महीने से सोलह गांवों में मार-काट कर रहा था

सरेखा, धनवार, झुलुक और नारना। ये गांव एक-दूसरे से डेढ़-दो या तीन किलोमीटर दूर बसे थे। कार्यवाही करने के बाद तेंदुआ आसानी से उस गांव से दूसरे गांव में चला जाता था। जंगल के औफ़िसर उसे पिंजरे में फंसाने की कोशिश कर रहे थे। एक रात जिस गांव में यह कार्यवाही करता, जंगल के औफ़िसर उसे फंसाने वहां पहुंच जाते। वह दुबारा उस गांव में नहीं आता। कुछ दिनों तक उसका कोई समाचार नहीं मिलता। अगली बार वह किसी दूसरे गांव में प्रकट हो जाता। इस प्रकार वह उनकी सभी योजनाओं को विफल कर देता था।

प्रभावित सोलह गांवों में अब तक सरकार बिजली नहीं पहुंचा सकी। गरमियों में घरों को ठण्डी हवा देने के लिए वहां पंखे नहीं घूमते। रात का तापमान उन दिनों पच्चीस अंश शतांश के आसपास रहता था। गरमी से राहत पाने के लिए लोग बाहर सोने का साहस नहीं कर पाते थे। तेंदुए के आतंक से घरों के अन्दर बन्द दरवाज़ों में सोते थे।

तेंदुए का उपद्रवी जीवन कांसमेरी गांव से शुरू हुआ। फ़रवरी महीने की दो तारीख़ थी। जाड़ा अपने पूरे यौवन पर था। लोग घरों के अन्दर सो रहे थे।

बारह बजे के लगभग तेंदुआ फगलाल की गोशाला में घुसा। वह एक बछड़े पर घात लगा रहा था। बछड़ा अच्छा पला हुआ था। मौत के सामने चुपचाप घुटने टेकने की बजाय उसने ज़ोर से चिल्लाकर मालिक को सहायता के लिए पुकारा। फगलाल झट जाग गया। किवाड़ खोलने की आहट पाकर तेंदुआ भाग गया।

दस दिन बाद वह फिर कांसमेरी के दौरे पर आया। इस बार उसका लक्ष्य पटेल की गोशाला थी। गांव में सबसे अधिक गायें यहां थीं। तेंदुआ गोशाला में घुसा ही था कि उसकी गन्ध पाकर सभी गायें खेतों की तरफ़ भाग गईं। ढाई

चित्र 60 तेंदुआ बछड़ा खा रहा है

सौ मीटर पीछा करने के बाद तेंदुआ दो साल के एक बछड़े को मारने में कामयाब हो गया। रात के चार बजे थे। अस्सी मवेशियों में एक बछड़ा कम हो गया है, पटेल को पता ही नहीं चला। सुबह अधखाई लाश मिली।

पटेल ने मवेशियों की सुरक्षा की व्यवस्था अधिक मज़बूत कर दी। उन्हें घर के पिछले आंगन के अन्दर बन्द करने लगा। बीस फ़रवरी के दौरे में यह व्यवस्था देखकर भी तेंदुए ने हमला करने का इरादा नहीं बदला। घर के साथ गारे की एक नई दीवार खड़ी की जा रही थी। रात आठ-नौ बजे वह उस पर चढ़कर आंगन में कूदा। लड़कों को पता लग गया और शोर मचाकर उसे भगा दिया। पता न चलता तो वह किसी बछड़े को मारकर और मुंह में उठाकर दीवार पर

चढ़ता हुआ बाहर निकल जाता । इसमें कठिनाई होती तो वहीं बैठकर पेट भर खाता और आसानी से बाहर निकल जाता। सुबह पटेल ने देखा कि ताज़े गारे की डेढ़ दो मीटर ऊंची दीवार पर तेंदुए के चढ़ने के पंजे के निशान पड़े थे। दीवार की ऊपरी सपाट सतह पंजों के निशानों से पटी पड़ी थी। इससे मालूम पड़ता है कि तेंदुआ यकायक आंगन में नहीं कूदा। इस साहसिक क़दम को उठाने से पहले वह दुविधा में दीवार पर चहल-क़दमी करता रहा।

यहां से खदेड़ने के बाद अपनी क़िस्मत आज़माने तेंदुआ फगलाल की गोशाला पहुंचा। चौकन्ने बछड़े के भीति-संकेत पर उसे भगा दिया गया।

## कौन ले जा रहा है मुझे

भूखा तेंदुआ हताश नहीं हुआ। उसने गांव में अपना शिकार खोजने की मुहिम ज़ारी रखी।

पोलिटिकल पार्टियों ने पिछड़े वर्गों की भलाई के लिए बड़े आकर्षक नारों द्वारा आम लोगों को झुग्गी और झोंपड़ी जैसे नामों से परिचित करा दिया है जिनकी अन्धेरी सीलनों में ग़रीब लोग अपनी ज़िन्दगी बसर करते हैं। इनसे भी निचले दर्जे की एक रिहायशी जगह होती है जिसे मध्य प्रदेश के आदिवासी ढाबा कहते हैं। पंजाब के सुपरिचित ढाबों से इसका कोई रिश्ता नहीं है। खेतों-खलिहानों की रक्षा करने वाले आदिवासी सरदियों की ठण्डी रातें ढाबे के अन्दर काटते हैं। इनका क्षेत्रफल इतना छोटा होता है कि विश्वास नहीं होता।

कांसमेरी गांव के पश्चिम में सबसे किनारे वाले मकान में हीरा गोंड रहता था। मकान के सामने पलाश की झाड़ियों का जंगल है जिसमें महुआ, हर्रा, बहेड़ा और जामुन के बड़े पेड़ खड़े हैं। सब्ज़ियां बोने के लिए हीरा ने ज़मीन का छोटा-सा टुकड़ा साफ़ कर लिया था, जिसकी लम्बाई और चौड़ाई दस-दस मीटर से कम ही होगी। इसमें बैंगन बो रखे थे। उनकी निगरानी के लिए वह खेत के साथ ही ढाबे के अन्दर सो रहा था। डेढ़ मीटर लम्बे और डेढ़ मीटर चौड़े ज़मीन के टुकड़े के ऊपर एक-एक मीटर व्यास वाले तीन उथले टोकरे आमने-सामने खड़े कर बांध दिये गये थे। कुछ-कुछ पिरेमिड की शक्ल के इस ढाबे की ऊंचाई इतनी थी कि उसके अन्दर आदमी सीधा खड़ा नहीं हो सकता था। इसमें तीन प्राणियों को सोना होता था। पैंतालीस बरस का हीरा, हम उम्र उसकी पत्नी और सात साल की बेटी जेवन घुटनों को छाती तक समेट कर रात काट लेते थे। ज़मीन

की सरदी से बचने के लिए नीचे पुराल बिछा ली थी। सवा दो वर्गमीटर के ढाबे के एक तरफ़ चूल्हा था। शाम को खाना पकाकर सुलगते उपलों के अंगारों को गरम राख में दबा दिया था। अंगारों की गरमी ढाबे को गरम रखती हैं। ओढ़ने और बिछाने के लिए इस गोंड परिवार के पास कोई कपड़ा नहीं था।

आहार की तलाश में तेंदुआ यहां पहुंचा तो उसे इन गोंडों का शिकार करना आसान लगा। दस और ग्यारह के बीच का समय था। सारा गांव सो चुका था। ढाबे के पीछे से तेंदुआ अन्दर घुसा। उसके पंजों के नाख़ून हीरा के गाल पर चुभे। उसकी नींद खुली तो तेंदुआ दबे पांव बाहर निकल गया। अन्धेरे में दिखाई नहीं दिया। ढाबे के पीछे छिप गया। हीरा अंगार जलाने को उठा जिससे रोशनी में देख सके कि किसने काटा है। जेवन को नींद भी खुल गई। अपने पिता के पीछे बैठी बच्ची ने पूछा, 'बाबू! किसने काटा?'

हीरा अंगार जलाकर रोशनी करे, उससे पहले ही तेंदुआ जेवन को उठा ले गया। बिना किसी आहट और शोर-शराबे के उसने चुपके से उसे कोमलता से पकड़ कर आहिस्ता से उठा लिया था। जेवन को उसकी क्रूरता और पाशविकता का एहसास तक नहीं हुआ। मानो कि डाकू किसी अबोध बच्चे का अपहरण करके ले जा रहा हो। ढाबे के अन्दर उसकी एक बार आवाज़ सुनाई दी — 'बाबू! कौन ले जा रहा है मुझे?'

अंगार को छोड़कर हीरा झट ढाबे के बाहर आ गया। नरभक्षी नन्हीं जेवन को ले जा रहा था। अन्धेरे में असहाय पिता ने दो बार लाडली की करुण पुकारें सुनीं–'बाबू रे... बाबू रे... !'

बूढ़ा हीरा महुए के पेड़ तक पचास क़दम उसके पीछे गया।

गांव का कोई मर्द उसे छुड़ाने का साहस नहीं कर सका। सब लोग दुबककर सो गये। सम्भ्रान्त लोगों ने अधिक सावधानी से किवाड़ बन्द कर लिए। आदिवासियों का विश्वास है कि तेंदुए के मुंह से शिकार छुड़ाने में वे मदद करेंगे तो वह बदला लेगा। मौक़ा मिलते ही उन्हें उठा ले जयेगा।

## समूची लड़की को खा गया

सुबह लाठियां लेकर लोग जेवन की तलाश में निकले। महुए के पेड़ तक उसे घसीटकर ले जाने के निशान नहीं मिले। पहले दिन की बारिश से भीगी धरती

पर निशान पड़ने चाहिए थे। दरअसल, तेंदुआ बच्ची को कमर से उठाकर ले गया था। उसने शरीर के भार को इस प्रकार सन्तुलित कर लिया था कि उसका

चित्र 61 तेंदुए ने बच्ची को कमर से उठाया

कोई भी अंग धरती पर टकरा नहीं रहा था। अब तक बच्ची ज़िन्दा थी। उसका कोई भी मर्मस्थल क्षतिग्रस्त नहीं हुआ था। गांव के जवान हिम्मत करते तो उसे यम की दाढ़ों से निकाल सकते थे। इलाज से कमर के ज़ख़्म भर जाते। पचपन

किलोग्राम वज़नी तेंदुआ अठारह किलोग्राम की बच्ची को अधर में अधिक दूर तक नहीं उठा सका। अपने जबड़े और गरदन की मांसपेशियों को आराम देने के लिए उसने महुए से चार मीटर आगे बच्ची को रखा। वहां ख़ून पड़ा था। तेंदुए ने देख लिया कि कोई आदमी उसका पीछा नहीं कर रहा। तब गरदन से पकड़कर इतमीनान से घसीटकर ले गया। पहाड़ी तक घसीट के निशान पड़े थे। साढ़े पांच सौ मीटर दूर एकान्त में समूची लड़की को खा गया। वह भूखा था, क़रीब आठ घण्टे में नौ-दस किलोग्राम गोश्त खा गया। खोजियों को लड़की की चूड़ियां, अग्रबाहु की हड्डियां और खोपड़ी ही मिली। हड्डियों को चाटकर साफ़ कर दिया था। सिर के लम्बे बालों को टोपीनुमा पतली खाल के साथ उतारकर अलग रख दिया था। ऐसा लगता था कि वह कोई विग पड़ा है।

तेंदुए का यह पहला मानवीय शिकार था। उसने पहली बार इंसान का ख़ून चखा था। उसकी पहली साहसिक कार्यवाही पूर्ण सफल रही।

इस दुखदायी घटना के सवा तीन महीने बाद मैं हीरा, पटेल और गांव के दूसरे लोगों के साथ मौक़े की जांच कर रहा था। कांसमेरी का माहौल हत्यारे के आतंक से मुक्त नहीं हुआ था। शिकार की टोह में वह यदा-कदा रात को चक्कर लगा जाता था। मौत के पंजों की छापें धूसरित गलियों में और गारे की गीली दीवारों पर मिल जाती थीं।

हीरा ने अपना पुश्तैनी घर छोड़ दिया था। गांव के अन्दर अपेक्षाकृत सुरक्षित जगह पर मकान बना लिया था। ज़ख़्मी गाल के इलाज के लिए सरकार ने उसे ढाई सौ रुपये की नक़द सहायता दी थी। उसे बालाघाट हौस्पिटल में ले गये थे। बेटी के मारे जाने का मुआवज़ा पांच हज़ार रुपये नक़द मिल चुका था। गोंड बिरादरी में प्रचलित प्रथा के अनुसार उसने धार्मिक रस्मों को पूरा करने में कुछ रुपया ख़र्च कर दिया था। जेवन की आत्मा की शान्ति के लिए उजागर कराया था। बाक़ी रुपये से खेती की ज़मीन का एक टुकड़ा ख़रीद लिया था।

## जलती हुई लकड़ी मारी

जेवन की बलि लेने की ख़बर सभी गांवों में फैल गई थी। लोगबाग चौकन्ने हो गये थे। सम्पन्न लोग घरों के अन्दर बन्द होकर जान बचा लेते थे, पर ग़रीब लोग नरभक्षी के रहम पर रात काटते थे। वे कहते थे कि कल न जाने किसकी बारी है।

तेईस फ़रवरी को झुलुक गांव के जेठू बैगा की बारी आ गई। ढाबे के अन्दर अकेले सोये हुए जेठू को सुबह तीन-चार बजे नरभक्षी ने खींच लिया। चुपचाप समर्पण करने की बजाय उसने यम के दूत का हिम्मत से सामना किया। उसकी

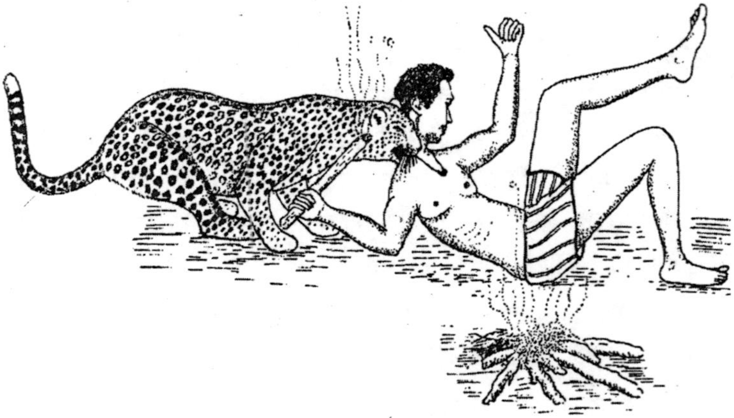

चित्र 62 जेठू को तेंदुए ने गर्दन से पकड़ा

गरदन तो तेंदुए ने दांतों में पकड़ रखी थी, बाहें मुक्त थीं। बांह लम्बी करके उसने धूनी से सुलगती लकड़ी उठा ली और कसकर आततायी को जमा दी। उसने पकड़ ढीली की तो जेठू ने शोर मचा दिया। सटे हुए घरों से लोग आ गये, तेंदुआ भाग गया। उसके दांत सांस की नली के अन्दर नहीं गड़े थे। इसलिए वह बच गया। मण्डला में इलाज कराने से ठीक हो गया।

अगला हमला धनवार गांव में था, इसमें एक औरत ज़ख़्मी हो गई थी।

नरभक्षी ने सबसे अधिक वारदातें झुलुक गांव में की थीं। वहां के लोग बड़ी बहादुरी और हिम्मत से उसका मुक़ाबला करते थे। आदिवासियों के पास आग उगलने वाले हथियार तो थे नहीं, जलती लकड़ियों से वार करके अपना पिण्ड छुड़ाते थे। दुश्मन पर वार करने के लिए मौक़े पर जो चीज़ काम आ जाय वही बढ़िया हथियार है। झुलुक की ओजस्वी औरतों की वीरता के बारे में जंगल के एक औफ़िसर ने बताया था : 'लामी बाई नामक एक बैगा औरत के पति को तेंदुआ ले जा रहा था। उसे छुड़ाने के लिए लामी बाई ने अपनी कलाइयां ख़तरनाक जानवर के सिर पर दे मारी थीं। उसके सुहाग की निशानी चूड़ियां चूर-चूर हो गई थीं।'

इस बहादुर औरत से मिलने और घटना का सही वृत्तान्त जानने के लिए मैं उसके घर पर गया था।

जेटू बैगा के घर के साथ ही लामी बाई का घर था। इकत्तीस मार्च और पहली एप्रिल की रात थी। दो बजे होंगे। शोर सुनकर लामी बाई हड़बड़ाती हुई उठी और सीधी बाहर गई। एक पल उसे अपने तीन साल के इकलौते बेटे का ध्यान आया। वह अकेला अन्दर सो रहा था। उसे गोदी में लेकर तेंदुए की तरफ़ बढ़ी। उसका मर्द, पैंतीस वर्षीय तीजू, पूरी तरह खूंखार जानवर के कब्ज़े में था। वह उसे घसीटे ले जा रहा था। उसने आव-देखा-न-ताव। बेटे को एक तरफ़ बिठा दिया। जानवर को भगाने के लिए ज़मीन पर हाथ पटकने लगी और शोर मचाने लगी। इस कार्यवाही में कुछ चूड़ियां टूट गईं। तेंदुआ पीछे हट गया। घटना की ख़बर देने फ़ौरेस्ट गार्ड नौ किलोमीटर दूर किसली कार्यालय गया। ज़ख़्मी तीजू को पैंसठ किलोमीटर दूर मण्डला हस्पताल ले गये।

तीजू अब देखने में तो स्वस्थ लगता था पर पहली जैसी ताक़त उसमें नहीं लौटी थी। वह अधिक बोझ नहीं उठा सकता था। ज़ोर से पत्थर नहीं फेंक सकता था।

चित्र 63 तीजू को तेंदुए ने घर के अन्दर से उठाया। गर्दन पर दांत गड़ने से उसका स्वरयन्त्र प्रभावित हो गया था

तेंदुए के दांत गड़ने से उसका स्वरयन्त्र प्रभावित हो गया था, आवाज़ बदल गई थी।

## गोठ के अन्दर ही बछिया को खा लिया

झुलुक गांव के पश्चिमी छोर पर चमारे बाई का घेर था। इस गोंड विधवा का एकमात्र सहारा एक गाय और उसकी बछिया थी। सवेरे उसे चराने ले जाती और सांझ को गोठ (गोशाला) में मां-बेटी को बन्द कर देती। 2.10 मीटर ऊंची गारे की दीवारों से बना गोठ चार मीटर लम्बा और इतना ही चौड़ा था। उत्तरी दीवार पर 3.20 मीटर की ऊंचाई पर एक रोशनदान था। चौड़ाई साठ सेण्टीमीटर थी और ऊंचाई पैंतालीस सेण्टीमीटर थी। दक्षिणी दीवार में प्रवेश द्वार था। उसे बन्द करने के लिए बांस की खपच्चियों से बुनी एक जाली रख दी जाती थी जिसे टटका कहते हैं। बल्लियों की कैंचियों के ऊपर सरकण्डे के फूस का छप्पर बांध रखा था।

हर रोज़ की तरह उन्नीस मई की सुबह चमारे बाई गोठ से गाय निकालने गई। यहां गाय तो नहीं थी, बछिया की लाश पड़ी थी। उसके पेट के पीछे का भाग खाया हुआ था।

गांव वालों का ख़याल था कि यह तेंदुए का काम है। खोजने पर रोशनदान

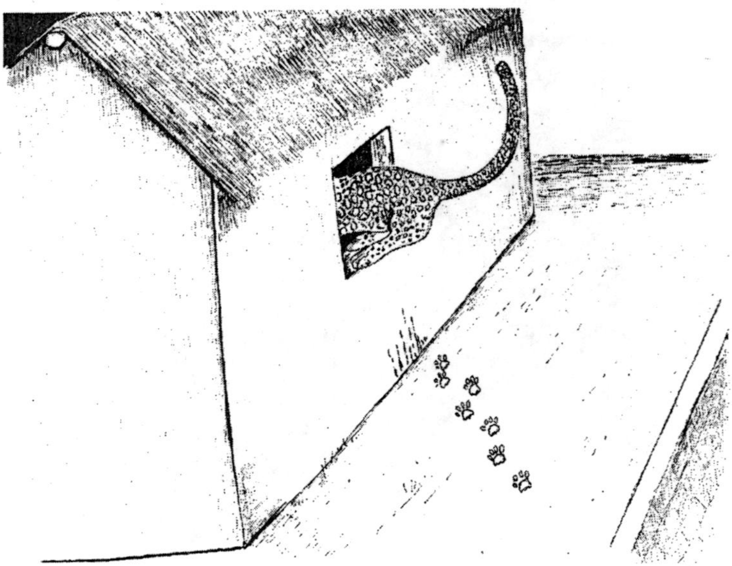

चित्र 64 तेंदुआ रोशनदान में घुस रहा है

की बाहरी दीवार पर उसके नाख़ूनों के निशान मिल गये। वह इसी रास्ते गोठ के अन्दर घुसा था। गाय और दो साल की बछिया दोनों अलग-अलग मामूली-सी

रस्सी से खूटों पर बंधे थे। तेंदुए ने झट बछिया को दबोच लिया। रस्सी तुड़ाकर टटके को धकेलती हुई गाय भाग गई।

गुरुवार, उनत्तीस मई की रात को चार-साढ़े-चार बजे तेंदुए ने बछिया को मारा था। उसे खाने का पूरा समय तेंदुए को नहीं मिला था।

इस घटना से गांव का युवा वर्ग बहुत उत्तेजित हो गया। उन्होंने उसे फन्दे में फंसाने की योजना बनाई। अधखाई लाश को गोठ के अन्दर ही पड़े रहने दिया। उसे फंसाने के लिए रोशनदान में रस्सी का फन्दा बांध दिया। इस मुहिम में बीस-पच्चीस जवान लड़के दिलचस्पी ले रहे थे। शुक्रवार की शाम को उन्होंने फन्दा लगाया। उसके साथ एक घण्टी भी बांध दी। उसका बजना तेंदुए के आने का संकेत होता। दरवाज़े को टटके से बन्द कर लड़के पड़ोस की झोंपड़ियों में चले गये। उचककर दीवार के ऊपर से बाहर देखते रहे।

चमारे बाई अपने घेर में ही झोंपड़ी में बैठी रही। गोठ के दरवाज़े के सामने तीस क़दम के फ़ासले पर उसकी झोंपड़ी थी।

तेंदुए को फन्दे का आभास हो गया। वह उधर नहीं गया। घेर के गारे की चारदीवारी से चढ़कर वह घेर के अन्दर घुसा। टटका तोड़कर लाश पर पहुंच गया। शाम के साढ़े सात बजे होंगे। धुंधलके में सब कुछ अस्पष्ट दिखाई दे रहा था। खाल को फाड़ने और हड्डियां तोड़ने की आवाज़ें स्पष्ट सुनाई दे रहीं थीं। उसे देखने के लिए समुत्सुक लोगों की हरकतों की आहट पाकर वह खाना छोड़ देता और ग़ौर से देखने लगता। ज़रा-सी चुप्पी के बाद खाने का सिलसिला शुरू हो जाता।

हरिकेन लैम्प और टौर्च के प्रकाश में कुछ साहसी लड़के चारदीवारी के दरवाज़े से घेर के अन्दर दाख़िल हुए। उनकी आहट पाकर वह रोशनदान से निकल गया। फन्दे की रस्सी टूट गई। घण्टी ने अपना काम ईमानदारी से किया। तेंदुए के जाने की सूचना दे दी। लाश में माल काफ़ी बचा था। उसे खाने वह ज़रूर लौटेगा। आततायी को सरकारी संरक्षण प्राप्त था। गांव वाले उसे सज़ा दे नहीं सकते थे। भले ही वह कितना ही जान-माल का नुकसान कर दे।

तेंदुए को देखने के कुतुहल ने लड़कों में गर्मजोशी पैदा कर दी थी। रस्सी के फन्दे में फंसाने की योजना बचकानी थी। कुछ लड़के पेट्रोमेक्स जला लाये जिससे उसकी रोशनी में तेंदुए की ख़ूबसूरत मूरत को ठीक तरह देख सकें। पेट्रोमेक्स

के साथ वे फिर पड़ोस के घरों के अन्दर छिप गये। लोगों की चहल-पहल शान्त हो गई। रात की ख़ामोशी को फिर तेंदुए की दावत की आवाज़ें चीरने लगीं। किसी को एहसास तक न हुआ कि वह लाश पर कब पहुंचा और किस रास्ते से गोठ में घुसा है। रोशनदान से गया होता तो घण्टी बज जाती। दरवाज़े पर टटका जमा था। उसके गिरने या चरमराने की आवाज़ भी सुनाई नहीं दी थी। कुछ देर बाद पेट्रोमेक्स के साथ लड़के घेर में घुसे तो वह रोशनदान से निकल गया। सर्चलाइट फेंककर उसे देखते रहे। सौ मीटर दूर एक नाले में टखनों तक पानी बह रहा था। पानी पीकर वह वहीं बैठ गया।

बन्द गोठ के अन्दर वह कैसे घुस गया ? इसका पता लगाने के लिए सुबह खोजी लड़कों ने छानबीन करनी शुरू की। पश्चिमी दीवार पर उसके पंजों के निशान मिल गये। पंजे गाड़कर वह 2.10 मीटर ऊंची दीवार पर चढ़ गया। बल्लियों की कैंची और दीवार की धार के बीच गैप था। यहीं से वह अन्दर कूद गया था।

शुक्रवार की शाम साढ़े सात बजे से गांव के लड़के वाइल्ड लाइफ़ की फ़िल्म देखने जैसा मज़ा लेते रहे। वीर हीरो बार-बार लाश पर आता रहा और खाता रहा। लाश जब हलकी हो गई तब एक बार तो उसने उसे उठाकर दीवार फांद कर ले जाने की योजना बनाई। लाश को खींचता हुआ वह गोठ के दरवाज़े से बाहर पहुंचा ही था कि चमारे बाई ने देख लिया। वह चिल्ला पड़ी। पेट्रोमेक्स और टॉर्च लेकर लठैत लड़के दौड़े और शोर मचाकर उसे भगा दिया।

सारी रात यह सिलसिला चलता रहा। चार-पांच बार वह लाश पर आया। हर बार वह जितना मौक़ा मिलता उतना ठूंस लेता। सब मिलाकर उसने पांच घण्टे लाश खाई होगी। दो साल की बछिया को उसने दो रातों में पूरा ख़त्म कर दिया। सिर, उसके साथ माला के मनकों के समान पिरोये हुए कशेरुकाओं का मेरुवंश और चार टांगें बच गईं। चमारे बुढ़िया उसे घसीटकर नाले के किनारे ढोरों की श्मशान भूमि पर फेंक आई।

## बारात के बाजे-गाजे के साथ आदमख़ोर ने हमला किया

पच्चीस एप्रिल की रात को तेंदुआ बाजे-गाजे के साथ पर्रापुर गांव में दाख़िल हुआ। उस रात एक गोंड की बारात गांव में पहुंची थी। सारा गांव घरों से बाहर निकलकर बारात की धूमधाम देख रहा था। अन्धियारे आसमान में पल भर के

लिए आतिशबाज़ी के नये सितारे चमक उठते । ढोल पीटे जा रहे थे । शहनाइयां मांगलिक धुन बजा रही थीं । रिकौर्ड प्लेअर फ़िल्मों के हलके-फुलके तरानों को पूरे वौल्यूम पर बजा रहे थे । गैस की चकाचौंध करने वाली रोशनी में लोग बेसुध नाच रहे थे और मीठी महकती हुई महुए की मदिरा के मस्त आलम में झूम रहे थे । अपने घर के सामने घुटने बराबर ऊंची दीवार पर बैठा बैगादास चहल-पहल देख रहा था । पैंतालीस वर्षीय यह विधुर किसान कबीरपन्थियों का अनुयायी था। नाम भले ही बैगादास था पर उसकी जात बैगा नहीं थी, पनका थी ।

बैगादास अकेला था । तेंदुआ ऐसे ही शिकार की तलाश में गश्त लगा रहा था । पीछे से लपककर उसने बैगादास की गरदन पकड़ ली । अगला क़िस्सा उसने जो सुनाया वह मारकाट वाली डुशुम् ....डुशुम् .... फ़िल्मों के विलन की हैरतअंगेज़ बहादुरी के कारनामों से बढ़कर था ।

'मैं घबराया नहीं । मैंने दनादन घूंसे जड़ दिये और गरदन छुड़ा ली । चमकती आंखों वाला शैतान फिर लपका । जान की बाज़ी लगाकर मैं उससे जूझ गया । गुत्थमगुत्था में मैं इतना मशग़ूल था कि मदद के लिए किसी को पुकारने की बात दिमाग़ में आई ही नहीं । मैंने उसे कई पटकियां दीं । अपनी हिम्मत से उस बला के चंगुल से छूट गया । मेरे हाथ में कुल्हाड़ी होती तो उसके टुकड़े कर देता ।'

गांव के प्रधान ने मुस्कुराते हुए टिप्पणी की : 'साहिब, पनका लोगों की ऊंची उड़ानों का कोई जवाब नहीं । ये बताया करते हैं, हमारे पुरखों के खेत में नौ हाथ की ककड़ी उगा करती थी जिसमें से दस हाथ लम्बे बीज निकला करते थे !'

## घर के अन्दर से उठा लिया

धनवार गांव में जहां तेंदुए ने एक औरत को ज़ख़्मी किया था उससे एक किलोमीटर पश्चिम में खेतों के किनारे परसादी गोंड का डेरा था । उसके पास अठारह एकड़ जोत की ज़मीन थी । उसके साथ ही जंगल लगता था । हिरणों और जंगल के तृणभोजियों से खेती को बचाने के लिए उसने गांव छोड़कर यहां डेरा बना लिया था । उसकी उम्र पच्चीस बरस थी । उसकी बीवी की गोदी में दूध पीती बच्ची थी । माता, पिता, बड़ा भाई सुकुल सब यहीं रहते थे । एक कमरे में परसादी अकेला सो रहा था । साथ के कमरे में बाक़ी लोग ।

रात के सन्नाटे में झींगुरों के संगीत के अलावा दूसरी आवाज़ सुनाई नहीं देती थी । घर के बाहर छप्पर के नीचे सोए पिल्ले यकायक भौंकने लगे । अवि-

राम भौंकते हुए सुकुल के कमरे में घुस गये। उसकी नींद खुल गई। उसकी आवाज़ पर मां, बाप और छोटी भाभी जाग गये। उन्होंने परसादी को आवाज़ें दीं, पर

चित्र 65 तेंदुआ दरवाज़े में घुस रहा है

वहां जवाब देने वाला कोई नहीं था। अंधेरे में कुछ दिखाई नहीं दे रहा था। तेंदुआ परसादी को घर के सामने घसीटे ले जा रहा था। घसीटने का शब्द सुनाई दे रहा था। मिट्टी के तेल का चिराग़ जलाया तो रोशनी को देखकर उसने परसादी को छोड़ दिया। वह बीस मीटर घसीट ले गया था। एक बजे का समय था।

तेंदुए ने परसादी को गरदन से पकड़ा था। किल्लों से बने ज़ख़्मों से ख़ून बह रहा था। परसादी बेहोश पड़ा था। गले से घर् ....र् ...र् ... घर् ....र् ... र् ... आवाज़ निकल रही थी। ख़ून रोकने के लिए परसादी के पिता दुरप ने अपनी हथेलियों से गरदन के ज़ख़्मों को कोमलता से भींच लिया। सुकुल उसे आहिस्ता से गोदी में उठाकर अन्दर ले गया। गरदन पर गमछा लपेटा जो तुरन्त ख़ून से तर हो गया। उसे खोलकर रुई की मोटी तह ज़ख़्म पर रखकर कपड़ा बांध दिया। दीवाली पर दीयों की बत्तियों के लिए बाज़ार से रुई लाये थे, उसमें से यह बच गई थी। सामान्यतः इन लोगों के घरों में रुई नहीं रहती।

कुछ देर में ख़ून का बहाव कम हो गया। परसादी की चेतना लौटने लगी। उस अर्धचेतना में वह बुदबुदाया : 'पानी।' पानी पीकर वह होश में आया। उसने पूछा :

'मुझे दर्द क्यों हो रहा है ? तन क्यों टूट रहा है ? तुम सब क्यों जग गये हो ?'

'तुझे पैन्थर ले गया था।' सुकुल ने बताया।

'कहां तक ?' परसादी ने पूछा।

'वहां तक।' सुकुल ने बांह उठाकर बाहर इशारा किया।

तब परसादी रोने लगा। बोला : 'डौक्टर लाओ।'

इतनी रात कहां जाते ! सब सहमे हुए थे। 'बचेगा कि नहीं ?' यह सोचते हुए सब रोने लगे।

पिल्लों ने फिर भौंकना शुरू किया। ख़तरे का यह संकेत बता रहा था कि आततायी फिर लौट आया है। वारदात किये हुए मुश्किल से एक घण्टा गुज़रा होगा। चिराग़ उठाकर सुकुल बाहर देखने गया। हत्यारा घर की तरफ़ आ रहा था। रोशनी को देखकर लौट गया। आंख-से-आंख मिल रही हो तो तेंदुआ हो या शेर, हमला नहीं करता। सामना हो जाये या आदमी पलट कर भागने लगे तभी पीठ पीछे हमला करता है। इंसान बैठा हो, घास काटता हो, लकड़ी बीनता हो या चला जा रहा हो, पीछे से घात लगाकर उसे पकड़ता है।

उजाला होते ही सुकुल धनवार गांव गया। बस्ती के बड़े लोगों को बुला लाया। उसे ट्रैक्टर पर तेईस किलोमीटर दूर बहियर ले गये। वन-कर्मचारियों ने उसे हौस्पिटल में भरती करा दिया। इलाज और ख़ुराक के लिए पांच सौ रुपये दे दिये। ग्यारह दिन बाद उसे डौक्टर ने छुट्टी दे दी।

तेंदुए की पकड़ में परसादी का बायां कान आधा फट गया था। डौक्टर ने टांके लगाकर सील दिया था। मैंने जब इस केस की छानबीन शुरू की थी तब जंगल के एक औफ़िसर ने मज़ाक में बताया था कि तेंदुआ उसका कान पकड़कर खींच ले गया था।

परसादी की गरदन पर ट्रेकिया के दाये-बायें तेंदुए के दांत गाड़ने के कई निशान पड़े थे। कुछ निशान फिर हरे हो रहे थे, घाव बन गये थे। ट्रेकिया के नज़दीक बायीं तरफ़ एक छेद से पस रिस रही थी। चेहरा सेप्टिक हो गया था, सूजन आ जाने से विकृत हो गया था। उसे निगलने में कष्ट होता था। वह बहुत

कमज़ोर हो गया था। गश्त पर आने वाले वनकर्मी उसकी सुधबुध ले सकें तभी

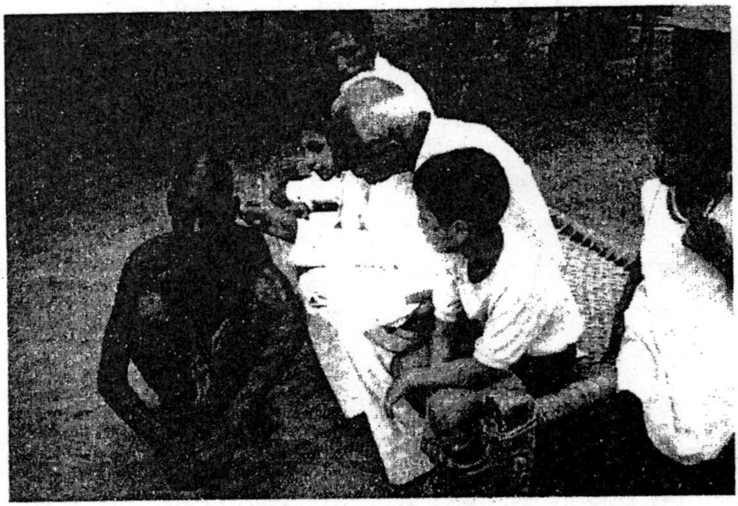

चित्र 66 तेंदुए की पकड़ में परसादी का बायां कान आधा फट गया था। लेखक कान की जांच कर रहे हैं

वह मौत के मुंह से बच सकता था। वरना, इन्सान की लापरवाही को ही इसके लिए ज़िम्मेदार ठहराया जायेगा।

## हमबिस्तर को ले गया

साल वन की सीमा पर बैगा टोला की बस्ती हाल ही में बनी है। बैगा लोग भूत-प्रेतों और उनकी विध्वंसकारी शक्तियों में विश्वास रखते हैं। इनका टोला पहले जिस स्थान पर बसा था वहां भूतों के हमले होने लगे। उन्होंने कुछ बैगाओं की बलि ले ली। उन्हें सन्तुष्ट करने के लिए पूजा की गई। फिर भी उनके उपद्रव शान्त नहीं हुए। इसलिए पुजारी की सलाह पर वह स्थान छोड़ना पड़ा।

बैगा टोला के घर एक ही डिज़ाइन के बने हैं। गारे की 1.80 मीटर ऊंची दीवार खड़ी कर के छत को छप्पर से ढक दिया गया है। टोले की सीमा पर भादू बैगा का मकान भी इसी प्रकार का है। 5.10 मीटर लम्बे और 6.30 मीटर चौड़े मकान को तीन हिस्सों में बांटा है। बीच में तीन मीटर चौड़ा और 4.80 मीटर लम्बा एक कमरा है जिसे गहि या गहुल कहते हैं। उसके दोनों बाजू दक्षिण और उत्तर में 1.50 मीटर चौड़े और 4.80 मीटर लम्बे दो कमरे हैं जिन्हें ये परछी

कहते हैं। इनके अन्दर जाने के लिए पिचासी सेण्टीमीटर चौड़े और 1.50 मीटर ऊंचे दरवाज़े हैं। इनमें न चौखट हैं, न फाटक। ढोर-डंगरों को रोकने के लिए दरवाज़े पर बांस की टटिया खड़ी कर देते हैं। दहलीज़ के दोनों तरफ़ एक-एक हाथ उंचा बांस गाड़कर उसके पीछे टटिया अटका देते हैं। सुरक्षा की यह नाममात्र व्यवस्था करके टोला के बैगा निश्चिन्त सो जाते थे। नरभक्षी तेंदुए के हमले से अपने को सुरक्षित अनुभव करते थे।

मकान की दक्षिणी परछी में पचास वर्षीय भादू अपनी चालीस वर्षीय पत्नी सुभिया बाई के साथ सो रहा था। सुभिया दरवाज़े वाली बाज़ू में थी। बैगा लोग जानते हैं कि तेंदुआ अपने शिकार को गरदन से पकड़ता है। तेंदुए के सम्भावित हमले से बचने के लिए बैगा पति-पत्नी ने टांगें दरवाज़े की तरफ़ रखी थीं और सिर दरवाज़े से दूर पूरब की ओर रखा था।

जवान मर्द, उनकी औरतें और बच्चे अन्दर गहुल में सो रहे थे। सब मिलाकर सात व्यक्ति थे।

**चित्र** 67 तेंदुए ने टटिया और दीवार के बीच की दरार में सिर डाला

रात बारह बजे तेंदुआ आया। उसने टटिया और दीवार के बीच की दरार

में से सिर डाला। टांगों को छुआ तक नहीं। दीवार से सटकर आगे बढ़ा। सुभिया की गरदन को अपने मुंह में भींचकर बाहर खींच ले गया। उसके साथ सटकर सो रहे भादू को इस कार्यवाही का पता ही नहीं चला। सुभिया को दरार से बाहर खींचते हुए टटिया गिर गई। उसकी आवाज़ से भादू की नींद खुली। हड़बड़ाहट में वह उठा। हमबिस्तर को वहां न पाकर चिल्लाया :

'कहां गई... कहां गई !'

बैगा मर्द अपनी औरत का नाम नहीं लेते। कोई उत्तर न पाकर फिर चिल्लाया...

'कन्दूसी तेरी मां कहां चली गई ?'

कन्दूसी गहुल में सो रहा था। बाहर घुप्प अन्धेरे में भादू को न सुभिया दिखाई दी और न तेंदुआ। घसीटने की आवाज़ सुनाई दे रही थी। वह फिर चिल्लाया...

'कन्दूसी जल्दी निकल, तेरी मां नहीं है। इधर कोई आवाज़ आ रही है।'

उसकी प्रतीक्षा किये बगैर वह अकेला आवाज़ के पीछे चल दिया। उसे देखकर तेंदुआ गुर्राया। निहत्थे भादू को असलियत का पता चल गया। वह बेमौत मौत के मुंह में नहीं घुसना चाहता था। लौट आया।

भादू की पुकार से पड़ोस के घर में महरू सिंह जाग गया था। वह लालटेन जलाकर आ गया। कन्दूसी चिराग़ जलाकर बाहर आ गया। रोशनी में सुभिया की लाश और तेंदुआ दिखाई दे गये। बासठ किलोग्राम लाश को वह तेंतालीस क़दम दूर घसीट ले गया था। लोगों की आवाज़ और चहल-पहल से सुभिया को छोड़कर तेंदुआ पांच क़दम पीछे महुए के पेड़ के पास चला गया।

आधी रात में अधिकतर लोग बेख़बर सो रहे थे। एक घर से जोहर सिंह सहायता के लिए पहुंच गया। चारों आदमियों ने हल्ला कर तेंदुए को भगा दिया। लाश को उठाकर घर में ले आये। बाईस साल का कन्दूसी रोने लगा।

सुभिया की गरदन के बायीं तरफ़ तेंदुए के किल्ले के चार सुराख़ और दाहिनी तरफ़ एक सुराख़ था। इनमें से ख़ूब ख़ून बह रहा था। सुराख़ों की स्थिति से पता चलता था कि गरदन को जब तेंदुए ने पकड़ा तब वह ऊपर-मुंह सो रही थी। उसे सामने से नहीं पकड़ा। तेंदुए ने अपनी गरदन घुमाकर बाज़ू से उसकी गरदन पकड़ी। इस कार्यवाही में ऊपरले दोनों किल्ले बायीं तरफ़ घुस गये जिससे दो सुराख़ बन गये। निचला एक किल्ला घुसा जिससे एक सुराख़ बना। घसीटते हुए उसने दो बार गरदन को छोड़कर फिर पकड़ा। तब किल्ले ज़रा हटकर गड़े

जिससे बायीं तरफ़ दो और सुराख़ बन गये। घसीटने में बायां कन्धा ज़रा ज़ख़्मी हो गया था जिसमें मामूली-सा ख़ून बहा था।

## सारे गांव को तबाह कर सकता है

इलाक़े के आदिवासी तेंदुए को विलक्षण शक्ति सम्पन्न प्राणी मानते हैं जो अपनी दिव्य और चामत्कारिक शक्ति से सारे गांव को तबाह कर सकता है। वह जिस इन्सान को उठाकर ले जाता है, उसकी नियति में तेंदुए का भोजन बनना लिखा था। उसके मुंह से उसे छुड़ाया जाय तो वह कुपित हो जायेगा और उसके कोप के दुष्परिणाम से छुड़ाने वाला नहीं बचेगा। देर या सवेर वह उसे मारकर रहेगा।

ऐसी दुःशंकाओं और भय से ग्रसित टोले के बैगा सुभिया को छुड़ाने अपने घरों से बाहर नहीं निकले। तेंदुए के जाने के बाद जब लाश को उठा लाये तब तीस-पैंतीस आदमी जमा हो गये। किसान टोला से डिप्टी रेंजर तोमर को बुला लाये।

भादू के घर के सामने गैस का हाण्डा जलाकर टांग दिया। तीन जगह लकड़ियों का ढेर रखकर आग लगा दी। रोशनी, आग और आदमियों की उपेक्षा करके तेंदुआ एक बजे फिर प्रकट हो गया। सामने चालीस क़दम दूर इमली का पेड़

चित्र 68 छलावे के समान तेंदुआ इमली के पेड़ के नीचे फिर प्रकट हो गया

खड़ा था। उसके पश्चिम में सबने उसे देखा। वह सामान्य चाल में चल रहा था। उसे भगाने के लिए हल्ला किया तो उसने किसान टोला की ओर रुख़ कर लिया।

इमली के पेड़ के नीचे आकर लोगों ने चिल्लाकर किसान टोला के निवासियों को जागरूक होने को कहा, 'बत्तियां जला लो, घर के अन्दर घुस जाओ।'

डिप्टी रेंजर, सरपंच, वनरक्षक और कुछ आदमियों ने साहस कर तेंदुए का पीछा किया। तब वह टोले से बाहर निकलकर खेतों में पूरब की ओर मुड़ गया। आगे उसका पता नहीं चला। साढ़े चार बजे फिर छलावे के समान इमली के पेड़ के नीचे प्रकट हो गया। उसकी लालसा अपने मारे हुए शिकार में थी। बैगा लोगों ने हल्ला कर भगा दिया। अब उजाला हो गया था।

नरभक्षी तेंदुए की वारदातों का इलाक़ा कान्हा नेशनल पार्क की सीमा से बाहर था। इसलिए उससे निपटना औफ़िसरों के अधिकार क्षेत्र के अन्तर्गत नहीं था। प्रभावित लोगों को राहत देना नैतिक कर्त्तव्य मानकर वे तेंदुए के पीछे पड़े थे और गांव वालों को सहायता दे रहे थे।

सुभिया के मारे जाने की सूचना टाइगर प्रोजेक्ट के फ़ील्ड डायरेक्टर लव-लेकर को देना ज़रूरी था। जिन पार्कों और अभयवनों में टाइगर प्रोजेक्ट की योजना शुरू हुई है, उनमें उनके डायरेक्टरों को फ़ील्ड डायरेक्टर कहने लगे हैं। कान्हा टाइगर रिज़र्व के फ़ील्ड डायरेक्टर का कार्यालय तिरसठ किलोमीटर दूर मण्डला में है। उनके साथ वायरलेस द्वारा सम्पर्क किया जाता है। कलेगांव से सबसे नज़दीक का वायरलेस स्टेशन सोलह किलोमीटर दूर किसली में है। किसली पार्क का मुख्य प्रवेश द्वार है।

बैगा टोला के चार जवानों और एक फ़ायर वाचर को पैदल किसली रवाना कर दिया। घटना के विवरण की जांच के लिए अठारह किलोमीटर से दूर बहियर का थानेदार आया। पोस्टमार्टम के लिए लाश को कान्हा से ट्रैक्टर द्वारा बहियर थाने में ले गए। चार बजे शाम रिश्तेदारों को लाश लौटा दी। उसमें बदबू आने लगी थी। जलाने का पर्याप्त समय नहीं था। इसलिए बंजर नदी के किनारे दफ़ना दिया।

मध्य प्रदेश के वानिकी नियमों के अनुसार मृतक के वारिस भादू को पांच हज़ार रुपए क्षतिपूर्ति के रूप में दिए जाने थे। तात्कालिक सहायता स्वरूप पांच सौ रुपए सत्ताईस मई को किसली के रेंज औफ़िसर द्वारा दे दिए गए। यह राशि मृतक के क्रियाकर्म में आने वाले ख़र्च को पूरा करने के लिए थी। बैगा समाज की प्रथा के अनुसार भादू ने अट्ठाईस मई को सुबह बड़े देव की पूजा की और मृतक भोज दिया। टोले के सभी बैगा लोगों को दाल-भात खिलाया और महुए की दारू पिलाई। इसमें दो सौ रुपए ख़र्च हो गए।

भादू के चार बच्चे हैं। ग़रीबी के कारण वह उनके तन भी ठीक तरह नहीं ढक पाता। बिछाने, ओढ़ने और पहनने के कपड़ों की क़मी है। घर में न चारपाई है, न फ़र्निचर। चिराग़ है तो सही पर उसे नाममात्र को ही जलाया जाता है। सारा काम यों ही करने की आदत पड़ गई है।

बैगा की पत्नी मर जाए तो वह दूसरी औरत को घर में बिठा लेता है। यह औरत विधवा या समाज द्वारा मान्य तलाक़शुदा होनी चाहिए। समाज के क़ायदों के अनुसार कुंवारी लड़की से विधुर शादी नहीं कर सकता।

जब दूसरी औरत को घर में बिठाता है तब समाज को दावत देता है। सब लोग कोदई चावल, मुर्ग़ा और दारू खाते-पीते हैं। रात भर नाचते हैं। मांदर (ढोल जैसा वाद्य) की थाप पर उनके पैर उठते हैं। झूमते हुए सारी रात गाते हैं।

शादी की दावत हो या मृत्यु-भोज, सामाजिक मिलन के हर मौक़े पर दारू का दौर ज़रूरी होता है। एक आदमी चार-चार बोतल पी जाता है। मर्द-औरत एक समान पीते हैं, नशे में बेहोश पड़े रहते हैं।

## आदमख़ोर के सुधार के लिए पूजा

इमली की छाया में बैठा भादू मुझे अपने जीवन की कड़वी दास्तां सुना रहा था। मैंने उससे पूछा कि जब इतनी मुश्किलों में ज़िन्दगी बसर कर रहे हो तब गांव वालों को दो सौ रुपये की दावत क्यों खिलाई, यही रक़म घर-गिरस्ती के काम में ख़र्च करते ?

भादू बोला : ' यह तो हमारे समाज की परम्परा के अनुसार ज़रूरी था। मैंने ख़ुशी से खिलाया। मुझे अब कोतवाल और पुजारी दुबारा पूजा कराने और दावत देने के लिए मजबूर कर रहे हैं।'

कोतवाल ने भादू को कोतवाली बुलाया था। वहां पुजारी भी बैठा था। उसकी तरफ़ इशारा करके कोतवाल बोला : 'पुजारी कहते हैं, आदमख़ोर तेंदुए को सुधारो, उससे सारे कलेगांव को ख़तरा बना हुआ है, सारा गांव चाहता है कि तुम नए सिरे से पूजा करो, तभी संकट टलेगा।' पुजारी ने ख़र्च की तफ़सील बताई : 'पूजा कराने में दो सौ रुपए, खिलाने-पिलाने में एक सौ रुपए और क्रियाकर्म में दो सौ रुपए।'

अपनी दारुण दास्तां को सुनाता हुआ भादू फूट-फूटकर रोने लगा। मैंने उसे जैसे-तैसे ढाढ़स दिया। अपनी बांह से उसने आंसू पोंछे और आह भरकर बोला :

'सरकार से कुल पांच सौ रुपए तो मुझे मिले थे, जो मैंने ख़र्च कर दिए। अब कोतवाल और पुजारी के लिए कहां से लाऊं ? आदमख़ोर तेंदुए के सुधार के लिए पूजा करानी है तो सारे गांव से चंदा करके पूजा करा लो। मेरे से क्यों मांगते हो।'

पुजारी और कोतवाल की यह सांठगांठ भी हो सकती थी। पूजा के नाम पर ऐंठा हुआ रुपया वे आपस में बांट लेते और मौजमस्ती करते।

मौक़े पर छानबीन के दौरान मैंने घटना स्थल को बारीकी से देखा। तेंदुए द्वारा सुभिया को खींचकर ले जाने की घसीट अब भी मिटी नहीं थी। यह एक सीधी रेखा थी जिसके ऊपर तीन जगह सूखा ख़ून पड़ा था। पहला ख़ून पन्द्रह सेण्टीमीटर लम्बा और आठ सेण्टीमीटर चौड़ा काला दाग़ था। पच्चीस मीटर घसीटने के बाद तेंदुए ने यहां पहली बार अपनी पकड़ छोड़ी थी और गुर्राकर भादू को भगाया था। पांच क़दम आगे सूखे ख़ून का दूसरा काला दाग़ तीस सेण्टीमीटर लम्बा और पांच सेण्टीमीटर चौड़ा था। यहां उसने दूसरी बार पल भर के लिए गरदन छोड़ी थी जब चिराग़ की रोशनी देखी थी। तेरह क़दम आगे पिचहत्तर सेण्टीमीटर लम्बी और तीस सेण्टीमीटर चौड़ी जगह में सबसे अधिक ख़ून गिरा था। ख़ून की मोटी तह सूखकर काली पपड़ी बन गई थी। पपड़ी के छोटे-छोटे टुकड़ों से ज़मीन भरी थी। इन तीन जगहों के अलावा कहीं ख़ून का क़तरा नहीं गिरा था।

## चिता की लपटों में आदमख़ोर की चीख़ें

कलेगांव में रखे पिंजरे में शुक्रवार उन्नीस जून, 1987 की रात को तेंदुआ फंस गया। वन-विभाग के स्थानीय औफ़िसरों ने किसली और मण्डला के कार्यालयों में ख़बर भेज दी। स्थानीय औफ़िसरों ने वायरलेस से बता दिया था कि गांव वाले बेहद उत्तेजित हैं। अपना असन्तोष और आक्रोश व्यक्त करने के लिए वे उसे जला देने पर उतारु हैं। उनका कहना था, 'जिस शैतान ने महीनों आतंक फैलाए रखा और सोलह गांवों के निवासियों की नींद हराम कर रखी थी उसे हम गांव से ज़िन्दा कैसे ले जाने देंगे। हम ख़ुद उसे सज़ा देंगे।'

वे पिंजरे को लकड़ियों की ढेरी से ढक देने की तैयारी कर रहे थे। राजपूत स्त्रियां विधवा हो जाने पर स्वेच्छा से अग्नि की चिता में बैठ जाया करती थीं। यहां तेंदुए को ज़बर्दस्ती आग की लपटों के हवाले किया जा रहा था।

तेंदुआ बहुत गुस्सैल था। पिंजरे के अन्दर क़ैद हो जाने के बाद भी शान्त नहीं बैठा था। गुर्राता था, झपटता था। सलाखों के बीच से पंजा मारता था। इमली की घनी छाया के नीचे भीड़ जमा होती जा रही थी।

चित्र 69 पिंजरे के अन्दर क़ैद हो जाने के बाद भी गुर्राता था

मण्डला से शर्मा अपनी जीप में आ गए। उत्तेजित भीड़ ने उन्हें घेर लिया। शर्मा पिंजरे को कान्हा ले जाना चाहते थे। वहां शरारती, अपराधी, हमलावर तथा आदमख़ोर शेरों और तेंदुओं को रखने की व्यवस्था थी। अपराधियों की यह अभयस्थली थी। 'शेर बचाओ अभियान' को प्रभावशाली और व्यवहारिक बनाने वाले औफ़िसर उन्हें किसी चिड़ियाघर में सुधार के लिए भेज देते थे। उन्हें मृत्युदण्ड नहीं दिया जाता था। गांव वालों ने शर्मा को हत्यारे तेंदुए के पिंजरे के पास फटकने नहीं दिया।

वातावरण तनावपूर्ण था। शर्मा डिप्लोमेसी से काम न लेते और तेंदुए के पिंजरे को उठाने में ज़बर्दस्ती करते तो लोगों के क्रोध का पहला शिकार उनकी जीप होती। वे उसे जलाने में संकोच न करते।

तेंदुए के पकड़े जाने की ख़ुशी में बस्ती के सब बैगाओं ने छककर महुए की शराब पी थी। नशे में चूर जवान छोकरों की भी ज़ुबान लड़खड़ा रही थी। वे अपने दिल के दर्द को लड़खड़ाती ज़ुबान में यों ज़ाहिर करते, 'शैतान जब हमें

नोच रहा था तब हमारी चीख़ किसी औफ़िसर ने नहीं सुनी। अब उसे बचाने आ गए हैं। चिता की लपटों में तेंदुए की चीख़ें सुनाई देंगी तब हमें ठण्डक मिलेगी।'

शर्मा ने उन्हें समझाने और शान्त करने की कोशिश की। प्रोजेक्ट टाइगर के फ़ील्ड डायरेक्टर के आने तक धैर्य रखने की सलाह दी। उन्हें लेने अपनी जीप भेज दी।

कलेगांव की नाज़ुक स्थिति की ख़बर बहियर के थानेदार को मिली। उससे निपटने के लिए और शांति भंग न होने देने के लिए उसने पुलिस के सशस्त्र जवानों की एक टुकड़ी भेज दी। बड़ी मुश्किल से गांव वालों को समझा-बुझाकर शान्त किया। तब शर्मा पिंजरा उठा ले गये। कान्हा पहुंच जाने पर भी तेंदुए के मिज़ाज में फ़र्क नहीं पड़ा था। वह पहले की तरह ही हमला कर रहा था और पिंजरा तोड़ने की कोशिश कर रहा था। पिंजरे को तोड़कर बाहर आ जाने पर वह कुछ भी अप्रिय कार्य कर सकता था। सावधानी के रूप में पिंजरे को एक कमरे के अन्दर रख दिया। उसको खिलाने, पिलाने, नहलाने और सफ़ाई करने की जिन लोगों की ज़िम्मेदारी थी वे भी उसके कमरे को खोलने में कतराते थे।

बाईस जून को तेंदुआ मरा हुआ पाया गया। जंगल के आज़ाद प्राणी को क़ैद रास नहीं आई।

आठ

# रसोलीवाली ने क़हर ढा दिया

नूर मुहम्मद मकरानी रसूलपुरा गांव में रहता है। जंगल के छोर पर बसा यह छोटा-सा गांव सासण से तीस किलोमीटर दूर है और सिद्दी हब्शियों के शिरवण गांव से कुल एक किलोमीटर के फ़ासले पर है।

नूर मुहम्मद की बेटी जांबू थाला में ब्याही है। एक दिन उसे अपने समधी से दावत का न्योता मिला। 1976 के वासंती दिन थे। सूरज ढलने से पहले वह समधी के घर पहुंच गया। उसके घर से यह जगह विसावदर रोड पर तीस किलोमीटर दूर है।

इस इलाक़े में बहुत-से लोग गाय-भैंस पालकर अपना गुज़ारा करते हैं। इन लोगों को मालधारी कहते हैं। इनके पास बड़ी संख्या में गाय-भैंसें पाली हुई हैं।

**चित्र** 70 भैंसें जंगल से चरकर शाम को नेस में लौट आयीं

गिर के अन्दर दूर-दराज़ के जंगलों में मालधारी घास के झोंपड़ों में रहते हैं। चार-पांच परिवार मिलकर छोटी-सी बस्ती बना लेते हैं; जिसे नेस कहते हैं। नेस के पालतू ढोरों की तरफ़ भूखे सिंह अक्सर आकृष्ट हो जाते हैं।

आवागमन के लिए इन जंगलों में बसें नहीं चलतीं, एक नेस से दूसरे नेस तक पैदल ही जाना पड़ता है।

नूर मुहम्मद का समधी मालधारी है। उसकी भैंसें जंगल से चरकर शाम को नेस में लौट आयीं। बड़ी भैंसों को एक घेरे में बंद कर दिया। उसके साथ के घेरे के अन्दर पारु थे (भैंस के दो साल से छोटे पाड़ों को पारु कहते हैं)। इस उम्र के बच्चे मां के थनों से दूध पीते हैं, इसलिए इन्हें मां से अलग दूसरे घेरे में बन्द करते हैं।

नेस के चारों ओर आदमी से ऊंची बाड़ है। बबूल और बेर की कंटीली घनी झाड़ियों से बनायी बाड़ की चौड़ाई भी काफ़ी होती है। इसे फांदकर सिंह अंदर नहीं आ पाते।

## रसोलीवाली नाम कैसे पड़ा ?

गिर वन में एक ऐसी सिंहनी रहती थी, जिसकी गर्दन पर एक रसोली उठी हुई थी। रसोली (ट्यूमर) के कारण इसका नाम रसोलीवाली पड़ गया था। मालधारी और गिर वन के शिकारी बरसों से इस रसोली को देख रहे थे। यह न बढ़ती थी, न घटती थी; क्रिकेट की गेंद के बराबर बड़ी थी।

रसोली के कारण सिंहनी को प्रकट रूप में कोई कष्ट नज़र नहीं आता था। उसका जीवन और रहन-सहन सामान्य सिंहनियों के समान था। अठारह-उन्नीस साल की इस सुन्दर और स्वस्थ सिंहनी ने कई प्रतापी सिंहों को जन्म दिया था। गिर वन के दौरों में मुझे उसके दो यशस्वी बेटे अक्सर मिल जाया करते थे। काले अयालों वाले इन सिंहों का नाम सुलतान और अकबर था।

उस रात नूर मुहम्मद के अलावा ग्यारह और मकरानी दावत में शामिल थे। सबकी ख़ूब आवभगत की गयी। गिर वन के हिन्दू मालधारी मांस और मदिरा से सख़्त परहेज़ करते हैं। मकरानियों की दावतों में सब चलता है। दावत के बाद सभी मेहमान झोंपड़ों में सो गये।

किसी को पता ही नहीं चला कि रसोलीवाली कब उस घेरे के अंदर दाख़िल हो गयी, जहां पारु सो रहे थे। उसने एक-एक करके छह पारु मार लिये। बाक़ी छह पारु जान बचाने के लिए भागने लगे।

भैंसों को इस विपदा का पता चला। विरोध प्रकट करने के लिए वे अपने चौड़े नथुनों से फूं...फूं... करने लगीं। गुस्से में अगली टांगें पटकने लगीं। बीच के पार्टिशन को सिर की टक्करों से तोड़ने की कोशिश करने लगीं, जिससे वे पारुओं के घेरे में घुस जायें और अपने असहाय बच्चों को बचा लें। सीधे मुक़ाबले में भैंसों के सामने सिंह नहीं टिकते, वे अकेली भैंस पर छिप कर हमला करते हैं, वह भी पीछे से।

## सिंहनी की पकड़ में बेचारा नूर मुहम्मद

खटर-पटर से मकरानी जाग गये। नेस की किसी दूसरे गोठ में मुर्ग़ा बांग दे रहा था। इबादत का वक़्त हो गया था, सुबह के चार बजे होंगे। आंख मलते हुए मकरानी पाड़ों के घेरे में चले गये। उन्होंने पशुओं की लाशों को देखा, ख़ून-ख़राबे को देखकर वे स्तब्ध रह गये। हत्यारी सिंहनी ने क़हर ढा दिया था।

समधी ने बड़ी मेहनत से पारुओं को पालकर बड़ा किया था। उसके सामने ही रसोलीवाली उन्हें खा रही थी। उस बला को भगाने के लिए सबने शोर मचा दिया। शोर से सिंह प्रायः भाग जाया करते हैं, अधखाई लाश को छोड़ जाते हैं, सिंहनी का बर्ताव इसके विपरीत था। वह गुर्रायी और मकरानियों पर लपकी। नूर मुहम्मद उसकी पकड़ में आ गया, उसे उठाकर हत्यारी ने चट्टानों पर पटक दिया। उसकी दायीं टांग की टिबिया हड्डी टूट गयी। इस हमले में नूर की बायीं टांग का घुटना सिंहनी के मुख में आया था। उसमें से लहू बह रहा था।

नूरे के साथी — ग्यारह मकरानी — भाग गये। झोंपड़े में घुसकर उन्होंने अन्दर से कुंडी लगा ली। मौत के मुंह में अभागा नूर अकेला रह गया। वैसे भी वह मरियल-सा आदमी था और बेहद बुज़दिल भी, दिहाड़ी में उसे जो पैसे मिलते थे उससे बड़े टब्बर की दो जून रोटी भी पूरी नहीं पड़ती थी। हां, उसका समधी खाता-पीता मालधारी था। उसके नेस में चालीस भैंसों की क़ीमती दौलत थी। घी-दूध, मुर्ग़ा-अंडा जैसे पौष्टिक आहारों की प्रचुरता थी। फिर भी वह बुज़दिली में ग़रीब नूरे से भी आगे था।

नूरे को पटककर रसोलीवाली फिर पारु की लाश से मुलायम लुक़मे खाने बैठ गयी। पार्टिशन को तोड़ने के लिए भैंसों की जद्दोजेहद ज़ारी थी। ज़ख़्मी नूरे ने हिम्मत बटोरी और उठने की कोशिश करने लगा। उसे हिलता देख रसोलीवाली फिर झपटी। नूर दाहिनी करवट पड़ा था। उसकी कमर का बायां भाग सिंहनी

के मुंह में आ गया था। उसने नूरे को इस तरह ऊपर उठा लिया जैसे हाथी लम्बे शहतीर को संतुलित रखता हुआ बीच में से उठाता है। इस बार उसने नूरे को

चित्र 71 नूरे को पटककर सिंहनी पारु की लाश से मुलायम लुकमे खाने बैठ गयी

काली चट्टान पर इतने ज़ोर से पटका कि उसका दाहिना कूल्हा टूट गया। सिंहनी के नुकीले दांत उसकी कमर के दोनों ओर पांच सेण्टीमीटर गहरे घुस गये। घावों से गरम-गरम लहू बहने लगा। लगता था कि तत्ते लाल पानी के सोते फूट पड़े थे।

## एक भी सिंह नरभक्षी नहीं

बेहोश नूरे को छोड़कर रसोलीवाली अधखाए पारु को खाने लगी। नूर के गरम लहू को उसने चखा भी नहीं। तम्बाकू, मदिरा, मसाले और उत्तेजक पदार्थों का सेवन करने वाले इन्सानों के गोश्त को गिर के सात्त्विक सिंह पसंद नहीं करते। गिर के दो सौ पांच सिंहों में एक भी नरभक्षी नहीं है।

क़हर ढाती हुई रसोलीवाली आठ बजे तक पारुओं के घेरे में रही। शोर-शराबे के बावजूद उसने पैंसठ किलोग्राम वज़नी पारु में से चालीस किलोग्राम गोश्त खा लिया। ग्यारह मकरानियों में से कोई भी पास नहीं फटका। सूरज की रोशनी फैलने के साथ-साथ हत्यारी सिंहनी की ख़बर दूसरे गोठों में फैल गयी। लोग दौड़े आये, घेरे के बाहर तेंदू और हल्दू के पेड़ खड़े थे। लोग उन पर चढ़ गये और शोर मचाने लगे। गिर वन के मालधारियों के पास अपनी रक्षा के लिए बन्दूकें नहीं हैं। कुल्हाड़ियों और लाठियों की मदद से ही वे सिंह के क्रूर हमलों से अपने पशुधन को बचाते हैं।

ठूंस-ठूंस कर खा लेने से रसोलीवाली का पेट तन गया था। कंटीली बाड़

को फांद कर वह अन्दर तो आ गयी थी, किंतु भारी पेट से बाड़ नहीं फांद सकती थी। भैंसों का प्रतिरोध और नेसवालों का शोर बढ़ता जा रहा था। बाड़ के नीचे सिर डालकर सुरंग बनाती हुई सिंहनी बाहर निकल गयी।

इस लोमहर्षक कांड की ख़बर कासिया से फ़ोन पर सासण भेज दी गयी। जांबू थाला से कासिया की दूरी छह किलोमीटर है। प्यादों को दौड़कर कासिया जाना पड़ा। सासण में गिर वन का कार्यालय है। वहां काफ़ी स्टाफ़ रहता है। पन्द्रह किलोमीटर का रास्ता तय करके रेंज औफ़िसर दवे नौ बजे वहां पहुंच गये। नूर मुहम्मद को जीप पर सासण ले गये, वह बेसुध पड़ा था। सासण की छोटी-सी डिस्पेंसरी का डौक्टर इस गंभीर केस को हाथ में लेने से क़तराता था। उसने प्राथमिक उपचार तो कर दिया, पर ख़ून बहना बन्द न हुआ। नूरे को उसी समय पैंसठ किलोमीटर दूर जूनागढ़ के सिविल हौस्पिटल में ले गये।

उसकी दायीं टांग में दो फ्रैक्चर थे। सारी टांग पर पलस्तर चढ़ाया गया। कमर के ज़ख़्म बहुत गहरे थे। वेदना असह्य थी। अंग-अंग पीड़ाग्रस्त था। ख़ून

चित्र 72 सिंहनी के नुकीले दांत नूरे की कमर के दोनों ओर गहरे घुस गए थे

बहुत निकल रहा था। लहू से रंगी लाल चादर को देखकर नूर सहम जाता था, उसका मनोबल टूट गया था। रिश्तेदार हाल पूछने आते। हमदर्दी के शब्दों से

वह फूट-फूट कर रोने लगता। वह जीने की आशा छोड़ चुका था। सपने में वह विकराल दांतोंवाली हत्यारी को लपकते देखता और चीख़ पड़ता। उसके दुःख को देखकर वार्ड के दूसरे मरीज़ अपना दुःख भूल जाते।

सर्जनों को इस केस पर बहुत मेहनत करनी पड़ी। सत्तावन वर्षीय नूर मुहम्मद दिनरात नर्सों और डौक्टरों की निगरानी में रहता, उसे स्वस्थ होने में तीन महीने लग गये।

पश्चिम जर्मनी की एक विख्यात पत्रिका के लिए कार्य करने के सिलसिले में मैं 1980 के जनवरी महीने में गिर वन घूमता रहा। मेरे साथ मेरे फ़ोटोग्राफ़र

चित्र 73 घटना का विवरण नूर मोहम्मद लेखक को सुना रहे हैं

बेटे राजेश बेदी भी थे। हमें नूर मुहम्मद के घर पर उससे मिलने का मौक़ा मिला। मैनें महसूस किया कि तीन साल पहले की भयानक घटना का उसके ऊपर स्थायी प्रभाव पड़ा है। उसकी टूटी हुई हड्डियां जुड़ तो गयी हैं, पर ठीक तरह नहीं। वह लंगड़ा कर चलता है। मज़दूरी करने नहीं जा पाता। सिंह की क्रूरता का भय उसके मन में गहरा बैठ गया है। गांव के आसपास कहीं सिंह आये हों और लोग उनकी चर्चा कर रहे हों, तो वह चुपके से खिसक जाता है। सिंह को देखकर उसके होश गुम हो जाते हैं। लोग उसे कायर और दब्बू कहकर हंसते हैं।

हालात ने नूर मुहम्मद को भले ही लाचार और पस्त कर दिया है। फिर भी मेहमानों के प्रति वह स्नेह रखता है। गांवों में और मालधारियों के नेसों में मैं रोज़ ही जाता हूं। बिन मांगे लोग मुझे चाय पेश करते हैं। मैं उनका आभार प्रकट करता हूं और चाय की जगह छाछ ले कर पीता हूं। नूर मुहम्मद से जब मैं बातें कर रहा था, तब मुझे ताज्जुब हुआ कि मुझे और मेरे साथियों को दूध दिया जा रहा था। नूरे के परिवार ने कुछ भैंसें पाल रखी हैं, घी-दूध बेचकर उसका गुज़ारा चल जाता है।

## और रसोलीवाली का क्या हुआ ?

पारुओं को मारने के बाद रसोलीवाली जांबू थाला नेस से दूर नहीं गयी। नेस से दो फ़र्लांग दूर बापड़ेवाले नाले में रहने लगी। चार दिन बाद उसे नाले की ढलान पर एक पलाश वृक्ष के नीचे लेटा हुआ देखा गया। गुज़रते हुए लोगों की तरफ़ वह ध्यान नहीं देती थी। मकरानियों ने सासण कार्यालय में ख़बर भेजी। शिकारियों का एक दल उसे देखने आया। उन्होंने उसे बीमार पाया। उसकी देख-भाल के लिए अबला नामक शिकारी को वहां तैनात कर दिया। अबला ने मुझे बताया कि सिंहनी ने खाना छोड़ दिया था। वह उसे बकरी खिलाने जाता था, लेकिन वह उसे नहीं मारती थी। नाले में कहीं-कहीं कुंडों में पानी जमा था। उनमें से वह पानी पी लेती थी। तीन-चार दिन बाद वह बापड़ा नाले में ही मर गयी।

रसोलीवाली के स्वभाव के बारे में मैंने गिर वन के शिकारियों से, मालधारियों से और मकरानियों से पूछताछ की। इन लोगों का अनुभव था कि वह सामान्यतया भली सिंहनी थी। सिंह प्रदर्शन में अनेक बार शरीक हुआ करती थी। उसने कभी ऐसा आचरण नहीं किया, जिस पर उंगली उठायी जा सके। सभी लोगों का विश्वास था कि अचानक उसका दिमाग़ ख़राब हो गया था इसलिए वह दुस्साहसी बन गयी थी। पागलपन में ही उसने छह पारु मार गिराये थे और नूर मुहम्मद को दो बार पटकी दी थी, उसके दिमाग़ पर भूत सवार था। इसलिए उसने बबूल के नुकीले कांटों से छलनी हो जाने की परवाह नहीं की थी।

## इन्सान पर हमले

इस शताब्दी के संक्रमण काल (1899-1900) में काठियावाड़ बड़े दुर्भिक्ष की चपेट में आ गया था। तब और उसके तुरन्त बाद गीर सिंहों ने ख़ासी बड़ी संख्या में नरसंहार किया था। दुर्भिक्ष में पीने के पानी की कमी हो गई थी। जंगल

के तृणभोजियों और पालतू पशुधन का बड़ी संख्या में विनाश हो गया था। सिंहों के आहार की अत्यन्त कमी हो गई थी। भूख और प्यास से सताये हुए सिंह दिन-दहाड़े गांवों में घुसकर ढोरों और इन्सानों पर हमला करने के लिए बाध्य हो गए थे। 1901 से 1904 तक यह स्थिति बनी रही। दुर्भिक्ष के बाद सिंह फिर अपना सामान्य आहार करने लगे। मनुष्य जीवन के लिए कभी मुसीबत नहीं बने। इन्सान को मारने की कुछ इक्का-दुक्का वारदातें तो होती रहीं। इन वारदातों में सिंह या तो ज़ख़्मी थे या उन्हें अकारण परेशान किया गया था, या सिंहनी के साथ बच्चे थे।

मार्ग भटक जाने पर या बहुत भूखा होने पर गीर सिंह बस्तियों की तरफ़ चला जाता है। मनुष्यों पर इनके हमले की घटनाएं बहुत कम सुनने में आती हैं।

सत्ताईस जुलाई, 1964 को विसावदर से सिंह द्वारा एक आदमी के खाने का समाचार मिला था। एक किसान रात में अपना खेत देखने जा रहा था। सिंह

चित्र 74 गांव वालों ने पत्थर मारे तो सिंह गरज कर बढ़े

ने उस पर हमला करके ज़ख़्मी कर दिया। अचेत अवस्था में उसे विसावदर अस्पताल में दाख़िल किया गया। सिंह ने प्रकट रूप से अकारण हमला किया था। लेकिन कुछ उदाहरणों में उसे सताया गया, तब उसने हमला किया। अठाईस दिसम्बर, 1967 को जूनागढ़ से क़रीब पैंतालीस किलोमीटर दूर जयपुर गांव में चार सिंह, दो सिंहनियां और तीन बच्चों का एक लेहड़ा शिकार की तलाश में निकला। दो गड़रियों ने पत्थर फेंककर उन्हें भगाने की कोशिश की। एक सिंह ने एक गड़रिये

को ज़ख़्मी कर दिया। दूसरे ने पत्थर मारना ज़ारी रखा। सिंह लौट गया। मकई के खेत में दो सिंह आ गए हैं, यह सुनकर गांव वाले जमा हो गए। उन्होंने जब पत्थर मारे तब सिंह गरजकर बढ़े और भगदड़ मच गई। सिंहों ने दो आदमियों पर हमला किया।

सौभाग्यवश सिंहों में इन्सान का मांस खाने का रुझान नहीं है। अन्य मांसाहारी जानवरों के समान वे आदमख़ोर नहीं बनते। गीर में इन्सान और सिंहों का सह-अस्तित्व वस्तुतः विलक्षण है। इन्सान उनका शिकार करता रहा है। वे जानते हैं कि मालधारी उनके साथ दुश्मन जैसा सलूक करते हैं। उन्हें ज़हर खिलाकर मार डालते हैं। इसके बावजूद भी वे अस्त्र-शस्त्रहीन मालधारियों को नहीं मारते।

अफ्रीकी सिंहों में नरसंहार करने की आदत पाई जाती है। 1899 में मोम्बासा से लेक विक्टोरिया तक रेल पटरी बिछाई जा रही थी। काम पर लगे मज़दूरों को सिंहों ने बड़ी संख्या में मारा था।

इस क्षेत्र के कंटीले वृक्षों का भली-भांति विकास नहीं हुआ। झुलसे हुए जंगल में प्राकृतिक आखेट्य पशुओं की कमी है। रेल पटरी पर कार्यरत लोगों के जमघट से अनायास बहुतायत में मिल जाने वाले आहार को सिंहों ने वरदान समझा। मानव-मांस को चाव से खाने लगे। उस क्षेत्र में आतंक फैलाने वाले दोनों लुटेरे आख़िरकार कर्नल जे. एच. पैटर्सन द्वारा शूट कर दिए गए।

अफ्रीका में देखा गया है कि जब सिंह बूढ़ा हो जाता है तब उसमें तेज़ दौड़ने वाले ज़ेबरे या हिरण को मारने के लिए आवश्यक चुस्ती नहीं रहती। बल और फुर्ती की कमी की पूर्ति वह चालाकी व धूर्तता का सहारा लेकर करता है। तब वह ख़तरनाक होता है और भूख लगने पर चुपचाप किसी आदमी को दबोच सकता है। बूढ़ा और अशक्त होने के कारण वह न्यूनतम मेहनत और कोशिश से अपना भोजन प्राप्त करना चाहता है। मरने के बाद जंगल में फेंक दी गई किसी आदिवासी की लाश को खाकर वह तृप्त हो जाता है। यह न मिले, तब वह ऐसी बस्ती में पहुंचता है जहां बिना आग जलाए कोई मूर्ख बाहर सो रहा हो।

नौ

# आदमख़ोरों को अभयदान

भारत के जंगलों में रहने वाले चार हज़ार शेरों में से अनेक स्थानों के शेर मनुष्य के लिए मुसीबत बन गये हैं। इनमें सबसे कुख्यात उत्तर प्रदेश का लखीमपुर खीरी ज़िला है। इसमें हिमालय की तराई में नेपाल की सीमा पर चार सौ नब्बे वर्ग किलोमीटर में फैला दुधवा नेशनल पार्क है। दूसरा स्थान पश्चिम बंगाल के सुन्दरवन के जंगल हैं, जहां आदमख़ोर शेरों का दीर्घकालीन इतिहास है। जनवरी 1984 में मध्य प्रदेश में जबलपुर से पचास किलोमीटर दूर मझोली क़सबे के पास एक शेरनी को शूट किया गया था। दो मानव हत्याओं का और तीसरे की हत्या करने की कोशिश का कलंक उसके मत्थे पर लगा था। मध्य प्रदेश के नगदलपुर ज़िले के माचकोट वनक्षेत्र में एक आदमख़ोर शेरनी ने 1995 में दस ग्रामीणों को मार दिया था। वन-विभाग द्वारा बांधे गये उनतीस पड्डों को वह चट कर गई थी।

## शेरों ने 1046 आदमियों की बलि ली थी

पुराने ज़माने के प्रामाणिक उल्लेखों के अनुसार मध्य प्रदेश के कई गांवों में आदमख़ोर शेर आतंक मचाये रखते थे। अकेले मण्डला ज़िले में 1856 में शेरों ने दो सौ से अधिक आदमी मार लिये थे। सरकारी आंकड़ों के अनुसार 1902 में शेरों ने 1046 आदमियों की बलि ली थी।

कौर्बेट नेशनल पार्क के मध्य में टूरिस्ट कौम्प्लेक्स से तीन-चार किलोमीटर दूर सत्ताईस मार्च, 1982 को सवारी की हथिनियों के चाराकट इक्कीस वर्षीय महेश को एक शेर खा गया था। उसी जगह पन्द्रह फ़रवरी, 1984 को सूबेदार अली नामक महावत पर एक शेर ने हमला कर उसे बुरी तरह ज़ख़्मी कर दिया था।

## मानव-हत्यारे के साथ हमदर्दी

1978 के मार्च-एप्रिल महीनों में दुधवा नेशनल पार्क की, भारतीय अख़बारों में ख़ासी चर्चा रही थी क्योंकि तब यहां के आनुमानित बावन शेरों में से एक

ने चार आदमियों को मार दिया था। पहला आदमी दो मार्च, 1978 को मारा था। पार्क के इतिहास में आदमख़ोर की यह पहली वारदात थी। तभी से पार्क के अधिकारियों की नींद हराम हो गई थी। पहले मारण के बाद अगले तीन आदमी दो, तीन और सत्ताईस एप्रिल को मारे गये थे। ये तीनों नेपाल आर्मी के भूतपूर्व सैनिक थे जो पार्क की सीमा पर एक कौलोनी में रहते थे। इनके हत्यारे को आदमख़ोर घोषित करने के लिए ज़ोरदार आवाज़ उठाई जा रही थी जिससे जल्दी ही उसका अन्त करके स्थानीय लोगों को निरापद किया जा सके। नियमानुसार जब तक एक क्षम प्राधिकारी द्वारा शेर आदमख़ोर नहीं घोषित किया जाता, उसे मारा नहीं जा सकता। उत्तर प्रदेश में ये प्राधिकारी चीफ़ वाइल्ड लाइफ़ वार्डन हैं जिनका कार्यालय दौ सौ पैंतालीस किलोमीटर दूर लखनऊ में है।

इस नाज़ुक वक़्त में पार्क के डायरेक्टर ने मानव हत्यारे शेर के साथ हमदर्दी दिखाई। उसकी जान बचाने के लिए सूझ-बूझ से काम लिया। उनका मन्तव्य था कि शेर की जीवन-पद्धति पर मनुष्य द्वारा दख़ल दिये जाने पर और उसके इलाक़े पर कब्ज़ा करने की चेष्टा करने पर ही वह मनुष्य पर हमला करता है। इस अघोषित आदमख़ोर ने पहला आदमी जहां मारा था उस स्थान का बारीकी से मुआयना करने के बाद उन्हें अपने मन्तव्य की पुष्टि के लिए बल मिला था और उमड़ते हुए जन-आक्रोश को सही दृष्टिकोण देने में सफलता मिली थी। वारदात की जगह शेर के पंजों के निशान भूमि पर पड़ गये थे, जिन्हें ग़ौर करने पर पता चला कि सामान्य शेरों की तुलना में इसकी अंगुलियां अधिक लम्बी थीं। बातचीत में तब इसे दीर्घपाद (long toed) कहने लगे थे।

शेर दिन में कई बार पानी पीता है। उसे निवास के लिए ऐसी जगह की ज़रूरत होती है जहां वह अपने को छिपा सके और प्यास बुझाने के लिए पानी पा सके। ऐसे आदर्श स्थान में जब वह रहने लगता है तब यह उसका घर बन जाता है।

## सुधरने के अवसर

घटना की छानबीन से पता चला कि वह आदमी शेर के घर के अन्दर मारा गया था। धारा के साथ फैली घास और झाड़ियों के अन्दर शेर सो रहा था। अपने पालतू पशुओं के लिए घास काटने के इरादे से अनजाने आदमी उधर चला गया था। इस पर शेर का ऐतराज़ करना स्वाभाविक था। इस अपराध के लिए

शेर को मौत की सज़ा देने के अलावा क्या कोई अन्य मार्ग नहीं अपनाया जा सकता था ? क्या उसे सुधरने के अवसर नहीं दिये जा सकते थे ?

शेर के आदमख़ोर बनने में कुछ और कारण भी हो सकते हैं, जिनका ज़िक्र करना मैं यहां आवश्यक समझता हूं। शेर की क़ुदरती ख़ुराक जंगल के जीव हैं या इन्सान के पालतू पशु हैं। विशेष परिस्थितियों में ही उसका इन्सान को खाने के लिए रुझान होता है। बहुत बूढ़ा हो गया हो, उसके किल्ले टूट गये हों, या वह ज़ख़्मी हो गया हो तब उसमें तेज़ दौड़ने वाले जानवरों का पीछा करके उन्हें मारने का सामर्थ्य नहीं रहता। ऐसी हालत में वह जंगल की सुनसान पटिया पर आजीविका के लिए जाते हुए राहगीर को आहार बनाने लगता है।

दुधवा का दीर्घपाद ऐसा असहाय और लाचार नहीं था। पार्क के अधिकारियों ने उसे सुधरने का मौक़ा दिया। नरमांस छोड़ कर उसे फिर से क़ुदरती ख़ुराक पर लाने की कोशिश की। आदमियों पर उसके हमलों को रोकने के लिए यह ज़रूरी था कि उसे ऐसी जगह ले जाया जाय जहां मनुष्य की दख़लन्दाज़ी न हो और जहां उसके प्राकृतिक भोजन – जंगली जीवों – की प्रचुरता हो। इस योजना को अमल में लाने के लिए उसे नियमित रूप से पशुओं का चारा देना शुरू किया गया। उसकी आहार सम्बन्धी ज़रूरत पूरी की जाने लगी। हर पांच दिन में उसे चालीस किलोग्राम मांस दे देते थे। साथ ही उसे ख़ुद शिकार करके जंगली जीवों को खाने के पूरे अवसर मिल रहे थे। मनुष्य द्वारा दिये जाने वाले राशन में धीरे-धीरे कमी की जाने लगी। सब मिलाकर उसे बत्तीस पशु खिलाये गये। इसके बाद वह जंगल के तृणभोजियों पर पूर्णतया निर्भर करने लगा। उसने पार्क के बाहर जाना बन्द कर दिया। वह आदमख़ोर नहीं रहा।

## मदनालय में हनीमून

पार्क के डायरेक्टर सब घटनाओं पर नज़र रख रहे थे। उनकी मान्यता थी कि यह दीर्घपाद बिली अर्जुन सिंह की तारा का जोड़ीदार था। पार्क की सीमा पर तीन किलोमीटर दूर बिली का फ़ार्म था जिसका नाम उन्होंने टाइगर हैवन रखा था। इसमें पाली हुई विलायती नस्ल की शेरनी का नाम तारा था। यौवन के उन्माद में यह दीर्घपाद के साथ फ़रार हो गई थी। मौज मस्ती में कामकेलि और रतिविलास के लिए मदनातुर जोड़े ने जंगल की यह आदर्श जगह पसन्द की थी। घनी झाड़ियों के अन्दर मदनालय में ये हनीमून मना रहे थे। नीचे बहते

हुए न्योरा नाले में चीतल, सूअर और दूसरे जानवर प्यास बुझाने आते थे। उनका शिकार करना आसान था।

चित्र 75 पानी पीते हुए चीतल

बूचड़ख़ाने से लाये गये भैंस का गोश्त खिलाकर पाली गई तारा जंगली जानवरों का शिकार करने की टेकनीक से बिलकुल अनभिज्ञ थी। उसका जोड़ीदार दीर्घपाद शिकार करता था जिसे दोनों खाते थे।

जिम कौर्बेट और कुछ शिकारियों की यह धारणा रही है कि एक बार यदि शेर आदमख़ोर बन जाय तो नरमांस का ऐसा चस्का लग जाता है कि वह शेष जीवन में आदमख़ोर ही बना रहता है। डायरेक्टर का दावा था कि पार्क के सफल परीक्षण ने यह सिद्धान्त अमान्य कर दिया है। दुनिया में यह अकेला शेर था जिसे चार आदमी मारने के बाद भी जीने का अधिकार दिया गया था।

इस दावे की व्यावहारिकता पर ग़ौर करने पर मैं महसूस करता हूं कि इस प्रयोग में उन हिंसक जीवों को सुधारना सम्भव नहीं है जो अपंग, असहाय और लाचार हो जाने पर आदमख़ोर बनते हैं। उन्हें आजीवन पशुओं के चारे की पेन्शन मिलती रहेगी, तभी वे आदमी को नहीं मारेंगे। चारे के ऊंचे ख़र्च को वहन करना व्यावहारिक होगा ?

## आदमख़ोरों को मारने की ज़रूरत नहीं रही

फिर भी, इस अनुपम सफलता का वन्य जीवों के संरक्षकों ने सामान्य रूप से स्वागत किया। एक बार तो ऐसा लगा कि वन्य जीवों के संरक्षण में एक नये अध्याय का श्रीगणेश हुआ है। आदमख़ोरों को अब मारने की ज़रूरत नहीं रही। उन्हें सुधारा जा सकेगा।

जल्दी ही इस प्रयोग की व्यावहारिकता सन्देहास्पद बन गई। पार्क-डायरेक्टर के अपने ही कार्यक्षेत्र – लखीमपुर खीरी ज़िले – में जो नित नये-नये आदमख़ोर उभरते रहे, उनसे परम्परागत तरीक़े से ही निपटना पड़ा। एक शेर ने सोलह व्यक्तियों की बलि ले ली थी। उसे अगस्त 1978 में मारा जा सका। छह व्यक्तियों और कई मवेशियों की हत्या करने वाली एक शेरनी ज़िले के दक्षिण भाग में गोला वनखण्ड में 1978 के नवम्बर महीने में सक्रिय हो गई थी। उसके साथ दो बच्चे थे। उसे डायरेक्टर सुधारना चाहते थे। ख़तरा यह था कि इस बीच वह किसी और व्यक्ति को न मार ले। इससे लोगों में घोर असन्तोष फैलेगा। इससे बचने के लिए बन्दूक द्वारा बेहोशी की दवा दाग़ कर उसे ज़िन्दा पकड़ने की योजना बनाई जा रही थी। एक तरफ़ संरक्षकों के दिलों में इन अपराधियों को बचाने और सुधारने की प्रबल भावना काम कर रही थी, दूसरी तरफ़ ज़िले में अमर्यादित रूप से आदमख़ोर पनप रहे थे। संरक्षकों की विचित्र मनःस्थिति थी। नवम्बर 1978 में गोला गोकर्णनाथ क्षेत्र में आतंक मचाने वाले एक आदमख़ोर शेर को शूट करना पड़ा।

## अविलम्ब ख़त्म कर दिया जाय

गोला-बरौछा की आदमख़ोरनी को पिंजरे में पकड़ने की सभी कोशिशें बुरी तरह विफल हो गई थीं। संयोग से उड़ीसा और बिहार की शेर परियोजना के फ़ील्ड डायरेक्टरों को दुधवा नेशनल पार्क के डायरेक्टर मौक़े पर हालात का मुआयना करा रहे थे। उनका फ़ैसला था कि आदमख़ोरनी को अविलम्ब ख़त्म कर देना चाहिए। तब अनिच्छा से उसे आदमख़ोर घोषित करना पड़ा। छह दिसम्बर, 1978 को महेन्द्र सिंह वन्य जन्तु प्रतिपालक ने उसे .375 मैग्नम से शूट कर दिया था। पहली गोली रीढ़ की हड्डी को चीरती हुई सीधी गरदन से पार हो गई थी और दूसरी से दिल की धज्जियां उड़ गई थीं। उसके पेट में आख़िरी शिकार की कुछ अधपची हड्डियों के टुकड़े और शिश्न मिला था। लाश की जांच करने से शेरनी में शारीरिक अपंगता के कोई चिह्न नहीं नज़र आये थे।

दुधवा से सत्तर किलोमीटर दूर बरौछा नाले में बच्चे वाली एक शेरनी नरसंहार करने लगी। वाइल्ड लाइफ़ वार्डन द्वारा मार दिये जाने से पहले इसने छह आदमी

चित्र 76 बच्चे वाली शेरनी

मार लिये थे। शारदा नदी पर पल्लिआ के पास एक अन्य आदमख़ोर ने इतनी ही जानें ली थीं। इस इलाक़े में गन्ने के खेत और कृषि फ़ार्म जंगल के साथ तक फैले हुए हैं। इनमें छिपने की जगह है और शिकार भी मिल जाता है। शारदा नदी के तटों पर कार्यवाही करने वाले एक ख़ौफ़नाक आदमख़ोर ने यहां शरण ले ली थी। अन्तिम दिनों में यह इतना साहसी हो गया था कि दिन में भी लूट-मार करने लगा था। इसका आवास इतना घना और दूर-दूर तक फैला हुआ था कि उसमें शिकारियों के लिए घुसना ख़तरे से खाली नहीं था। मुख्यतया इसी कारण इसे मारना मुश्किल हो रहा था। फ़रवरी 1979 के अन्त तक एक साल की अवधि में इसने पन्द्रह आदमी मार लिये थे।

इसके ख़िलाफ़ कार्यवाही तेज़ करने के लिए वन्य जीवों के औफ़िसरों ने दुधवा नेशनल पार्क के पालतू हाथियों का सहारा लिया जिससे इसकी गतिविधियों पर चौबीस घण्टे निगरानी रखना सम्भव हो सका। चौबीस फ़रवरी को लखीमपुर खीरी से क़रीब आठ किलोमीटर दूर वह अपने प्रिय शिकारगाह में शारदा की सीमा से लगते वन-क्षेत्र में बेनीपुरा और चांदपुर के नज़दीक शूट किया गया था। कुछ घण्टे पहले उसने अपने अन्तिम शिकार सलामत उल्लाह को मारा था।

## गन्ने के खेत को आग लगा दी

उस दिन सारे इलाक़े को वन्य जीवों के सशस्त्र रक्षकों द्वारा और पार्क के सधे हुए हाथियों द्वारा घेर लिया गया था। पर औफ़िसरों के हरकत में आने से पहले ही आदमख़ोर आवरण (cover) से बाहर निकला और सलामत उल्लाह को मारकर गन्ने के खेतों में वापिस चला गया। इसके बाद सशस्त्र औफ़िसरों के साथ क्षुब्ध गांव वालों की भीड़ ने तुरन्त खेत को घेर लिया। शेर को खुले में लाने के लिए एक तरफ़ आग लगा दी और ज्यों ही क्रुद्ध जानवर साथ वाले गन्ने के खेत में जाने लगा, गोलियों की बौछार ने उसे ढेर कर दिया। उसकी लम्बाई तीन मीटर थी।

छब्बीस फ़रवरी की रात को उसे लखीमपुर खीरी के मुख्यालय में लाया गया, उसे देखने सैकड़ों आदमी जमा हो गये।

स्थानीय लोगों की मुसीबतों का अभी अन्त नहीं हुआ था। दुधवा नेशनल पार्क के डायरेक्टर ने एक नये ख़तरे की तरफ़ इशारा करते हुए बताया था कि जोड़ा बनाने के मौसम में, दिसम्बर-जनवरी में, इस आदमख़ोर को एक शेरनी के साथ देखा गया था और सम्भव है कि शेरनी उन दिनों अपने जोड़ीदार के साथ नरमांस खाती रही हो। इसलिए उसमें आदमियों का शिकार करने की प्रवृत्ति जागृत हो सकती है।

## कुकुरमुत्तों के समान आदमख़ोर

कुकुरमुत्तों की बरसाती पैदावार के समान ज़िले में आदमख़ोरों के आंकड़ों की संख्या बढ़ती जा रही थी। जोराहा नाले के पास एक शेर ने मार्च 1979 में एक आदमी मार लिया था।

इसी तरह तराई क्षेत्र में बज़र घाट सेक्शन के जंगल में एक शेर 1980 के एप्रिल महीने में आदमख़ोर बन गया था। उसने एक किसान को मार दिया था। उसे भी शूट करना पड़ा।

ऐसे कितने ही उदाहरण दिये जा सकते हैं। मनुष्य का मांस खाने वाले शेरों से ज़िला भरा पड़ा था। ऐसा लगता था कि यहां कोई सुरक्षित नहीं है, एक आदमख़ोर को मारा जाता था तो दूसरा पैदा हो जाता था। ऐसी भयावह स्थिति में उनको अभयदान देने की बात की जाती तो आलोचक कहते थे कि वन्य जीवों के हितैषी

अनावश्यक रूप से शेरों को सर्वोपरि महत्त्व दे रहे हैं। हमारे क़ानून में नर हत्या करने वाले आदमी को तो मौत की सज़ा दे दी जाती है, यहां नरभक्षियों को सुधारने का अवसर देकर मानव-जीवन के साथ खिलवाड़ किया जा रहा है।

आदमख़ोरों की इस ख़ौफ़नाक दुनिया में 1978-79 में एक युवा शेरनी – मोहम्मदी – चमकते सितारे के समान उदित हुई और बहुत चर्चा का विषय बन गई। इसने पहले आदमी का शिकार चौदह एप्रिल 1978 को किया था। गोला वनखण्ड में 2.10 मीटर लम्बी इस चुस्त शेरनी का आतंक फैल गया था। वन्य जीवों की सुरक्षा के समर्थक इसे भी सुधारना चाहते थे। कठना नदी के किनारे अपने तीन सप्ताह के छोटे बच्चे के साथ इसने शरण ले रखी थी। तेरह फ़रवरी को उसने पांचवें व्यक्ति की हत्या की थी। उसे तलाश कर लेने के बाद ज़िन्दा चारा देना शुरू किया गया जिससे वह उसी जगह रहती रहे, भोजन की तलाश में अन्यत्र न जाये और इन्सान को खाना छोड़ दे। संरक्षण प्रदान करने वाले अधिकारियों के साथ शेरनी सहयोग करने लगी। तीन महीने तक वह अपने निवास-स्थान से बाहर नहीं गई। ज़िन्दा चारों से पेट भरकर वह सन्तुष्ट हो जाती थी। संरक्षकों ने अनुभव किया कि वह भली बनती जा रही है।

शेरनी के निवास-स्थान को अधिसूचित (notified) और निषिद्ध क्षेत्र (prohibited area) घोषित कर दिया गया जिससे लोग और पालतू पशु उधर न जायें, जिन्हें देखकर शेरनी को उन्हें मारने का प्रलोभन हो सकता था। लापरवाह चरवाहों ने इस आदेश की परवाह नहीं की। उनकी ग़ैरज़िम्मेदाराना हरकतों से वह बीस मई के बाद अपने प्राकृत-वास को छोड़ गई। पन्द्रह मई को उसने यहां अन्तिम चारा खाया था। उसके चले जाने से वन्य जीवों के रक्षक कर्मचारियों में चिन्ता व्याप्त हो गई।

## हत्यारी ने लहू से फाग खेला था

किसी इन्सान को मारने के लिए जाने से पहले वह क़रीब दो सप्ताह भूखी रही। कर्मचारियों द्वारा दिये गये चारे पर वह क्यों नहीं आती थी, इसका कारण जानने के लिए विशेषज्ञों का एक दल वहां पर गया। इस दल में उड़ीसा के सिम्लिपाल शेर संरक्षित वन के डायरेक्टर, बिहार के पालामाऊ शेर संरक्षित वन के डायरेक्टर और दुधवा नेशनल पार्क के डायरेक्टर थे।

दल को ख़बर मिली कि उसी दिन तड़के चार बजे मोहम्मदी ने साहिबगंज गांव के निवासी रामदास को मार लिया है। उससे पहले शेरनी ने एक गाय मारी, फिर एक बैल मारा और साथ वाली खुली जगह में एक बैल को ज़ख़्मी कर दिया। इनके ख़ून से धरती ऐसी रंग गई थी मानो हत्यारी ने लहू से फाग खेला हो। इस ख़ून-ख़राबे की जगह से कुछ क़दम दूर गेहूं की पुराली के गद्दे पर रामदास सो रहा था। ताज्जुब है कि इस बीभत्स और नारकीय दृश्य को देखने के लिए उसकी नींद नहीं खुली। वह आठ लड़कियों और चार लड़कों का बाप था। उसकी लाश को घसीट कर वह जंगल के अन्दर ले गई। उसे जहां मारा था वह बिलकुल खुला स्थान था। क़रीब सात सौ मीटर दूर साहिबगंज की कोठी के सामने सांसियों की बस्ती थी। सांसी एक अर्द्ध-वनजाति (semi-tribals) है जिसके लोग जंगल की सीमाओं पर खुले में डेरा डाले पड़े रहते हैं।

रामदास को मारने से पहले मोहम्मदी ने पांच आदमी और मारे थे : बारह एप्रिल 1978 को झाऊ कहार, चौदह एप्रिल 1978 को छोटे दास, पच्चीस अक्तूबर 1978 को रामाधीन, एक फ़रवरी 1979 को लछमन और तेरह फ़रवरी 1979 को चेतराम। ये आदमी क्रमशः लक्ष्मीपुर, देहीपुर, बुझवा परतापपुर, वनबूढ़ेली और रामपुर ग्राण्ट में मारे गये थे।

हालांकि आदमख़ोरनी की लूट-खसोट से सावधान रहने की चेतावनियों का ख़ूब प्रचार किया जा चुका था, फिर भी उनकी उपेक्षा कर रामदास उस रात जंगल की सीमा के पास सो रहा था। उसे मारने की ख़बर से शेरनी के हितैषी चकित रह गये। वे उस उद्धत जानवर को फिर भला और नेकचलन बनाने की जी-तोड़ कोशिश कर रहे थे जिससे पार्क में उसे अभयदान दिया जा सके। उन्होंने उसके पुनर्वास की योजनाएं त्याग दीं। उसके बरताव में अचानक परिवर्तन आ जाने से वन्य जीवों के तीनों संरक्षकों को ठेस पहुंची और उन्हें टूटे हुए दिल से शेरनी को मारने का फ़ैसला करना पड़ा।

## संक्रामक रोग के समान संहार कर रहे थे

उसी शाम रामदास की लाश के पास एक मचान पर महेन्द्र सिंह चढ़ गये। तेईस साल का असमिया महावत कमाल उनके साथ था। मोहम्मदी के चारे के लिए एक पड्डा बांधा गया। महेन्द्र सिंह ने सोचा कि हो सकता है वह नये चारे पर आये ही नहीं। इसलिए रामदास की लाश की जगह वह बैल रख दिया जो उसने मारा था।

पड्डे को मार कर मोहम्मदी ने एक बार सिर उठा कर पीछे देखा कि कोई ख़तरा तो नहीं है। तभी उसके कान के दो अंगुल पीछे गोली लगी और वह ढेर हो गई। फिर दूसरी गोली ने उसका सीना छेद दिया। घुमावों के साथ-साथ उसकी लम्बाई दो सौ पैंसठ सेण्टीमीटर थी और खूंटियों के बीच में एक सौ बीस सेण्टीमीटर थी। उसके पयोधरों में दूध भरा था।

सांसियों में ख़ुशी की लहर दौड़ गई। हत्यारी को देखने के लिए उनकी भीड़ उमड़ पड़ी। साहिबगंज कौलोनी के निवासी ख़ुशी से पागल हो गये। आदमख़ोर से छुटकारा पाने का सभी को बेहद सन्तोष था। घिनौने आततायी से मुक्ति पाने की ख़ुशी में उन्होंने जश्न मनाये। लेकिन अगले ही दिन, उन्नीस मई को, जंगल से वह पड्डा ग़ायब हो गया जो मोहम्मदी ने मारा था। यह गीदड़ों का काम नहीं हो सकता था। शिकारियों का कहना था कि कोई शेर या शेरनी ही उसे उठा ले गई होगी। यह भी हो सकता है कि शेरनी के साथ उसके बच्चे भी हों।

सांसियों ने अभी चैन की सांस ली ही थी कि इस समाचार से फिर भय और आतंक व्याप्त हो गया।

लखीमपुर खीरी के सारे ज़िले का यही हाल है। लोग हमेशा तनाव की स्थिति में रहते हैं। कई बार वहां एक ही समय में पांच या अधिक आदमख़ोर संक्रामक रोग के समान संहार कर रहे होते हैं। यह रोग असाध्य होता जा रहा है। इस जानलेवा रोग का कहीं अन्त नज़र नहीं आता।

## नेपाल के एक ज़िले में पैंतीस बच्चे मार दिये

आदमख़ोर नेपाल में भी सक्रिय हो गये हैं। जनवरी 1997 की रिपोर्ट के अनुसार पश्चिमी नेपाल के बिजटाडी ज़िले में एक नरभक्षी शेर ने पैंतीस बच्चों को मार दिया था। लोगों में दहशत फैल गई थी, शाम होते ही वे घरों में छिप जाते थे। कोई भूला-भटका बाहर रह जाता था तो आदमख़ोर उसे नहीं छोड़ता था।

टिहरी ज़िले के सुदूर क्षेत्रों में सारज्युला और मखलोगी पट्टी के दर्जनों गांवों के लोग आदमख़ोर के भारी आतंक में रह रहे थे। दिसम्बर 1997 के महीने में उसने कम-से-कम छह लोगों को अपना शिकार बनाया था।

बरौछा नाले के तिलकनगर फ़ार्म पर और महेशपुर में जो तीन आदमख़ोर उभर आये थे। उनका अन्त करने के लिए स्थानीय लोग दबाव डाल रहे थे। पर, जंगल

के औफ़िसर उन्हें दुधवा के दीर्घपाद के समान पार्क में अभयदान देना चाहते थे। उन्होंने लोगों को समझा-बुझाकर आदमख़ोरों को सुधारने का बीड़ा उठाया।

नियमित रूप से चारे बांधे जाने लगे जिन्हें वे स्वीकार करने लगे। एक बाधा से प्रयोग को क्षति पहुंची। पार्क के अन्दर आदमख़ोरों के इलाक़े में तो मनुष्यों की गतिविधियों को नियन्त्रित किया जा सकता था, आरक्षित वनों के क्षेत्र में केवल अपीलें की जा सकती थीं क्योंकि वहां मवेशियों को चराने और सीमित संख्या में पेड़ों को काटने की अनुमति दे रखी है। नाले के पास फ़ौरेस्ट कौर्पोरेशन की क़रीब ढाई सौ भैंसों को चरने की सुविधा मिली हुई है। ढोरों और मनुष्य की गतिविधियों से जंगल की नीरवता और शान्ति भंग होती है। इससे सामान्य परिस्थितियों में भी उन हालात का जन्म होता था जिससे इलाक़े के शेरों में आदमी पर हमला करने की प्रवृत्ति पैदा होती थी।

इस प्रसंग में मैं यह स्पष्ट करना चाहूंगा कि किसी मनुष्य को मारने मात्र से कोई शेर आदमख़ोर नहीं माना जाता। जंगल में अचानक टाकरा हो जाने पर शेर मनुष्य को मार दे तो उसे आदमख़ोर नहीं माना जाना चाहिए। भूख मिटाने के लिए जो शेर घात लगाकर इन्सान को मारने लगे जैसे कि वह पशुओं को मारता है तो वह आदमख़ोर है। जो शेर बस्ती में घुसकर इन्सान को मारने लगे, राहगीरों को मारने लगे, खेतों-खलिहानों में लोगों को मारने लगे और मुख्यतया नरमांस से पेट भरने लगे वह आदमख़ोर है। मोटे तौर पर वह शेर आदमख़ोर माना जाना चाहिए जो परोक्ष या अपरोक्ष से मनुष्य की दख़लन्दाज़ी के बगैर मनुष्यों को मारने लगे और उन्हें खाने लगे।

## फ़ौरेस्ट गार्डों को बांधकर आदमख़ोर को खिला दो

आदमियों के हत्यारे शेरों का सुधार करने वाले औफ़िसरों की चेतावनियों को इन लोगों ने अनसुना कर दिया। हर मौत के बाद स्थानीय लोगों द्वारा लुटेरे हमलावरों को शूट करने का दबाव इस क़दर बढ़ता गया कि संरक्षकों के लिए मुश्किल पैदा हो गई। इतने पर भी कुछ प्रभावशाली संरक्षक शेरों द्वारा मारने के अधिकार की दृढ़ता से पैरवी कर रहे थे।

भाग्यवश पार्क के डायरेक्टर और उत्तर प्रदेश के चीफ़ वाइल्ड लाइफ़ वार्डन ऐसे संरक्षकों की भावनाओं में भागीदार हो गये। परिणामतः ज़िला अधिकारियों द्वारा लुटेरों को मारने के स्थानीय दबावों को कुछ समय के लिए रोकने में सफलता

मिल गई। पर गांव वालों का प्रतिरोध बढ़ता गया और वे खुल्लमखुल्ला वन-विभाग को कोसते हुए कहने लगे कि मानव-जीवन के साथ यह खिलवाड़ बर्दाश्त नहीं किया जा सकता। शोर-शराबे में लुटेरों की गतिविधियों को समझना और उन्हें अभीष्ट दिशा में मोड़ना असम्भव हो गया। चारा बांधने की जगह का चुनाव करने के लिए यह आवश्यक था क्योंकि चारा उसी इलाक़े में बांधने से लाभ हो सकता था जहां शेर के जाने की सम्भावना थी।

पोलिटिकल लीडरों ने इस नाज़ुक स्थिति को ख़ूब तूल दिया। प्रभावित परिवारों को सरकार से मुआवज़ा दिलाने के आन्दोलन को हवा दी और जंगल के उन औफ़िसरों को गिरफ़्तार करने के लिए ज़ोर दिया जिन्हें वे निर्मम होने का अपराधी बताते थे। एक जनसभा में उन्होंने बदला लेने के लिए भीड़ को उकसाते हुए कहा कि दुखी परिवारों को मुआवज़ा देने के लिए आने वाले फ़ौरेस्ट गार्डों को बांधने की प्रतिज्ञा करो और उन्हें बांध कर आदमख़ोर शेरों के चारे के लिए डाल दो। वे जो मुआवज़ा लेकर आयें उन्हें उन्हीं के परिवारों के कल्याण के लिए दे दो। इस अपील पर जनसभा में से कुछ लोग बोले कि प्रत्येक हत्या के पीछे वन-विभाग तो कुल पांच हज़ार रुपये मुआवज़ा देता है, हम दस हज़ार देंगे।

## मुआवज़ा पाने के लिए दर-दर भटक रहे थे

छह दिसम्बर, 1996 को ज़ारी किये गये एक सरकारी आदेश के अनुसार शेर द्वारा मारे गये वयस्क का परिवार पचास हज़ार रुपये और बच्चे के वारिस पच्चीस हज़ार रुपये मुआवज़ा पाने के हक़दार हैं। शेर के हमले के परिणामस्वरूप व्यक्ति पूर्णतया अपंग बन गया हो तो उसे पचास हज़ार रुपये और आंशिक रूप से अपंग बना हो तो उसे पच्चीस हज़ार रुपये दिये जाते हैं। मुआवज़े के बजट में कुल राशि 91,000 है जिससे केवल दो प्रभावित व्यक्तियों को राहत पहुंचाई जा सकती है।

आदमख़ोरों के हमलों की वारदातें बहुत अधिक हैं। मुआवज़ा पाने के हक़दार सब लोगों को बजट में स्वीकृत रक़म से राहत नहीं पहुंचाई जा सकती। सत्ताईस जून 1997 (हिन्दुस्तान टाइम्स) में प्रकाशित रिपोर्ट के अनुसार गढ़वाल के पौड़ी ज़िले में ऐसे अनिर्णीत दावे निम्नलिखित थे :

| दावेदार | स्थान | रक़म |
|---|---|---|
| शिशुपाल | पोखरा गांव | 25,000 रु. |
| आशु | बंगृ, खतली | 25,000 रु. |

| | | |
|---|---|---|
| चम्पादेवी | झीराखोली, पबाऊ | 50,000 रु. |
| मीना | पोखरी, कबाऊ | 25,000 रु. |
| रीतु | पाली, पबाऊ | 25,000 रु. |
| राकेश कुमार | विशाल्द, पबाऊ | 25,000 रु. |
| सत्येन्द्र प्रसाद | सिरसांदा, पोखरा | 25,000 रु. |
| | | 2,00,000 रु. |

मुआवज़ा पाने के लिए ये दर-दर भटक रहे थे। लोगों में असन्तोष पनप रहा था। आदमख़ोरों के हमलों के विरोध में मुम्बई के थाणे शहर में जनता ने अठारह नवम्बर 1997 को प्रदर्शन किया। पेऊर पहाड़ी क्षेत्र से लगे शहरी इलाक़े में एक आदमख़ोर ने एक महीने में ग्यारह लोगों को अपना शिकार बना लिया था। वह चार महीने में सौ से अधिक गाय-भैंस या बकरियों को मार चुका था।

## मानव-जीवन संत्रस्त हो गया

दुधवा नेशनल पार्क और आस-पास के इलाक़े में आदमख़ोरों के आतङ्क से मुक्त होने के लिए जब ज़बर्दस्त मुहिम चलाई जा रही थी तब बड़े किसान और फ़ार्म मालिक उन्हें मारने के लिए लाइसेन्स मांगने लगे। उनकी दलील थी कि खेतों में हत्यारों के सक्रिय होने के कारण वे पार्क के इलाक़े में छोड़ने और उन्हें सुधारने के प्रयोग करने की योजनाएं त्यागनी पड़ीं। उस समय एक बड़ा ख़तरा यह भी था कि गोला गोकर्णनाथ में हर साल बरसात में भरने वाला मेला लगने वाला था जिसमें लगभग दो लाख तीर्थयात्री आदमख़ोरों के सारे इलाक़े में से गुज़रते हुए आने वाले थे।

कुछ संरक्षकों की धारणा बन चुकी थी कि लुटेरों का सन्तोषजनक सुधार हो रहा है और उन्हें पार्क के अन्दर बसाया जा सकता है, जहां वे पूर्णतया सुधर जायेंगे। उनकी कड़ी आपत्तियों के बावजूद दो शेरों को जंगलात के स्थानीय औफ़िसरों ने शूट कर दिया। दुर्भाग्यवश, दुधवा वन-विभाग के पास बेहोश करने वाले हथियार नहीं थे और न ही इस विषय का विशिष्ट ज्ञान था, अन्यथा लुटेरे शेरों को बेहोश करके स्थानान्तरित करना आसान हो जाता।

खीरी के शेरों की समस्या बहुत जटिल है। दुधवा में दीर्घपाद के उदय के साथ ही आदमख़ोरों की बाढ़ आ गई है। सारे खीरी में छुटपुट जंगलों में नये-नये आदमख़ोर प्रकट हो रहे हैं जिनकी लूट-खसोट मानव जीवन को संत्रस्त कर रही है।

## शेर को सम्मानपूर्वक जीने दें

चार फ़रवरी 1981 को उत्तर प्रदेश की विधान सभा में सरकार का ध्यान इन शेरों के हमलों की तरफ़ खींचा गया था। एक सदस्य ने आरोप लगाया था कि दुधवा नेशनल पार्क के आसपास रहने वाले शेरों को नरमांस का चस्का लग गया है। वहां के लोग इनके निरन्तर ख़तरे में असुरक्षित हैं। पार्क से बाहर पचास शेर रहते हैं। 1981 के पहले दो महीनों में आदमख़ोर शेरों ने लखीमपुर खीरी, पीलीभीत और पड़ौस के इलाक़ों में दस आदमी और अनेक मवेशी मार लिये थे। प्रकट रूप में इस विपदा का कोई अन्त नज़र नहीं आता। आदमख़ोरों को वश में लाने के लिए जो असफलताएं मिल रही हैं उन्हें सफलताओं में परिणत करने का एक कारगर उपाय यह है कि उन्हें दवा दाग़ कर बेहोश कर दिया जाय और तब पार्क के अन्दर आरक्षित इलाक़ों में ले जाया जाय जहां उन्हें सुधारने के प्रयोग में, स्थानीय कठिनाइयों और दबाव के कारण, बाधा नहीं पड़ेगी। इससे भी महत्त्वपूर्ण बात यह है कि जनसाधारण को, विशेषकर स्थानीय लोगों को, इस समस्या के मूलभूत कारणों से अवगत कराया जाय और शेर के रहन-सहन तथा पारिवारिक जीवन के बारे में सही जानकारी दी जाय। उन्हें यह मानने के लिए राज़ी किया जाय कि मनुष्य के अलावा शेर जैसे जीव को भी धरती पर रहने के अधिकार से वंचित नहीं किया जा सकता। इससे वे उसकी जीवन-पद्धति में दख़ल नहीं देंगें और उसे सम्मानपूर्वक जीने देंगे।

## नरसंहार करने वाली शेरनियां माताएं थीं

शेर स्वभावतः अकेला रहना चाहता है। वह अपने इलाक़े की हद बना लेता है। उसमें दख़ल देने वाले का मुक़ाबला करता है, भले ही मनुष्य हो या दूसरा शेर। शेर और शेरनी दो-ढाई बरस में एक बार नवम्बर-दिसम्बर में केवल आठ-दस दिन के लिए एक साथ रहते हैं। यह जोड़ा बनाने का मौसम होता है। इसके बाद वे अलग हो जाते हैं। पन्द्रह से सोलह सप्ताह के गर्भाधान के बाद शेरनी दो-तीन बच्चे देती है। केलिफ़ोर्निआ के रेडवुड सिटी चिड़ियाघर में एक भारतीय शेरनी बग़दाद ने एक ब्यात में बाइस एप्रिल 1979 को आठ बच्चों को जन्म दिया था। इनका वज़न 907.2 से 1,134 ग्राम था। चिड़ियाघर में उन्हें पालने के सभी साधन और सुविधाएं उपलब्ध थीं। लेकिन जंगल में शेरनी दो बच्चे भी मुश्किल से पाल सकती है।

बच्चों के जन्म के साथ ही उसका मुसीबतों भरा जीवन शुरू होता है। बच्चों की आंखें बन्द होती हैं, वे बिलकुल असहाय होते हैं और अपनी हर ज़रूरत के

चित्र 77 भारतीय शेरनी बगदाद ने एक ब्यात में आठ बच्चों को जन्म दिया

लिए मां पर निर्भर करते हैं। प्रसव के बाद एक तो वह कमज़ोर होती है; दूसरे, उसे बच्चों को अपना दूध पिलाना होता है। जंगल के भोज्य पशु इतने चौकन्ने होते हैं कि मुश्किल से उसकी पकड़ में आते हैं। भूख उसे चिड़चिड़ा और क्षुब्ध बना देती है। उसके छिपने की जगह में कोई आदमी चला जाता है तो आसानी से शिकार बन जाता है। उसके मन में यह आशंका बनी रहती है कि कहीं कोई उसके बच्चों को तो नुक़सान पहुंचाने नहीं आ रहा। कुछ हद तक बच्चों की असुरक्षा के भय के कारण और कुछ हद तक भूख से उत्पन्न क्षोभ के कारण दूध पिलाने वाली मां हमलावर बन सकती है। खीरी में नरसंहार करने वाली पांचों शेरनियां स्तनपान कराने वाली माताएं थीं, जिन्हें इन्सान ने किसी-न-किसी रूप में परेशान किया था। मोटे तौर पर शेरों की ज़िन्दगी को दूभर और संकटपूर्ण बनाने वाले कारण ये हैं :

1 आरक्षित वनों के क्षेत्र में मवेशियों को अवैध रूप से चराना। इससे जंगल के शाकाहारी जानवरों के लिए चारे की कमी हो जाती है और उनका ह्रास हो जाता है। परिणामतः शेर के प्राकृतिक भोजन में कमी हो जाती है।

2 मनुष्य द्वारा आरक्षित वनों पर अवैध कब्ज़ा।

3 पेड़ों की अनियोजित कटाई।

4 पोचरों द्वारा शाकाहारी जानवरों को मांस और खाल के लिए अन्धाधुन्ध मारना।

5 बड़े किसानों द्वारा अपनी फ़सल की रक्षा के लिए जानवरों का वध किया जाना।

## मनुष्य से डरने वाला भला प्राणी

वन और वन्य जीवों के विनाश के दबाव को सहन न कर सकने के कारण शेर और शेरनियां गन्ने के खेतों में चले जाते हैं, जहां वे जंगली सूअर का शिकार करते हैं जो गन्ने के अंकुरों को खाने आते हैं। यहां इन हिंस्र प्राणियों का कभी-कभी आदमियों से टाकरा हो जाता है। हालांकि आदमी को देखते ही शेर दूसरी तरफ़ खिसक जाना चाहता है, पर जब घिर जाता है या भूख से व्याकुल होता है तब हमला कर देता है। वह स्वभावतः मनुष्य से डरने वाला भला प्राणी है। 1980 के दशक तक उसकी खाद्य-तालिका में आदमी नहीं था। लाचारी में ही आदमी को मारता था और कुछ आदमियों को मारने के बाद उसका मनुष्य से भय निकल जाता था। जानवरों की अपेक्षा आदमी को मारना उसे बहुत आसान लगता था। वह आदमख़ोर बन जाता था। जिस प्राणी के लिए किसानों को एहसानमन्द होना चाहिए था कि वह शाकाहारी जानवरों, जंगली सूअरों और चोरों से उनकी फ़सल की रक्षा कर रहा था वह मनुष्य मात्र के लिए अभिशाप बन जाता है।

दुधवा नेशनल पार्क की सीमा पर तीन-चार किलोमीटर के अन्दर पिचासी गांव बसे हैं। इन गांवों के लोग ईंधन और फूस के लिए पार्क के जंगलों पर निर्भर करते हैं। ब्रिटिश काल में किये गये एक समझौते के अनुसार गांव वाले केवल नवम्बर और सितम्बर के महीनों में जंगल से प्रति परिवार एक बैलगाड़ी का बोझा जलावनी लकड़ी और छप्पर घास मुफ़्त ले जा सकते हैं। जिन लोगों को यह सुविधा प्राप्त है उन्हें माफ़ीदार कहते हैं। इस सुविधा के बदले माफ़ीदार ज़रूरत पड़ने पर पार्क के जंगलों में लगी आग को बुझाने का काम मुफ़्त करते हैं।

जंगल में आग लग जाने पर फ़ौरेस्ट गार्ड नज़दीक के गांवों में महतिया को सन्देशा देने के लिए दौड़ाता है। गांव के मुखिया को महतिया कहते हैं। महतिया अपने गांव के सभी मार्फ़दारों को आग बुझाने भेज देता है।

दुधवा में साल और सागवान के घने जंगल हैं जिनके बीच-बीच में ऊंची घास के विस्तृत मैदान फैले हैं, उन्हें फाण्ट कहते हैं। सबसे बड़े फाण्ट सठियाना की तरफ़ हैं, इनके बीच शीशम और सिम्बल के पेड़ खड़े हैं।

दिसम्बर 1981 में मैंने सठियाना क्षेत्र के दौरों में पचासों देहातियों को फाण्टों के अन्दर घास काटते देखा था। वे बैलगाड़ियों में लाद कर घास और जलावन

चित्र 78 बैलगाड़ियों में लादकर घास और जलावन लकड़ी ले जा रहे थे

लकड़ी ले जा रहे थे। उन दिनों घास पक गई थी। लगभग एक मीटर ऊंची पकी घास छप्परों के लिए काटी जाती है। कच्ची जल्दी सड़ जाती है, छप्परों के काम नहीं आती, इसे ढोर-डंगर खा लेते हैं। इस इलाक़े में अधिक वर्षा होने के कारण छप्पर जल्दी ख़राब हो जाते हैं। हर साल बदलने पड़ते हैं। इसलिए गांव वालों को हर साल फूस लेने जंगलों में जाना पड़ता हैं।

## गांव वालों का अभ्युत्थान करना होगा

घास काटने और सूखी लकड़ियों को बीनने के लिए जंगल में गये हुए देहातियों का शेर से अनजाने सामना हो जाये तो शेर हमला कर देता है, जान से मार देता है और खा भी जाता हैं। देहातियों की आवश्यकता यदि जंगल की इन चीज़ों के बगैर पूरी की जा सके तो उन्हें शेर के हमलों से बहुत कुछ सुरक्षा मिल सकती है। इसके लिए मैं यहां कुछ सुझाव देना चाहूंगा।

कतिपय सरकारी प्रतिष्ठान मकान बनाने के लिए आसान शर्तों पर उधार रुपया देते हैं। पार्क की परिधि पर बसे गांव वालों की सहकारी समितियां गठित की जाएं। वे सरकारी प्रतिष्ठानों से मकान बनाने के लिए आवश्यक धन जुटाने की कोशिश करें। पक्के मकान बन जाने से फूस के लिए जंगल में जाने की ज़रूरत नहीं रहेगी। पक्के मकानों के लिए धन जुटाना कठिन हो तो गारे से बनाई दीवारों वाली झोंपड़ियों को छप्पर की जगह एसबस्टस की चादरों से तो छता ही जा सकता है!

वनान्त में रहने वाले इन लोगों का सदियों से जंगल के साथ गहरा रिश्ता रहा है। माफ़ीदार ने अपनी जान जोख़िम में डाल कर भी जंगल की आग बुझाने

चित्र 79 सभी गांवों में पालतू ढोर-डंगर बड़ी संख्या में मौज़ूद हैं

में सदा महत्वपूर्ण योगदान किया है। वन-विभाग उनकी भलाई के लिए उदारता से उनके अभ्युत्थान में सहयोग दे सकता है। मकानों के लिए उन्हें सस्ते दाम

पर जंगल से इमारती लकड़ी के पेड़ काटने की सुविधा दे सकता है।

सभी गांवों में पालतू ढोर-डंगर बड़ी संख्या में मौजूद हैं। उनके गोबर से रसोई के लिए गैस पैदा की जा सकती है। बायोगैस के प्लाण्ट लग जाने से गांव वालों को जलावन की लकड़ियां बीनने जंगलों में जाने की ज़रूरत नहीं रहेगी।

## शेर बचाओ अभियान

मोहनजोदड़ो और हड़प्पा की खुदाई में प्राप्त सामग्री के अवलोकन से पता चलता है कि पांच हज़ार बरस से मनुष्य शेर का शिकार करता रहा है। भालों द्वारा शेरों को मारने की विद्या का जब आविष्कार हो गया था तभी से वह मनुष्य के सामने आने से कतराने लगा था। पिछले सौ बरसों में तो ऐसी हालत हो गई थी कि मात्र उसका दर्शन उसकी मौत का पैग़ाम बन जाता था।

इस शताब्दी के शुरू में भारत में शेरों की आनुमानिक संख्या चालीस और पचास हज़ार के बीच आंकी जाती थी। 1972 की सरकारी गणना में कुल 1826 शेरों के पाये जाने का अनुमान था। शेरों की गिरती हुई संख्या के बावजूद भी उन्हें मारना वैध था। उदारता से उसका शिकार करने के लाइसेन्स दिये जाते थे। हमारे देश में तथा विदेशों में भी जीव रक्षा के समर्थकों ने शेरों की इस शोचनीय स्थिति पर चिन्ता प्रकट की।

शेरों को बचाने के लिए भारत सरकार ने 1972 में एक बड़ी योजना आरम्भ की जिसे बाघ परियोजना (प्रोजेक्ट टाइगर) नाम दिया गया। इसके अन्तर्गत 5,800 वर्ग किलोमीटर क्षेत्र में दस राज्यों में — शेर अभयवनों (टाइगर रिज़र्वों) के अन्दर शेरों का विशेष रूप से संरक्षण किया जाने लगा। यह देश के कुल वन-क्षेत्रों का 2.10 प्रतिशत है और कुल भौगोलिक क्षेत्र का 0.49 प्रतिशत है। इनमें शेरों को पूर्ण संरक्षण मिल जाने के परिणाम स्पष्ट दिखाई दिये हैं। बाघ परियोजना 1972 में जब शुरू की गई तब नौ अभयवनों में दो सौ अड़सठ शेर थे। 1979 में ग्यारह अभयवनों में सात सौ ग्यारह थे। 1982 में यह संख्या सात सौ सत्तावन हो गई। बाघ परियोजना के अन्तर्गत अब पच्चीस शेर अभयवन (टाइगर रिज़र्व) हैं। यहां मैं बताना चाहूंगा कि इन अभयवनों की सीमा से बाहर रहने वाले शेरों को भी पूर्ण क़ानूनी संरक्षण प्राप्त है। इनकी क़ीमती खालों और हड्डियों के लिए इन्हें चोरी-छिपे मारा जाता है। खालों के व्यापार पर भी पाबन्दी लगा दी गई थी। संरक्षकों के प्रयत्नों के लाभ नज़र आने लगे। 1981 में भारत में 3,015 शेर

हो गये थे। जुलाई 1983 की सरकारी घोषणा के अनुसार यह संख्या बढ़कर लगभग चार हज़ार हो गई थी। खतरनाक स्थिति से शेरों को बचा लेने का प्रकृति प्रेमियों को गर्व था और सन्तोष भी। लेकिन यह वृद्धि स्थिर नहीं रही। इसके अनेक कारण थे। जैसे, सुन्दर खाल या हड्डियों के लिए इसका अवैध शिकार, पशुपालकों तथा किसानों द्वारा इसे ज़हर देकर मारना, चिड़ियाघरों में इसकी असामयिक मौतें। इक्कीस जुलाई, 2000 को राज्यसभा में बताया गया था कि 1997 की गणना के अनुसार देश में 3,435 बाघ थे। (नवभारत टाइम्स, 23.7.2000)।

## शेरों की घनी आबादी

कुछ अभयवनों में शेरों की आबादी इतनी बढ़ गई है कि वे उनके लिए निर्धारित की गई सीमाओं के अन्दर समा नहीं पा रहे। यह बात मैं उत्तर प्रदेश के भाभर में स्थित कौर्बेट नेशनल पार्क के उदाहरण से स्पष्ट करना चाहूंगा। एप्रिल 1973 में शेरों के संरक्षण की योजना पार्क में शुरू की गई। तब वहां चवालीस शेर थे। क्रमशः बढ़ते हुए 1976 में सत्तावन, 1977 में तिहत्तर, 1978 में उनासी, 1979 में चौरासी और 1997 में पशुओं की गणना में इक्यानवे शेर गिने थे। ये लगभग पांच सौ वर्ग किलोमीटर क्षेत्र में फैले जंगलों में रहते थे। हर शेर के लिए लगभग पांच वर्ग किलोमीटर जंगल था। दुनिया में कहीं भी शेरों की इतनी घनी आबादी नहीं है। बाघ परियोजना की रूपरेखा बनाते समय शेर के हितैषियों ने एक शेर को सोलह वर्ग किलोमीटर जंगल देने की हिमायत की थी।

कौर्बेट नेशनल पार्क में इतने शेरों की समाई नहीं हो सकती। इसलिए वे पड़ोस के जंगलों में पार्क के चारों ओर सभी दिशाओं में निकल गये हैं। शिकार की तलाश में ये गांवों के अन्दर घुसने लगे हैं। ढोरों के अलावा उन्होंने अनेक गांव वालों को मार दिया है। ये नरभक्षी बन गये हैं। देहातियों को भयमुक्त करने के लिए इन्हें मारना ज़रूरी हो गया है। 1981 के पहले दस महीनों में पार्क को पांच शेरों की क्षति उठानी पड़ी। पहली अगस्त 1981 को गर्जिया गांव के पास एक नरभक्षी शेर-बंगा-को ज़िन्दा पकड़ने में सफलता मिल गई थी जिसे लखनऊ चिड़ियाघर में भेज दिया गया था। यह मर गया था। पटेर पानी के जंगल में एक शेर मरा हुआ मिला था। पोस्टमार्टम परीक्षा से पता चला था कि यह बारह बोर बन्दूक से मारा गया था। ख़याल है कि भोजन की तलाश में यह देहाती इलाक़े में घुस गया था। देहातियों ने तब इसे गोली मार दी थी। घायल होकर यह पार्क

में शरण लेने के लिए लौट आया और यहां इसने दम तोड़ दिया। सन्देह है कि यह नरभक्षी शेर था। 1981 के अक्तूबर महीने के अन्तिम सप्ताह में कालागढ़ के पास एक शेर मरा पड़ा था। 1981 के शुरू में शेर के दो बच्चे मर गये थे। उनकी मौत का कारण पता नहीं चला था। पार्क के बाहर जाने वाले शेरों को स्थानीय लोगों और पोचरों से निरन्तर ख़तरा बना हुआ है।

## ज़हर खिला कर मारा जा रहा है

वर्ष 1997 की विदायगी के जश्न देश में मनाये जा रहे थे। नृत्य, संगीत और आतिशबाज़ियों से उषा की लालिमा का स्वागत करने की उमंग थी।

एक शेरनी और उसके दो बच्चे मौत से जूझ रहे थे। बीती रात उन्होंने जो गाय मारी थी उसके भीतरी अंगों में मालिक ने ज़हर मिला दिया था। उसे खाने से सारे शरीर में विष व्याप्त हो गया था।

शेरनी और उसके दो बच्चों की हत्या दुधवा नेशनल पार्क से कुल ढाई किलोमीटर दूर कुलुपुर्वा गांव में की गई। इन्हें मिलाकर उत्तर प्रदेश के वनों में तीन सप्ताह के अन्दर ज़हर खिलाकर मारे गये शेरों की संख्या पांच हो गई थी।

दुधवा में शेरों के खाने के लिए काफ़ी संख्या में बारासिंगे, साम्भर, चीतल, काकड़ और जंगली सूअर मौजूद हैं, लेकिन बच्चों वाली शेरनी आसानी से मिल जाने वाले शिकार को मारना पसन्द करती है।

शेर अभयवनों के अन्दर और बाहर बड़ी संख्या में शेरों को ज़हर देकर मारा जा रहा है। सत्रह दिसम्बर, 1997 की रिपोर्ट (हिन्दुस्तान टाइम्स, नई दिल्ली) के अनुसार पिछले दो सालों में आन्ध्र प्रदेश के श्रीशैलम टाईगर रिज़र्व में शेरों को ज़हर खिलाकर मारने की बीस वारदातें हुई थीं।

आन्ध्र प्रदेश में इन सभी शेरों को उन गांव वालों ने ज़हर खिलाया था जिनके ढोरों को शेरों ने मारा था। इस क्षेत्र में नक्सलाइट सक्रिय हैं। उनके उकसाने पर मारण में कीटनाशी दवाएं तथा ज़हर मिलाकर शेरों को मारा गया था। प्रोजेक्ट टाइगर के डायरेक्टर पी. के. सेन (दिसम्बर, 1997) के अनुसार देश में सभी जगह से शेर को विष खिलाकर मारने की घटनाओं की रिपोर्ट समय-समय पर मिलती रहती है।

## शेरों की भलाई के लिए

यह स्थिति कमोबेश उन सभी शेर अभयवनों (टाइगर रिज़र्वों) की है जहां शेरों की संख्या वन की ग्रहण-क्षमता की सीमा को लांघ गई है। ऐसे उदाहरणों में हम शेरों की भलाई के लिए निम्नलिखित मार्ग अपना सकते हैं :

1 अभयवनों से बाहर शेरों के निवास वाले जंगलों को शेर अभयवन (टाइगर रिज़र्व) में मिला लिया जाए।

2 यह सम्भव न हो तो उन जंगलों को सीधा शेर परियोजना के निरीक्षण और नियन्त्रण में ले लिया जाए।

3 उन जंगलों में शेरों का पुनर्वास किया जाये और उनके संवर्द्धन के लिए अनुकूल वातावरण बनाया जाये जहां वे पहले बड़ी संख्या में रहा करते थे, और जहां अब भी उनके निवास के लिए आदर्श जंगल विद्यमान हैं।

4 शेर अभयवनों के साथ लगते हुए क्षेत्र को चारदीवारी से घेरकर शेरों के फ़ार्म बना दिये जाएं

क जहां से फ़ालतू शेरों को आवश्यकतानुसार निर्यात किया जाता रहे।

ख उन्हें मारकर उनकी खाल, मांस, चरबी, नाख़ून, गलमूछें, वड हड्डी (लकी बोन) तथा अस्थिपंजर बेच दिये जायें।

ग विदेशी शिकारियों से ऊंची फ़ीस लेकर सीमित संख्या में शिकार की अनुमति दी जाए। बाघ परियोजना का एक औफ़िसर शिकार के सम्पूर्ण क्रिया-कलापों पर निगरानी रखे।

# पारिभाषिक शब्द

अकोला : अङ्कोल *सं.*; **Alangium salviifolium** (Linn.) Wangerin *ले.*।

अधिसूचित क्षेत्र : notified area नोटीफ़ाइड एरिआ।

अधोरोह : undergrowth अण्डरग्रोथ।

अश्वत्थ *बं.* : पीपल; pipal tree *अं.*; **Ficus religiosa** Linn. *ले.*।

अस्थिपंजर : skeleton स्केलेटन।

आदिवासी : tribal ट्राइबल।

आनुवंशिक धरोहर : genetic heritage जेनेटिक हेरिटेज।

आरक्षित वन : reserve forest रिज़र्व फ़ौरेस्ट।

उजान *बं.* : पानी के बहाव के विपरीत जाना; sailing against the flow of stream.

कठूरिया *बं.* : काठ (लकड़ी) काटने वाला; काष्ठ छेत्ता; wood cutter वुड कटर।

करोंदा : करमर्दक *सं.*; karaunda *अं.*; **Carissa carandas** Linn. *ले.*।

काठा कछुआ *बं.* : खारी पानी में रहता है। सुन्दरवन में चालीस-पचास किलो भारी हो जाता है; is a salt water tortoise weighing 40 to 50 kg.

किल : शेर द्वारा मारा गया पशु; kill किल।

किल्ले : canine teeth केनाइन टीथ।

कीकर : बब्बूल *सं.*; Indian gum arabic *अं.*; **Acacia nilotica** (Linn.) **indica** (Bentham) Brenan *ले.*।

कुन्द : कस्तूरी मोगरा *हि.*; common jasmine, downy jasmine *अं.*; **Jasminum multiflorum** (Burman f.) Andrews *ले.*।

कुम्भीर *बं.* : मगरमच्छ *हि.*; salt water crocodile *अं.*; **Crocodilus porosus** Schneider *ले.*।

कूका : जंगल में दूर वाले साथी को बुलाने के लिए की जाने वाली ऊंची और लम्बी आवाज़ें; loud and long calls for calling a companion in the forest.

कूल *बं.* : बेर;

कृष्ण चूडा *बं.* : गुलमौर; भगवान् श्रीकृष्ण के मोर मुकुट जैसे फूलों वाला पेड़; gulmohar गुलमोहर।

क्षीरीवृक्ष : जिन वृक्षों के काटने से दूधिया रस चूता है; milky trees मिल्की ट्रीज़।

क्षुद्ररोह : scrub स्क्रब।

ख़रगोश : शशक *सं.*; Indian hare *अं.*; **Lepus nigricollis** (F. Cuvier) *ले.*।

खलियाना : मरे जानवर की खाल उतारना; skining स्किनिंग।

खालपाटा जाल *बं.* : इस जाल को खाली (creek) के पाट में आर-पार बांध देते हैं; this fishing net is stretched across the creek.

खाला : rivulet रिवुलेट।

खाली *बं.* : उपनदिका, छोटी नदी, संकरी-खाड़ी; creek क्रीक।

खोजी दल : search party सर्च पार्टी।

गन्धेला : गन्ध वाला वृक्ष। मीठा नीम, कढ़ी नीम *हि.*; सुरभि निम्ब *सं.*; **Murraya koenigii** (Linn.) Sprengel *ले.*।

गलमूछें : whiskers विस्कर्स।

गीदड़ : श्रृगाल *सं.*; jackal *अं.*; **Canis aureus** Linnaeus *ले.*।

गुंजा : दे. झींगन।

गुनीन *बं.* : अगुआ, लीडर, पुजारी; leader लीडर, priest प्रीस्ट।

गुलदार, द्वीपी : तेंदुआ *हि.*; leopard, panther *अं.*; **Panthera pardus** (Linnaeus) *ले.*।

गुहाएं : cavities कैविटीज़।

गूलर : क्षीरीवृक्ष। पके लाल फलों को पशु-पक्षी और आदमी खाते हैं। शाखाएं हाथियों का चारा हैं; **Ficus racemosa** Linn. *ले.*।

गोठ : cattle-shed कैटल-शेड।

गोलपत्ता *बं.* : नीप ताड़ *हि.;* नीप ताल *सं.;* nipa palm *अं;* **Nip fruticans** Wurmb *ले.* ।

चारा : हिंसक पशु को पकड़ने या मारने के उद्देश्य से लुभाने के लिए बांधा गया पशु; bait बेट ।

चाराकट : हाथियों का चारा जंगल से काटकर लाने वाला; fodder cutter फ़ौडर कटर ।

चींटीखोर : सल्लू सांप *हि.;* Indian pangolin *अं;* **Manis crassicaudata** Gray *ले.* ।

*चीतल* : पृषत *सं.;* chital *अं.;* **Axis axis** (Erxleben) *ले.* ।

*चीतली* : female spotted deer फ़ीमेल स्पौटेड डीअर ।

*चीरफाड़* : मृत्युन्तर शवच्छदन; post mortem पोस्ट मौर्टम ।

*चुल* : चट्टानों के बीच में बड़ा प्राकृतिक जल कुण्ड; big natural waterhole in rocks बिग नैचुरल वाटरहोल इन रौक्स ।

चौड़ : घास का खुला मैदान जिसमें इक्के-दुक्के पेड़ उगे हों और जहां जानवर चरते हैं; savannah, flat grassy blank सवन्ना, फ़्लैट ग्रासी ब्लैंक ।

*चौसिंगा* : चतुः शृंग हरिण *सं.;* four horned antelope *अं.;* **Tetra- cerus quadricornis** (Blainville) *ले.* ।

छपान : पेड़ों की पहिचान के लिए उन पर निशान लगाना; marking of trees मार्किंग औफ़ ट्रीज़ ।

छलाठ *बं.* : छाल जैसा काष्ठ, जैसे सुन्दरी पेड़ का पुश्ता (buttress) यह सांस लेने के लिए होता है, सछिद्र (porus) होता है । देखने में सिम्बल के पुश्ते जैसा होता है, लेकिन सिम्बल का पुश्ता ठोस होता है और वह पेड़ को स्थिर खड़ा रहने में सहारा देता है; porus, buttress of sundari tree that serves the purpose of breathing.

छांगना : चारे के लिए पेट की टहनियां काटना; lopping लौपिंग ।

छागला *बं.*, : *सं.* बकरी; goat गोट ।

छोटा खाल *बं.* : उपनदिका; creek क्रीक ।

जंगली बिलाव : वन विडाल *सं.;* Jungle cat *अं.;* **Felis chaus** (Gilldenstaedt) *ले.* ।

जंगली मुर्ग़ : वन कुक्कुट *सं.*; red jungle fowl *अं.*; **Gallus gallus** Linnaeus *ले.* ।

जलकुण्ड : छोटे-से स्थान में जहां पानी जमा हो; waterhole वाटर-होल ।

जामुन : जम्बु सं.; Java plum tree, jambol, jambolan *अं.*; **Syzygium cuminii** Linn. *ले.* ।

जामुन-भोजी : जामुन-वृक्षों का छोटा जंगल; small forest of **jamun** trees स्मौल फ़ौरेस्ट औफ़ जामुन ट्रीज़ ।

जेले *बं.* : मछियारा; fisherman फ़िशरमैन ।

जैव विविधता : biodiversity बायोडाइवर्सिटी ।

जोड़ा बनाना : सन्तानोत्पादन के लिए नर-मादा का संगम; pairing पेअरिंग, mating मेटिंग ।

ज्वार high tide हाइ टाइड ।

झांक : बड़े सींगों वाला, कद्दावर, नर चीतल हिरण । दे. चीतल ।

झींगन : गुजा । पत्ते ढोर खाते हैं और टहनियां हाथी खाते हैं । इसमें से उपयोगी गोंद निकलती है; **Lannea grandis** (Dennst.) Engle *ले.* ।

झुरमुट : घनी उगी हुई झाड़ियां या पेड़; thicket थिकेट ।

टांगिया : नया बनाया जंगल जिसमें पौधे अभी छोटे हैं; forest plantation फ़ौरेस्ट प्लांटेशन ।

टिक्कड़ : एक किलो आटे से बनाई गई मोटी रोटी जो पालतू हाथियों को खिलाई जाती है; a thick round bread made of one kilogram wheat flour, fed to tame elephants.

डिंगी *बं.* : छोटी किश्ती, डोंगी; small boat स्मौल बोट ।

डीम *बं.* : अण्डा; egg ऐग ।

तिमि *बं.* : व्हेल; whale व्हेल ।

तृणभोजी : शाकाहारी; herbivorous हर्बिवोरस ।

तेंतूल *बं.* : इमली; tamarind टेमेरिण्ड ।

तेंदू : तिन्दुक *सं.*; coromandel ebony persimmon *अं.*; **Diospyros melanoxylon** Roxb. *ले.* ।

थेस मूल *बं.* : पेड़ को सहारा देने वाली वायवीय जड़ें; supporting aerial roots, stilt roots, proproots.

दोरुखा चारा : दोनों गुणों वाला चारा, ठण्डा न गरम; fodder possessing both the qualities, neither hot nor cold.

धवा : धौरा *हि.; **Anogeissus latifolia*** Wallich *ले.* ।

धानी घास *बं.* : **Poa poarcatata** *ले.* धान के पौधों के आकार-प्रकार की घास जो खाड़ी के पानी में से निकली नई ज़मीन पर सबसे पहले उगने वाला पौधा है। इसे चीतल शौक़ से खाते हैं; paddy like grass which is the first plant that grows on new reclaimed soil emerged from water; fodder of chital.

धार : ridge रिज ।

धूपी *बं.* : धोबी; washerman वाशरमैन ।

नरभक्षी : आदमख़ोर; man eater मैन ईटर ।

पड्डा : भैंस का बच्चा; buffalo calf बफ़ेलो काफ़ ।

पद चिह्न : pag-marks पग-मार्क्स ।

परिसर : complex कौम्प्लेक्स ।

पलाश : ढाक *हि.*; flame of the forest *अं.*; **Butea monosperma** (Lam.) Taubert *ले.* ।

पिलखन : प्लक्ष *सं.*; **Ficus lacor** Buch.-Ham. *ले.* हाथियों का चारा है।

पीपल : अश्वत्थ *सं.*; pipal tree *अं.*; **Ficus religiosa** Linn. *ले.* ।

पीलख़ाना : हाथियों को बांधने का स्थान; elephant-stable ऐलिफ़ेण्ट-स्टेबल ।

पीलू : बड़ापीलू *हि.*; common salt wort, prickly salt wort, sea thrift *अं.*; **Salvadora oleoides** Linn. *ले.* ।

पौधशाला : plant nursery प्लांट नर्सरी ।

प्राकृतवास : habitat हैबिटेट ।

फटफटी *बं.* : मोटर चलित नौका जिसके चलने से फटफट आवाज़ होती है; motarised boat मोटराइज्ड बोट ।

फाण्ट : ऊंची घास के विस्तृत मैदान; vast expanse of tall grass वास्ट एक्सपेंस औफ़ टौल ग्रास ।

फाण्टा : दे. फाण्ट ।

बकायन : महानिम्ब *सं;* Persian lilac, bead tree *अं.;* **Melia azedarach** Linn. *ले.* ।

बनबिलाव : दे. जंगली बिलाव ।

बाईन *बं.* : खाड़ी के तटों के साथ-साथ कई जगह शुद्ध बाईन का जंगल मीलों तक चला गया है । इसकी लकड़ी ईंधन के और झोंपड़ियों की बल्लियों के काम आती है; in some places pure forests of bine are stretched on the shere for miles. The wood is used as fuel and posts for huts.

बाउली *बं.* : लकड़ी काटने वाला, लकड़हारा; woodcutter वुडकटर ।

बाघरोल *बं.* : मछियारी बिल्ली *हि.;* मत्स्य विडाल *सं.;* fishing cat *अं.;* **Felis viverrina** Bennett *ले.* सुन्दरवन में यह बहुत संख्या में पाई जाती है । यहां इसका मछली पकड़ने का तरीक़ा यह है कि भाटे में उतरते हुए पानी में अगले पंजों को रख देती है, उतरते पानी के साथ आती हुई मछलियां पंजों में अटक जाती हैं । उन्हें खा लेती है । यह छोटी मछलिया खाती है । स्थानीय लोग बताते हैं कि यह तेंदुए, सूअर और हिरण के बच्चे को मार लेती है ।

बाघेर माथा टोपी : बाघ के हमले से बचने के लिए सिर पर पहना जाने वाला प्लास्टिक का टोपा (helmet) जो गरदन की भी रक्षा करता है; head gear, a helmet, for protection from tiger's attack.

बाजरी : बाजरा *हि.;* वज्रान्न *सं.;* **Ponnisetum glaucum** R. Brown *ले.* ।

बादा *बं.* : दलदली भूमि; swamp स्वैम्प ।

बादा जंगल *बं.* : mangrove forest मैंग्रोव फ़ौरेस्ट ।

बारासिंगा : पङ्क मृग *सं.;* barasingha, swamp deer *अं.;* **Cervus duvauceli** Cuvier *ले.* ।

| | |
|---|---|
| **बीड़ी का टोटा** | : बीड़ी पीने के बाद उसका शेष परित्यक्त टुकड़ा; discarded a bit of consumed bidi. |
| **बेड़ जाल** *बं.* | : 90 से 125 मीटर लम्बा होता है। इस जाल पर छह-सात आदमी काम करते हैं; is a 90 to 125 m long fishing net. Six or seven persons work on it. |
| **बेर** | : बदरी *सं.*; zizyphus *अं.*; **Ziziphus jujuba** Miller *ले.*। |
| **बोउलिया** *बं.* | : लकड़ी काटने वाला; woodcutter वुडकटर। |
| **भटियाल** *बं.* | : पानी के बहाव की दिशा में जाना; sailing in the direction of stream flow. |
| **भाण्ट** | : कड़ुई; **Clerodendrum infortunatum** Linn. *ले.*। |
| **भीति-संकेत** | : alarm call एलार्म कौल। |
| **भोजी** | : जंगल का छोटा टुकड़ा; a small forest patch. |
| **मलन** | : जानवरों का ज़मीन पर पड़ा कोई भी निशान। |
| **महतिया** | : गांव का मुखिया; village head विलेज हेड। |
| **महाधमनी** | : aorta एओर्टा। |
| **महाविपत्ति** | : catastrophe कैटास्ट्रोफ़े। |
| **महुआ** | : मधूक *सं.*; butter tree *अं.*; **Madhuca indica** J.F. Gmelin *ले.*। |
| **महूली** *बं.* | : शहद इकट्ठा करने वाला; honey collector हनी कलेक्टर। |
| **माधूर** *बं.* | : = कुम्भीर। |
| **माफ़ीदार** | : गांव के वे लोग जिन्हें जंगल से जलावनी लकड़ी और छप्पर मुफ़्त ले जाने की सुविधा प्राप्त है। |
| **मारण** | : शेर द्वारा मारा गया पशु; kill किल। |
| **मीनू माछ** बं. | : mud skipper *E.* पांच से पन्द्रह सेण्टीमीटर तक लम्बी मछली जो भाटे में पानी उतर जाने पर कीचड़ के ऊपर अपना भोजन खाती है। कीचड़ में छिद्रों के अन्दर रहती है। यह छोटे, लाल केंकड़ों को निगल जाती है। यह मनुष्य का आहार है। कलकत्ते में बिकती है; five to fifteen centimetre long amphibion lives in small mud holes, hunts its food on muddy surface when water of low tide recedes, eats fiddler |

crabs; consumed by man, sold in Calcutta fish market.

मेछो कुम्भीर *ब.* : घड़ियाल; gharial *E.;* **Gavialis gangeticus** (Gmelin) *ले.* मछली खाने वाला मगर; fisheating crocodile.

मेनो माछ : = मीनू माछ ।

मैदा लकड़ी : वृक्ष; **Litsea glutinosa** (Lour.)C.B. Robinson *ले.* ।

मौली *ब.* : शहद इकट्ठा करने वाला, मधु संग्रहकारी, मधु संग्रहकर्ता; honey collector हनी कलेक्टर ।

रोहिणी : कंबीला, कम्पिल्ल *सं.;* kamala tree *अं.;* **Mallatus philippinensis** Mueller-Arg. *ले.* ।

लंगूर : लाङ्गूल *सं;* common langur *अं.;* **Presbytis entellus** (Dufresne) *ले.* ।

लसूड़ा : श्लेष्मान्तक *सं.;* Indian cherry *अं.;* **Cordia obliqua** Willd. *ले.* ।

वन खण्ड : forest block फ़ौरेस्ट ब्लौक ।

वनवासी : जंगल में रहने वाले; forest dwellers फ़ौरेस्ट ड्वैलर्स ।

वनेचर : forest dwellers फ़ौरेस्ट ड्वैलर्स ।

वराह *बं.,सं.* : सूअर; wild boar वाइल्ड बोर ।

विधवा पल्ली *बं.* : विधवा ग्राम, जिस गांव में शेर द्वारा मारे आदमी की विधवा रहती है; widow village – any village where a widow lives whose husband is killed by a tiger.

वृष्टि *बं,सं.* : बारिश; rains रेन्स ।

शीशम : शिंशपा *सं.;* sissoo *अं.;* **Dalbergia sissoo** Roxb. *ले.* ।

शूला *बं.* : सुन्दरवन के पेड़ों की जड़ें गहरी जाने के बजाय दलदली भूमि में उथली रहती हैं और लम्बी चली जाती हैं । उनमें से छोटे ठूंठों सदृश, बीस-तीस सेण्टीमीटर सीधी खड़ी, नोकीली, कांटो (शूल) जैसी जड़ें उठ जाती हैं । इनसे दल-

दली पेड़ सांस लेते हैं। शेर और आदमियों के लिए शूलाओं वाली भूमि पर चलना कठिन होता है। शूलाओं से लकड़ी काटने वालों के पैर ज़ख़्मी हो जाते हैं; 20 to 30 cm long, erect, sharp spine like breathing roots which crop up in marshy land. Very difficult for man and tiger to cross such area.

**शेर** : व्याघ्र *सं.*; tiger *अं.*; **Panthera tigris** (Linneaus) *ले.*।

**शेर अभयवन** : tiger reserve टाइगर रिज़र्व।

**शेरनी** : female tiger फीमेल टाइगर।

**श्वसन मूल** *सं.* : शूला, दलदली पेड़ इन जड़ों द्वारा सांस लेते हैं; breathing roots ब्रीदिंग रूट्स, newmataphores न्यूमैटाफ़ोर्स।

**सतभय्या** : बृहद हहोलिका *सं.*; large grey babbler *अं.*; **Turdoides malcolmi** Sykes *ले.*।

**संतर्जित प्राणी** : threatened species थ्रेटन्ड स्पीसीज़।

**संरक्षित वन** : protected forest प्रोटेक्टेड फ़ौरेस्ट।

**सवारी का हाथी** : riding elephant राईडिंग एलिफ़ेण्ट।

**सागवान** : शाक *सं.*; teak *अं.*; **Tectona grandis** Linn.f. *ले.*।

**सान्दन** : तिनिश, स्यन्दन *सं.*; **Ougeinia oojeinensis** Roxb. Hochr. *ले.*।

**साम्भर** : शम्बर *सं.*; sambar *अं.*; **Cervus unicolor** Kerremans *ले.*।

**साल** : ऊंचा वृक्ष; sal tree *अं.*; **Shorea robusta** Gaertner f. *ले.*।

**सांसी** : अर्द्ध वनजाति; semi-tribals सेमि-ट्राइबल्स।

**सिम्बल** : शाल्मली *सं.*; silk cotton tree *अं.*; **Bombax ceiba** Linn. *ले.*।

**सुधी कछुआ** *बं.* : मीठे पानी का कछुआ, दो से चार किलो भारी; fresh water tortoise, 2 to 4 kg in weight.

**सेह का तकुआ** : quill क्विल।

सेही : शल्लकी *सं.*; Indian porcupine *अं.*; **Hystrix indica** Kerremans *ले.* ।

सोख्ता : firewood फ़ायरवुड ।

हताल *बं.* : कच्छ खजूर हिन्ताल *सं.*; **Phoenix paludosa** Roxb. *ले.* ।

हन्ताल : = हताल ।

हिंसक जानवर : predator प्रिडेटर ।

हिंस्र जीव : हिंसक जानवर; predator प्रिडेटर ।

# चित्रों के लिए आभार

फ़ोटोग्राफ़र, फ़ोटो का विवरण, चित्र संख्या

| | | |
|---|---|---|
| **नरेश बेदी** | : सादे फ़ोटो | 19-22, 36-39, 68, 75 |
| **राजेश बेदी** | : सादे फ़ोटो | 1, 3, 7-9, 18, 23, 31, 40-43, 48-52, 55-57, 59, 72-74 |
| | रंगीन फ़ोटो | 1-3, 5-9<br>बैक कवर पर |
| **राजीव बेदी** | : सादे फ़ोटो | 63, 66 |
| **अजय बेदी** | : सादे फ़ोटो | 33, 53, 54 |
| **योगेश बेदी** | : सादा फ़ोटो | 58 |
| **विजय बेदी** | : आवरण फ़ोटो | |
| **बेदी फ़िल्म्स** | : रंगीन फ़ोटो | 4 |